W0268899

Springer
Berlin
Heidelberg
New York
Barcelona
Budapest
Hongkong
London
Mailand
Paris
Santa Clara
Singapur
Tokio

Hans Dietmar Bürgel (Hrsg.)

Wissensmanagement

Schritte zum intelligenten Unternehmen

Mit 78 Abbildungen

 Springer

Herausgeber

Prof. Dr. Hans Dietmar Bürgel

Unter Mitarbeit von

Dipl.-Kfm. Andreas Zeller

Universität Stuttgart
Betriebswirtschaftliches Institut
Abt. VIII: Lehrstuhl für Forschungs-
und Entwicklungsmanagement
Breitscheidstraße 2c
D-70174 Stuttgart

Die Deutsche Bibliothek – CIP-Einheitsaufnahme
Wissensmanagement: Schritte zum intelligenten Unternehmen /
Hrsg.: Hans Dietmar Bürgel. – Berlin; Heidelberg; New York; Barcelona; Budapest;
Hongkong; London; Mailand; Paris; Santa Clara; Singapur; Tokio: Springer, 1998
Edition ALCATEL SEL Stiftung)
ISBN-13: 978-3-642-71996-7   e-ISBN-13: 978-3-642-71995-0
DOI: 10.1007/978-3-642-71995-0

Umschlaggestaltung: Künkel + Lopka Werbeagentur, Heidelberg
Satz: Reproduktionsfertige Vorlage vom Herausgeber
SPIN: 10645381   45/3142 – 5 4 3 2 1 0 – Gedruckt auf säurefreiem Papier

Vorwort

Das Pilotprojekt einer Ringvorlesung „Wissensmanagement – Schritte zum intelligenten Unternehmen" und damit schließlich diese Buchveröffentlichung haben mehrere Ursprünge. Ausschlaggebend war für mich einmal ein Artikel, der besagte, Wissen in den Unternehmen sei zwar vorhanden, würde aber nur bis zu maximal 40% genutzt (*Zucker, B. und Schmitz, C., Wissen nutzen statt verspielen, in: Gablers Magazin 11–12/94, S. 62–65*). Das muß einen Betriebswirt natürlich stutzig machen und auf Abhilfe sinnen lassen, hieße es doch geradezu, daß der überwiegende Teil des in den Unternehmen und in den Köpfen der Mitarbeiter vorhandenen Wissens nicht genutzt würde – eine enorme Ressourcenverschwendung und Wertschöpfungsbarriere. In dieses Bild paßte der Inhalt des Buches von *Nonaka und Takeushi* mit dem Titel „The Knowledge Creating Company (die „Wissenschaffende Unternehmung", *Oxford University Press, New York, Oxford, 1995*). Dieses Buch spricht genau das Pendant zur oben zitierten Aussage an: Wenn man ein solches Defizit feststellt, gibt es dann Möglichkeiten, diesen Schatz zu heben, dieses Wissen nutzbar zu machen? Das Schlüsselwort ist „Tacit Knowledge", verborgenes Wissen, das durch eine geeignete Organisation genutzt wird, indem diese die Mitarbeiter vor allem in den mittleren Hierarchien anspricht, sie zu Kreativität aufruft, die ihren Lauf nehmen darf. Dann gab es eine dritte Quelle, nämlich den Wunsch der Betriebswirtschaftlichen Institute von Hohenheim und Stuttgart nach einer gemeinsamen Veranstaltung, bei der wir unsere jeweiligen Potentiale auf einem von beiden Seiten verfolgten Gebiet einbringen können. Ausschlaggebend war viertens die Tatsache, daß die Alcatel SEL Stiftung für Kommunikationsforschung sich bereit erklärte, diese Ringvorlesung bis hin zur vorliegenden Buchveröffentlichung finanziell zu unterstützen.

Leitziel sollte sein, Wissen als den vierten Produktionsfaktor (neben den drei klassischen Faktoren Boden, Kapital und Arbeit) herauszuarbeiten und immaterielle Wissensprozesse sichtbar zu machen wie informieren, daraus Wissen gewinnen, es verwenden und lernen, den Prozeß aufrechtzuerhalten oder noch zu verstärken. Dadurch sollen Unternehmen den Stellenwert dieses Produktionsfaktors erkennen, um damit das Überleben in einer Zukunft sicherzustellen, in der Wissen eine größere Rolle als jemals zuvor spielen wird.

Hubig führt zu Beginn in das Thema aus mehr philosophischer Sicht ein. Zum Abschluß der Vortragsreihe stellt Kircher aus berufenem Munde in einem großen Wurf die Entwicklung zur Informationstechnik in Jahre 2010 in ihren wesentlichen Basistechnologien dar, die einer Wissensrevolution gleichkommt. Dazwischen fügen sich die weiteren Beiträge logisch in das Leitziel ein.

Im ersten Teil werden verschiedene Aspekte und Ausprägungen des Wissensmanagements aus strategischer Sicht geschildert. Nach einer Vorstellung der Modelle und Strategien, Wissen im Unternehmen wertschöpfend einzusetzen, durch *Bullinger, Wörner und Prieto* sowie der gegenseitigen Befruchtungsmöglichkeiten zwischen Wissen und Strategie durch *Zahn*, fokussieren *Bürgel und Zeller* die Unternehmensperspektive auf den Bereich Forschung und Entwicklung. *Gerybadze* dehnt diese Blickrichtung auf das internationale Feld aus. *Krcmar und Schwabe* beschreiben am Beispiel der Telekooperation die Möglichkeiten neuer, durch Wissenseinsatz geprägter Organisationsformen und leiten damit bereits zum zweiten Teil des Buches über.

Im zweiten Teil steht die Prozeßunterstützung zur Umsetzung des im ersten Teil Gesagten im Vordergrund, also die instrumentell-operative Sicht. Im einzelnen vorgestellt werden die Potentiale des Workflow-Managements von *Heilmann*, quantitative Management-Instrumente auf neuer Wissensbasis durch *Troßmann*, die Balanced Scorecard durch *Horváth* sowie interaktive Entscheidungsunterstützungssysteme zur strukturierten Lösungssuche durch *Habenicht*. Die Möglichkeiten von Simulationen im Rahmen des Entwicklungsprozesses als eine neue Wissensanwendung beschreibt *Häfner*.

Ich bedanke mich bei allen Referenten, die engagiert an der Vorbereitung mitgewirkt und dann einzelne Ausarbeitungen übernommen haben, ganz herzlich für ihren Beitrag zum Gelingen der Veranstaltung und dieser Publikation. Besonders gedankt sei den Herren Dipl.-Kfm. *Rainer Schultheiß* und Dipl.-Kfm. *Andreas Zeller*, wissenschaftliche Mitarbeiter am Lehrstuhl F&E-Management, für ihre tatkräftige Mithilfe bei Konzipierung, Durchführung und Herausgabe der Vorlesungsreihe sowie Herrn cand. rer. pol. *Jens Schulz* für die Übernahme insbesondere der DV-technischen Arbeiten bei der Erstellung des Buchmanuskriptes. Herrn Dr. *Dieter Klumpp* sowie Frau *Petra Bonnet* M.A. von der Alcatel SEL Stiftung für Kommunikationsforschung gebührt Dank für die ideelle Förderung der Vorlesungsreihe an der Universität Stuttgart. Schließlich sei Herrn Dr. *Hans Wössner* und dem Team des Springer-Verlags für die angenehme Zusammenarbeit gedankt.

Stuttgart, November 1997   Prof. Dr. Hans Dietmar Bürgel

Inhaltsverzeichnis

E. Zahn
Wissen und Strategie

H. D. Bürgel, A. Zeller
Forschung & Entwicklung als Wissenscenter

A. Gerybadze
Wissensmanagement und Durchsetzungskompetenz
in transnationalen Unternehmen

H. Krcmar, G. Schwabe
Telekooperation – Eine Chance für neue Arbeitsformen in innovativen Organisationen

Teil 2. Wissensmanagement aus instrumentell-operativer Sicht

H. Heilmann
**Organisatorische Flexibilität im intelligenten Unternehmen –
Potentiale von Workflow-Management**

E. Troßmann
Wissensbasis quantitativer Management-Instrumente

Ausblick

H. Kircher
Informationstechnik im Jahre 2010

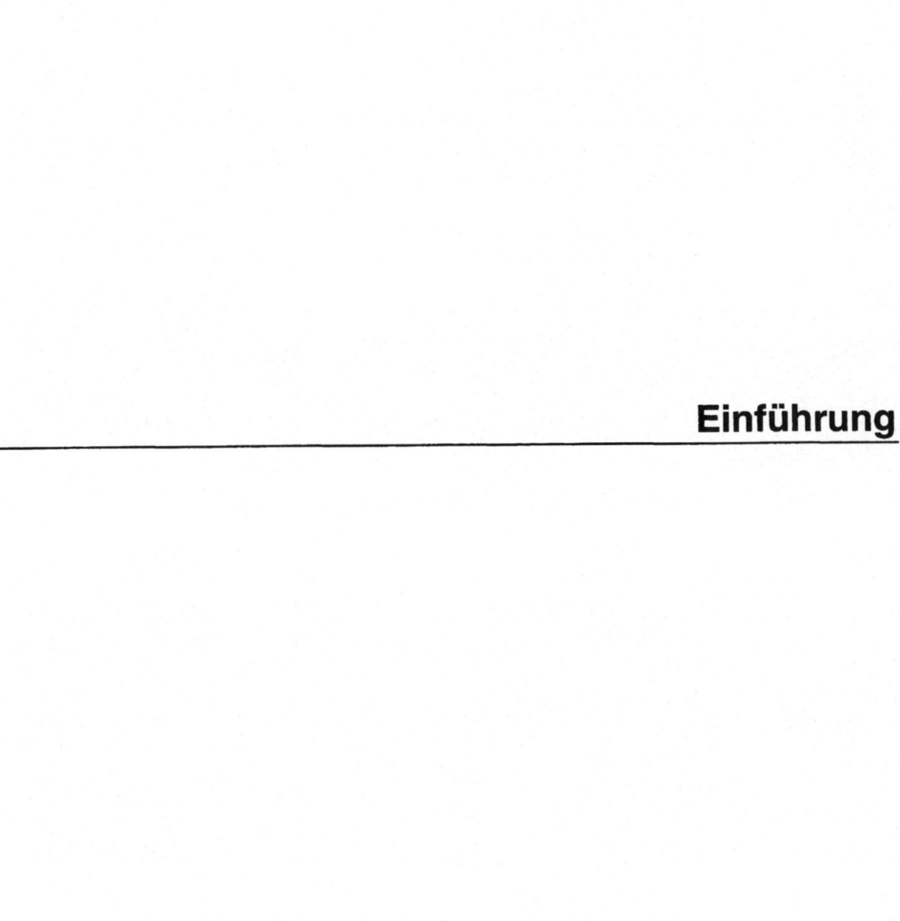

Einführung

Informationsselektion und Wissensselektion

Christoph Hubig

1 Das Problem: Kompetenzverluste und Kompensationsversuche

Die Möglichkeit eines Managements von Wissen, also des rationellen Einsatzes von Wissen für z.B. ökonomische Zwecke, steht und fällt mit der Fähigkeit, die Datenflut, die Überfülle an Informationen sowie das zunehmend breiter werdende Spektrum an Wissensangeboten zu bewältigen. Vordergründig erscheint es also in erster Linie notwendig, Selektionen vorzunehmen – etwa angesichts exponentiell wachsender Datenmengen bei dem jetzt anstehenden notwendigen Überspielen auf neue Datenträger (die Lebensdauer von Datenträgern beträgt ca. 30 Jahre), die Datenmengen zu validieren, oder zwischen relevanten und irrelevanten Informationen zu unterscheiden, oder Wissensangebote in „zuverlässiges" Wissen und „Wissensmüll" zu separieren. Das eigentliche Problem liegt jedoch darin, daß aufgrund der „Kommunikationsrevolution", die durch die neuen Informationstechnologien ausgelöst wurde, Kompetenzverluste befürchtet werden: Verluste an Fähigkeit, über diejenigen Kriterien und Maßstäbe zu verfügen, die eine rationale Durchführung solcher Selektionen erst erlauben. Dies betrifft alle Entscheidungsträger, vom Verbraucher bis zum Marketingexperten, von den Meistern in der CIM-Fertigung bis zu denjenigen, die die Datenbanken pflegen, von den Nutzern wissensbasierter Systeme bis zu denjenigen, die die Nutzerprofile erstellen.

Es ist nun eine Binsenweisheit, daß jede neue Entwicklung, die sich technischen Innovationen verdankt, sowohl neue Leistungen und Problemlösungen erbringt als auch von Einbußen und Defiziten geprägt ist. Technikoptimismus oder Technikpessimismus betonen jeweils eine Seite der Medaille. Und beide übersehen regelmäßig (neben den berechtigten Argumenten der Gegenpartei) ein Drittes, das jedoch maßgeblich jegliche kulturelle Entwicklung prägt: die jeweilig vorgeschlagenen und vorgenommenen Kompensationen, mittels derer die Nachteile einer Neuerung aufgefangen werden sollen. Technikoptimisten unterbewerten die Notwendigkeit von Kompensationen; Technikpessimisten bezweifeln die Möglichkeit von Kompensationen oder lehnen diese als illusorisch ab.

Was unser Thema betrifft, werden wir also neben den unbezweifelbaren Leistungen der globalen Informatisierung und Kommunikationsrevolution Kompetenzverluste zu registrieren haben, also Verluste an Fähigkeiten, die verloren gehen, scheinbar überflüssig werden, nicht weiter gepflegt werden oder verkümmern, weil ihnen die alten Betätigungsfelder zunächst entzogen werden und dann aber – zu spät – die entstandenen Defizite ersichtlich werden. Mit Kompetenzen oder Fähigkeiten verhält es sich ja anders als mit direkten Leistungen, die erbracht wurden: Deren Wert bleibt so lange erhalten, wie die Resultate der Leistungen bestehen und für gut befunden werden. Fähigkeiten hingegen gehen verloren, wenn sie nicht beständig trainiert, optimiert, angepaßt, vertieft werden. Das banalste Beispiel ist der Verlust körperlicher Fitneß, wenn allzu sehr technische Leistungen in Anspruch genommen werden, um Bequemlichkeit, Schnelligkeit oder Sicherheit zu gewährleisten (effizienter Transport), oder wenn mittels technischer Leistungen Effekte gezeitigt werden sollen, die die Fähigkeiten überfordern, wie in bestimmten Bereichen des Leistungssports, der seine Heroen mit ruinierten Körpern zurückläßt. Es hängt also alles an den Kompensationen, nach denen wir zu fragen haben, wenn Kompentenzverluste registriert wurden.

Alle Kompensationsversuche nun stehen vor einem Abwägungsproblem: Wie läßt sich der jeweiligen Schere zwischen Effizienz (Aufwand-Ertrag) und Effektivität (Input-Output-Spektrum) begegnen – hochoptimierten Problemlösungen auf der einen Seite, die sich der Vernachlässigung mancher Problemfelder verdanken, die dann als Nebenaspekte mit Nebenfolgen erscheinen, und der Notwendigkeit auf der anderen Seite, gegenüber wechselnden situativen Anforderungen möglichst viele Handlungsoptionen offen zu halten – eben die Problemlösungsfähigkeit im breiten Spektrum jenseits hochspezialisierter und hochoptimierter Interventionsstrategien zu bewahren. (Eine eierlegende Wollmilchsau mag effektiver sein als ein Milchleistungsrind; sie dürfte hingegen kaum effizienter sein. Im Grenzfall biotechnisch optimierter Turbokühe hingegen sollte das Urteil allerdings nicht schwerfallen.) Zurück zur Kommunikationsrevolution: Beklagt werden Verluste an Kontrollkompetenz, was die Gestaltung des Übergangs von Information zu Wissen betrifft; beklagt werden Verluste an Kritikkompetenz, weil durch vorgegebene Verengungen bessere Optionen aus dem Blickfeld geraten; beklagt werden Verluste an kreativer Kompetenz, weil bestehende Kommunikationsalgorithmen, vorgegebene Suchpfade etc. einen „Wissenskonservativismus" befördern (was der Anthropologe Arnold Gehlen bereits 1953, VDI-Z. Bd. 96, Nr. 5, in einem berühmten Vortrag vor dem VDI prognostiziert hat); beklagt wird schließlich der Verlust an Kompetenz, persönliche und individuelle Identität herauszubilden und fortzuschreiben im Zuge der Mensch-Rechner-Kommunikation oder der Mensch-Rechner-Mensch-Kommunikation. Solcherlei würde nun in der Tat die Möglichkeit eines Managements von Wissen erheblich einschränken.

2 Ein paradigmatisches Beispiel: Der Streit um die Erfindung der Schrift

Die erwähnten Monita begleiten das Nachdenken über Kommunikation seit altersher. Ihr berühmtestes Vorbild finden sie in den Erwägungen des Sokrates zur Erfindung der Schrift, einer der wichtigsten Kulturtechniken. Die Leistungen dieser Innovation sind unbezweifelbar: Darstellung durch Zeichen ist die Voraussetzung für abstraktes Denken und Rechnen, das sich von elementaren Zeigehandlungen löst, für Kommunikation über Zeiten und Räume hinweg, für die Modellierung allgemeiner Zusammenhänge, für Selbstvergewisserung und Kritik (die ja Distanz voraussetzt, die dadurch entsteht, daß das, was man getan hat, in den Zeichen aufbewahrt und solchermaßen vergegenständlicht zum neuen Sujet des Nachdenkens wird). Die Verluste sind ebenso klar: Verluste an Anschaulichkeit und lebensweltlicher, unmittelbar-spontaner Einbindung, Verlust an Einblick in die ursprünglichen Probleme, aus denen die jeweilige direkte mündliche Kommunikation entstand, Verlust des Bezuges zu anerkannten Autor-Autoritäten bzw. erfahrungsgemäß unsicheren Quellen als ursprünglichen Kommunikationspartnern, Verluste an Authentizität der früher jeweils situativ geprägten Vermittlung auf denjenigen Kommunikationskanälen und in denjenigen Kontexten (Gestik, Tonfall, Atmosphäre etc.), über die ebenfalls Information läuft. Bei Sokrates findet sich nun bereits ein Vorschlag zur Kompensation der Verluste, und interessanterweise stützt er sich dabei auf einen bildhaften Vergleich, der diejenige Technik ins Spiel bringt, der wir den Begriff „Kultur" verdanken: cultura, den Ackerbau. Die Kompensation müsse darin liegen, daß die Schrift Inhalte nicht bloß darstelle wie Pflanzen in einem Ziergarten, sondern die Darstellung jeweils in Nutzungszusammenhänge einbringe wie Pflanzen in einem Nutzgarten oder beim Ackerbau: schriftliche Informationen sollten Samen und Keime sein, die nach den Pflanzen, die aus ihnen entspringen, zu beurteilen wären, nicht bloße Darstellungen nach eigenen Kriterien wie logischer oder ästhetischer Vollkommenheit o.ä. Kurz: Es käme also darauf an, ursprüngliche Kommunikationszusammenhänge und Nutzungsabsichten beizubehalten und die Schrift lediglich als Mittel der Effektivierung einzusetzen.

Technikpessimisten wie der Soziologe Hans Freyer oder sein Schüler Arnold Gehlen würden allerdings hier den Vorwurf erheben, Sokrates greife zu kurz und sein Vorschlag (somit auch die Möglichkeit einer Aktualisierung auf unser Problem) bleibe naiv. Übersehen würde nämlich, daß die technische Form der Darstellung bereits unser Denken in bestimmte Raster bringt (Günter Anders nennt sie Matrizen), die wir dann zur Beschreibung unserer Lebenswelt einsetzen. Eine solchermaßen erfaßte Lebenswelt verlöre damit den Charakter als Kritikinstanz mißlingender technischer Kommunikation, also den Charakter einer ursprünglichen Instanz, von der aus der Nutzen der jeweiligen Technik beurteilbar wäre. Technische Kategorien würden vielmehr „dominant", wie Freyer sagt, und er verweist auf Formulierungen wie „Schalten und Walten", „Kontakt aufnehmen",

„Funktionieren" (oder, heutzutage: „Schnittstelle"), technisch geprägte Redeweisen, unter denen wir lebensweltliche Zusammenhänge modellieren. Erst recht würde dies relevant, so Gehlen in dem erwähnten Vortrag, wenn institutionalisierte technische „Handlungskreise" unmittelbar zur Beurteilung (Diagnose) und Gestaltung (Steuerung) unserer Lebenswelt einschlägig würden (von den Sensoren über die Datenübertragung bis zu den Expertensystemen), im Extremfall ökonomischen oder gar politischen Automaten (wie sie Günter Anders in „Die Antiquiertheit des Menschen" kritisierte, und wie sie gegenwärtig in abenteuerlicher Weise von KI-Experten und Sozialwissenschaftlern gefordert wird). Von solchen Darstellungssystemen würden wir dann in irreversibler Weise abhängig, weil eine Kritik oder Ablehnung des Darstellungsmodus den Verlust von Steuerungsleistungen mit sich brächte, Steuerungsleistungen aber, von denen wir angesichts der Komplexität unserer Lebensverhältnisse längst abhingen und von denen wir uns nicht mehr emanzipieren könnten (vom Accident-Management großtechnischer Anlagen bis zu Versicherungssystemen).

3   Die Kontroverse um die „Magna Charta des Informationszeitalters"

Jener Technikpessimismus erscheint angesichts der Euphorie, mit der der Übergang in die Informations- oder gar Wissensgesellschaft gefeiert wird, eher hinterwäldlerisch. Daß wir im Übergang von der Arbeits- zur Informationsgesellschaft eine Kulturschwelle überschritten hätten, scheint inzwischen allerorten akzeptiert. Solcherlei prägt Stellungnahmen der EU (Bangemann-Bericht 1994 „Europa und die globale Informationsgesellschft") ebenso wie den Bericht des Rates für Forschung, Technologie und Innovation der Bundesregierung zum Thema „Informationsgesellschaft". Christopher Freeman (Information-Technology and Employment) sprach bereits 1980 von einem „chance in scope, not in scale". Das sog. Cyberspace-Manifest (dt.: FAZ 26.8.95) die „Magna Charta des Informationszeitalters" einer Gruppe (neokonservativer) Intellektueller (Alwin und Heidi Toffler, George A. Keyworth, George Gilder) um den Senator Gingrich, deren Leitmotive in den erwähnten Berichten und weiteren nationalen Deklarationen zu finden sind, enthält allerdings eine Reihe philosophisch provozierender Feststellungen, die auf einen unaufgearbeiteten theoretischen Hintergrund verweisen. Betrachten wir einige Schlüsselzitate aus dieser – die Kommunikationsrevolution feiernden und das Selektionsproblem verharmlosenden – Magna Charta des Informationszeitalters, die eher ein Zeugnis kulturdiagnostischer Unsicherheit ist: In der Ökonomie der „dritten Welle" (nach der Maschinisierung und Automatisierung) entstehe neben Boden, Kapital und Arbeit eine neue Ressource als neuer Typ von Wissen „um es mit einem Wort zu benennen, das Daten, Informationen, Bilder und Symbole ebenso umfaßt wie Kultur, Ideologie und Wertvorstellungen". Dieses

Wissen sei nicht mehr „standardisiert und öffentlich, sondern vergänglich, transitorisch und benutzerorientiert". „Richtige Information in Verbindung mit richtiger Software und richtiger Präsentation zur richtigen Zeit" sei nunmehr ein „privates Gut", das in „Cyberspace-Lagerhäusern gespeichert denjenigen zugänglich ist, die über das richtige Tor verfügen und den richtigen Schlüssel benutzen". Die Institutionen würden dadurch „entmasst", also individualisiert; die Kosten der Vielfalt gingen gegen Null; es entstände eine neue Vielfältigkeit von Kulturen, Individualität und Privatheit und damit einhergehend ein „neues Potential für eine beträchtliche Erweiterung der menschlichen Freiheit". Gegenüber der bisherigen bloßen Optimierung von Schrift- und Bildkommunikation hätten wir einen erheblichen Fortschritt und die Entstehung einer neuen Qualität zu konstatieren: Waren es doch gerade die Schrift und die Bilder (man denke an die Fernsehberichterstattung), die durch ihre Standardisierung, Matrizenbildung und Schematisierung uns von der realen Lebenswelt und maßgeschneiderten Nutzensqualität abgebracht hatten. Wenn diese neue Qualität in Verbindung mit neuer Vielfalt und neuer Privatheit versprochen wird, scheint also genau das kompensiert zu sein, was die Kritiker der Schrift als Verlust bemängelt haben. Betrachtet man die Entwicklung im Internet, so wird man betätigende Befunde zuhauf antreffen: Kommunikation wird reindividualisiert; Wissensaußenseiter stehen für individuelle Nutzung bereit; und wenn gar die Architektur der Cyberspace-Lagerhäuser das fallbasierte Schließen ermöglichen sollte, würden wir von den vorgegebenen Suchpfaden, somit vom Expertenwissen, wieder unabhängiger und könnten, nutzerorientiert, auf diejenigen Informationen zurückgreifen, die nach unserer Problemeinschätzung die adäquatesten sind, weil sie sich in individuell ähnlichen Problemlagen als sinnvoll erwiesen haben. Kurz: Standardisierte Information wird wieder durch eine ursprüngliche, individuelle Kommunikation ersetzt – eine auf den ersten Blick wunderbare Kompensation der alten Kommunikationsdefizite.

Auf den zweiten Blick indes erweist sich dieses Szenario als äußerst schillernd. Dies spiegelt sich in den total gegenläufigen Forderungen unterschiedlicher Fraktionen zur weiteren Gestaltung dieses Szenarios: Wir finden hier eine zweigeteilte Optimistenfraktion und eine zweigeteilte Pessimistenfraktion, die gewisse Berührungspunkte aufweisen. Klar ist bei den Optimisten die Forderung nach Deregulierung, Liberalisierung, weitergehender Privatisierung, Erhöhung von Mobilität und Flexibilität, Abbau von Hierarchien, weitergehende Virtualisierung von Unternehmen, Global Sourcing etc. – nur solcherlei nütze die Möglichkeiten der neuen Informations- und Kommunikationstechnologien effizient: Organisations- und Qualitätswettbewerb träte dann an die Stelle des Preiswettbewerbes. Während die einen somit das Wissen als privates Gut voll zur Wirkung bringen wollen, indem sie als private Subjekte die Anbieter und Nutzer modellieren, sucht die Gegenposition bei den Optimisten die Privatheit als Effektivierungsmotor im wesentlichen auf der Nutzerseite zu sichern: Multiple Wissenskulturen und eine Effektivierung von Partizipation sollen eine neue Art des neuen Weltbürgertums gewährleisten, das auf der Ebene einer „Subpolitik", wie sie der Soziologe Ulrich Beck bezeichnet, die Belange individueller Emanzipation sowie individuellen Risikomanagements verstärkt zur Geltung bringt. Beide Fraktionen lesen das Schlagwort „selbstorganisierte Globalisierung" unterschiedlich: die einen als Forderung nach Freiräumen der Selbstorganisation ausgehend von Startpunkt bestehender Machtkonstellationen (unter Inkaufnahme weiterer Konzentration), die anderen als Forderung nach Selbstorganisierung, für die auf der Ebene der Individuen neue Rahmenbedingungen zu schaffen wären.

Auf der Gegenseite nun, bei den Kritikern und Skeptikern, finden sich ebenfalls zwei Fraktionen: Angesichts der neuen technischen Möglichkeiten, so ihr Wortführer Herbert Kubicek, müsse die Macht-, Vermögens- und Wissenskonzentration durch neue globale Kontrollen gesteuert werden. Nur derartige Kontrollen der Wissensproduktion sowie globale Sozialverträge, Nachhaltigkeitsvereinbarungen, Wirtschaftsvereinbarungen bis hin zu einer globalen Wechselkurspolitik (Hartmut Elsenhans) könnten verhindern, daß die Kommunikationsrevolution in einen schlimmen Darwinismus umschlage, der alle diejenigen aus der Evolution hinauswirft, die sich den Erfordernissen globalen Wirtschaftens nicht anpassen und auf solch altmodische Vereinbarungen wie Sozialverträge, Standards wissenschaftlicher Rationalität sowie tradierte Kulturwerte setzten. Die andere Kritikerfraktion bezweifelt die Wirksamkeit globalisierender Gegensteuerung, um derartigen Wildwuchs (im wörtlichen Sinne) zu bändigen. Unter dem Leitbild des Kommunitarismus, der Solidarität kleiner Gemeinschaften, fordert sie die Absicherung einer Entwicklung angepaßter Technologien (Low-Scale-Technologies) mit kleiner Distribution, kleinen Kreisläufen, gestützt auf regionale Organisationsmodelle bis hin zu lokalen monetären Systemen, weil nur hierdurch eine echte Privatheit zu gewährleisten sei. Statt Deregulierung werden neue Kompetenzen und Vollmachten für eine Regionalisierung von Regelungen und regionale Problembewältigung mit entsprechender politischer Organisation und Verantwortungszuteilung nach unten nach dem Subsidiaritätsprinzip gefordert. Erst dies mache die Kommunikationsrevolution sinnvoll.

Was an diesen gegenläufigen Befunden und Forderungen irritiert und was sie bisweilen naiv erscheinen läßt, ist, daß sie so unvermittelt nebeneinander stehen. Die Analyse von Leistungen und Kompetenzverlusten, die ausgeglichen werden sollen, ist offenbar nicht weit gediehen. Das liegt daran, daß „Wissen" und „Kommunikation" als tragende Konzepte unklar bleiben; solcherlei Feuilletonismus wird jedoch riskant, wenn er politische Deklarationen und Vereinbarungen prägt (was zu Vergleichen mit dem Thema „Nachhaltigkeit" einlädt).

4 Vier Problemfelder

Die Kontroverse um die „Magna Charta" verweist uns auf vier Problemfelder, die unzureichend modelliert und infolgedessen Lösungscharakteristiken nach sich ziehen, die defizitär sind.

4.1
„Wissen" als Instanz

Das neue „abrufbare" Wissen als Gegenstand der Kommunikation soll alles umfassen: Signale, Daten, Information, Regeln und Werte, Bilder – alles, was speicherbar ist. Kurzschlüssig gedacht erscheint deshalb bloß als zentrales Problem dasjenige der Informationsüberflutung, unter der die Internet-Nutzer genauso leiden wie die hierdurch paralysierten Militärs in Bosnien (wie kürzlich zu lesen war), die Wissenschaftler, die Ökosimulationen oder Wirtschaftsprognosen erstellen, ebenso wie die Lernenden, die Verbraucher ebenso wie die Marketingstrategen. Kurzschlüssig wird dann gefordert, daß Selektionsstrategien und Selektionshilfen zu erstellen wären, die Datenmüll von potentiell relevanten Daten, wichtiger von unwichtiger Information und wahre Information von falscher Information (resp. Wissen) zu trennen hätten. Übersehen wird dabei ein zentraler Punkt: All das, was gespeichert ist und mittels dessen oder über das kommuniziert wird, ist bereits wissensgeprägt und wissensabhängig – es handelt sich also nicht um neutrale Kandidaten, denen gegenüber Individuen in einer neuen Freiheit im Zuge einer freien, möglicherweise kritischen, Kommunikation entscheiden, ob sie sie als Wissen anerkennen oder nutzen wollen. Wissen ist nicht die Endstation oder das Resultat derartiger Kommunikation.

Betrachten wir die Kette Signale-Daten-Information-Wissen. Signale unserer Umwelt existieren nicht per se, sondern nur insoweit, als wir technisch in der Lage sind, sie aufzunehmen. Bereits bei der organischen Aufnahme von Signalen wissen wir, wie stark physische Spezialisierung, Training, psychische Verfaßtheit etc. die Signalaufnahme prägen. Erst recht betrifft dies die technisch ermöglichte Signalaufnahme über Sensoren, hinter denen ganze Gebirge (oder Abgründe) von Theorien und Entscheidungen (z.B. über Nachweisbarkeitsbedingungen) stehen. In der bloßen Darstellung (s. Sokrates) erscheinen die Signale als losgelöste Befunde, losgelöst vom Kontext und den Voraussetzungen ihres Entstehens (so beim oftmals praktizierten, aber unzulässigen Übergang von „nicht nachgewiesen,daß" zu „nachgewiesen, daß nicht"). Aus Signalen werden Daten wiederum erst auf der Basis physischer und psychischer Übertragungs- und Speicherkapazität, einem insgesamt technisch geprägten Transfer, dessen Grenzen und Fehler, wie wir alle wissen, zu belustigenden Resultaten führen kann. Diese Transfer- und Speichermöglichkeiten sind aber ihrerseits wissensgeprägt und wissensabhängig. Erst recht gilt dies für den Übergang von Daten zu Informationen. Auf der Basis von Codes, die den Zeichenvorrat, die Bedeutungs- und die Verknüpfungsregeln festlegen, werden die Informationen modelliert (einschließlich der Festlegung von Signifikanzschwellen). Und erst als interpretierte werden sie zu Wissen, von falschen Informationen getrennt und bewertet mit Blick auf unterstellte Absender- und Adressatenprofile. So kann – ein Extremfall – dasjenige, was dem einen als transferiertes Abbild einer Situation erscheint, für den anderen ein Kryptogramm sein, das erst zu Wissen wird, wenn die Abweichungen zu einem vereinbarten Originalbild erfaßt sind. Beide erhalten die gleiche Information, auf deren Basis sich unterschiedliches Wissen konstituiert. Bei der Kommunikation in der Informationsgesellschaft ist es nun für einzelne Kommunikationspartner in der Regel nicht möglich, die Übergänge, Signale-Daten-Information-Wissen zu überprüfen und zu rekonstruieren. Gerade jenes Wissen, das als Hintergrundwissen solche Übergänge bewerkstelligt, ist entweder gewollt privates oder gar patentgesichertes Gut, oder es ist selbst nicht kommunizierbar wegen der Überfülle dessen, was dann vermittelt werden müßte. Es tritt ein Kompetenzverlust für die Kommunikationspartner ein, insbesondere, was die Überprüfung der Kontexte und des Zustandekommens von Information und Wissen betrifft. Solcherlei ist durchaus kompensierbar – hierzu später mehr. Aber gerade die viel zitierten Pannen und Kuriositäten illustrieren das Grundproblem. Ob die exakte Information „Stillstand der Räder" für das Landesystem des Airbus in Warschau die adäquate Übersetzung der Sensordaten war, war durch den Code bestimmt. Unterscheidet dieser nicht zwischen Stillstand aufgrund Bremsen bei gegebener Reibung oder Stillstand aufgrund fehlender Reibung infolge Vereisung, wie geschehen, so wird ein verhängnisvolles Wissen aktiviert, dessen Folge bekannt ist. Denn jede Information ist so gut wie die Alternativenzahl (der Kontext, den der Code vorsieht), von der sie sich abhebt. Diese Kontexte, als Gesamtheit der vorgesehenen (und vom Programmierer antizipierten) Alternativen, sind aber oftmals nicht Gegenstand der Information. Sie zu kennen, wäre Voraussetzung einer kritischen Würdigung des Status der Information (also für eine Selektion). Im Rahmen natürlicher Kommunikation wird über wechselseitige Korrektur solcher Vereinseitigung vorgebeugt. Bei technischer Kommunikation kann das Wissen um die Nichtkorrigierbarkeit informatischer Vereinseitigung zu Irritationen und Mißtrauen führen, was kuriose Folgen hat. So war festzustellen, daß Beschäftigte im Rahmen von CIM-Fertigungsprozessen bei VW und AUDI (aber auch in der Verfahrenstechnik bei BASF und wohl auch anderswo) sich nicht auf die Bildschirminformationen verlassen zu können glaubten (vor dem Hintergrund des Fertigungsdrucks und ihrer eigenen neuen Verantwortungslast für die Produktionsqualität). Die Folge war, daß innerhalb der Werke mit hohem (streßerzeugenden) Aufwand informelle Kanäle natürlicher Kommunikation aufgebaut und gepflegt wurden, geheime Material- und Ersatzteillager angelegt wurden usw. – Zeichen dafür, daß die Informatisierung der Produktion die Beteiligten zu unbeholfenen Kompensationen zwang, die den Verlust an Kontrollkompetenz über die Wissensproduktion ausgleichen sollte. Auch das war und ist, wie wir sehen werden, kompensierbar.

Schwieriger gestaltet sich die Kompensation, wenn Kompetenzverluste unbemerkt bleiben und im verborgenen manifest werden. Wie Forschungsprojekte an der TU Berlin (Hubig) und TU München (Erlenspiel) ergaben, lassen sich Kompetenzverluste als Einbußen von Kreativität bei denjenigen feststellen, die mit wissensbasiertem CAD konstruierten und unter der Hand die Expertensysteme als vollständig kompetente Kommunikationspartner begriffen, die über das aus der Magna Charta zitierte "abrufbare Wissen" verfügten. Zwar traten in der Tat Effizienzerhöhungen im Bereich der Variantenkonstruktion ein. Hingegen führte die

Angewiesenheit auf die naturgemäß beschränkten Lösungsspektren und die vorgegebenen Suchpfade bei Neukonstruktionen regelrecht zu einer Suchraumveren-
gung. Was nun innerhalb überschaubarer, z.B. unternehmensinterner, Problemfelder zu Kompetenzverlusten führt, wirkt sich gravierender, da schwieriger kompensierbar, in globaleren Zusammenhängen aus.

4.2
Globale Informatisierung

Die Probleme globaler Informatisierung (resp. der Verarbeitung von Informationen
aus globaleren externen Kontexten) lassen sich trefflich mit den Termini markie-
ren, die der Biologe Jakob von Uexküll für die Individium-Umwelt-Beziehung
geprägt hat. Die sog. Wirkwelt umfaßt die Gesamtheit der Folgen der jeweiligen
Interventionen, die Merkwelt die Gesamtheit der wissbaren Rückmeldungen über
die Folgen dieser Interventionen. Wenn im nicht-menschlichen Bereich das Wirk-
welt-Merkwelt-Verhältnis gestört ist, führt dies unweigerlich zur Elimination, wie
sie elementar bei den Arten ablesbar ist, deren Merkwelt nicht das Feedback ihres
räuberischen Tuns (der Zerstörung der Nahrungsbasis) enthält. Der Homo
technicus zeitigt nun wesentlich weiter greifende Wirkungen (sowohl räumlich als
auch zeitlich), als er merkweltmäßig hiervon die Feedbacks registrieren könnte. Es
entsteht eine Asymmetrie Wirkwelt-Merkwelt: Die Merkwelt greift zu kurz. Solcherlei kompensiert er durch seine Informationstechnologien: Er verlängert, verstärkt, ersetzt seine Organe, ja vermag schließlich zeitlich und räumlich ferne
Situationen über Simulationen oder Szenarien zu erschließen. Gerade diese sind
jedoch in hohem Maße bereits vorab wissensgeprägt, wo sie doch erst ein Wissen
liefern sollen: Sie hängen ab von erschlossenen und geschätzten und extrapolierten
Datenmengen sowie den jeweils gesetzten Parametern. Es entstehen Konkurrenzen
verschiedener Merkwelten, und der Informierte (was uns bereits beim Nachrich-
tenkonsum irritiert) ist gezwungen, mit solcherlei Merkwelt-Konkurrenzen umzugehen. Wohlgemerkt: Nicht die Informationsüberflutung, sondern konkurrierende
Wissensansprüche produzieren hier Unsicherheit, die von der Planungsunsicherheit
im wirtschaftlichen Handeln bis zur Risikohysterie reichen kann, in die sich manche hineinsteigern, weil der Szenarienbildung theoretisch keine Grenzen gesetzt
sind. Diese Situation spiegelt sich in den Expertendilemmata, die nicht theoretisch
auflösbar sind (wie bisweilen unterstellt wird, ausgenommen natürlich ein Experte
sagte vorsätzlich oder fahrlässig die Unwahrheit). Dennoch zwingen sie uns zu
einem praktischen Umgang, der gerechtfertigt werden muß. Die Kosten der Vielfalt liegen also nicht bloß in der Amortisation der jeweiligen Wissensangebote, die
durch die jeweils zugrundeliegenden „Matrizen" (G. Anders) bestimmt sind. Sie
stellen vielmehr eine Unsicherheitshypothek dar, da wir, endlich wie wir sind, zum
Entscheiden gezwungen sind. Solcherlei erfordert spezielle Strategien der Entscheidungsfindung angesichts unsicherer Optionen. Eine Verschärfung der Merk-
welt-Problematik erfahren wir z.Z. in demjenigen Bereich des Wirtschaftens, der

sich auf virtuelle Güter als Gegenstand des Handels, z.B. Derivate, erstreckt, Güter, deren Status ontologisch und somit wissensmäßig ungeklärt ist und die entsprechend nicht in den Bilanzen auftauchen. Wie sollen wir mit solchen virtuellen Welten umgehen, in denen dennoch reales Handeln stattfindet?

4.3
Kommunikation

Unter einem weiteren Aspekt technisch gestützter Kommunikation ist ein Kompetenzverlust zu erkennen, der uns in das Feld sozialphilosophischer Überlegungen führt, zugleich aber direkte praktische Konsequenzen für die Unternehmenskommunikation mit sich bringt. Natürliche Kommunikation vermittelt nicht bloß Informationen über Sachverhalte verbunden mit dem Anspruch, daß diese Informationen als Wissen anerkannt werden sollen. Vielmehr beruht sie auf bestimmten Selbst- und Partnerbildern der Adressaten, also Vorstellungen darüber, wie die entsprechenden Informationen aufgenommen werden (sollen), weshalb diese ja gerade in der und der Form übermittelt werden. Scheitert die Übermittlung oder zeitigt sie andere als die erwarteten Effekte, werden das Selbst- und Partnerbild korrigiert. Ja, die Selbstbilder (die jeweilige Ich-Identität) entstehen erst durch die Reaktion der Kommunikationspartner, die, positiv oder negativ aufgenommen, zu einer Verstärkung oder Veränderung des vorausgesetzten Primärbildes führt. Wer in der Kommunikation scheitert, wird (produktiv) verunsichert. In einer Informationsgesellschaft mit ihren Cyberspace-Lagerhäusern müssen nun feste Partnerbilder vorausgesetzt werden, sog. Nutzerprofile, die im Zuge des zunehmenden Selbstlernens der Systeme zwar variabel sein können, aber nicht selbst zu einem zweiten dynamischen, nicht abschließbaren Gegenstand der Kommunikation werden. Kommunikationspannen oder Fehlleistungen von Expertensystemen zeigen regelmäßig, daß die Mensch-Rechner-Mensch-Kommunikation auf falschen Adressatenbildern beruht, daß die Nutzererwartungen somit falsch modelliert wurden. Was heißt aber falsch? Wie forderte noch die Magna Charta: „Die richtige Information in Verbindung mit der richtigen Software in richtiger Präsentation zur richtigen Zeit!" Während in der natürlichen Kommunikation parallel zur Informationsübermittlung ständig ein Abgleich über die Richtigkeit der Adressatenprofile stattfindet, müssen diese beim technischen Kommunizieren über Rechner schematisch in Form von Kriterienkatalogen implementiert sein.

Gravierender werden allerdings die Folgen, wenn nicht mißliche Kommunikationspannen entstehen, sondern hinter einer glatten Kommunikation verborgen bleibt, daß eben unter bestimmten Adressetenschemata kommuniziert wird. Wenn Kinder – wie zu beobachten ist – ihren Computer als Kommunikationspartner akzeptieren, oder wenn Studierende ihr Selbstlernsystem als kompetenten Lehrer betrachten, dann verlischt die Eigenkompetenz zur Identitätsbildung. Denn diese ist ja gerade auf das Wechselspiel des Austauschs von Erwartungen mit einem sich ändernden Gegenüber angewiesen, weil nur über dessen, von dem Nutzer ausgelösten Veränderungen ein Bewußtsein darüber entstehen kann, wie der Nutzer sich selbst ändern könnte, also darüber, was er überhaupt kann, also über seine Identität. Wenn wir uns eine prominente Definition anschauen, mit der KI-Experten ein solches Adressatenbild modellieren, wird eben diese Problematik deutlich: Das Adressatenbild sei „diejenige Sammlung von Nutzereigenschaften als Stereotyp", die einen „Korpus" ausmachen, „der alle Informationen umfaßt, die typischerweise wahr sind für diejenigen Nutzer, die das Stereotyp realisieren" (E. Ritsch, Stereotypes and User Modelling, in: A. Kobsa/W. Wahlster (Hrsg.), User Models in Dialog Systems, Berlin/Heidelberg/New York 1989, dort weitere Literatur zum Thema). Man muß sich jene Definition auf der Zunge zergehen lassen, um ihre Zirkularität zu erkennen. Diese aber gibt gerade Auskunft über den Zirkel, aus dem sich die Kommunikationspartner im Cyberspace wohl nicht befreien können. Oder sind auch hier Kompensationen denkbar? Wir werden sehen.

4.4
Modellierung der Welt

Schließlich sei noch eine letzte Dimension des Kompetenzverlustes erwähnt: Die von Nicholas Negroponte, dem Guru der Informationsgesellschaft, entwickelte Vision ist, daß wir uns schließlich einmal nicht mehr weiter mit Mensch-Maschine-Schnittstellen herumzuplagen hätten, sondern in einer Welt lebten, die wir nach unseren Wünschen vernetzt haben und in der die Gegenstände untereinander so „kommunizieren", wie es für uns sinnvoll ist. Die Welt ist dann „gestaltetes, ausgefaltetes Gehirn", eine Welt, in der wir nicht mehr Informationen suchen, selektieren und bewerten müssen, sondern in der die Informationen zu uns kommen, weil erkennbar ist, was für uns relevant ist. Ein Beispiel im kleinen: Entsprechend unseren Gängen durch die Wohnung werden Musik und Licht gesteuert, entsprechend unseren Gewohnheiten, vielleicht noch sensordiagnostiziert und expertensystemgesteuert bereitet sich das Essen zu. Diejenigen Bildungsangebote erreichen uns, die unseren Fähigkeiten und Neigungen entsprechen usw. Hinter der Karikatur solcher Visionen verbirgt sich allerdings das ernste Leitbild, daß wir informationell die Welt letztlich so zu modellieren vermögen, daß sie wenigstens in Teilbereichen auf uns zugeschnitten ist und uns nicht mehr den irritierenden Widerstand leistet, wie er sich in der erwähnten Konkurrenz der Merkwelten ausdrückte. Ob wir über interaktives Fernsehen den Filmverlauf selbst bestimmen und das lernfähige System schließlich unsere Vorlieben kennt, oder ob uns auf unsere Interessen maßgeschneiderte Produkte oder Dienstleistungen per Teleshopping angeboten und dann orderbar sind, oder ob wir solcherlei per Teleworking herstellen – die „dritte Welle der Ökonomie" soll dieses möglich machen. Und selbstverständlich gehört das Telelearning insofern hierzu, als die individuelle Festlegung des Lernrhythmus maschinell eher zu erledigen ist als von einem realen Präsenzprofessor, der mit 300 unterschiedlichen Lernrhythmuserwartungen umgehen muß. Da sind ihm seine beiden neuen Kollegen, der virtuelle Präsenzprofessor und der virtuelle Speicherprofessor natürlich überlegen. Allerdings geht hier dasjenige verloren, das bei der Auseinandersetzung mit einer widerständigen Umwelt zur Herausbildung der entsprechenden spezifischen Kompetenzen führt: auf neue Herausforderungen zu reagieren auf der Basis eines learning for diversity and choice. Wer in einer auf ihn zugeschnitten Welt lebt, hat nicht sein individuelles Freiheitspotential letztgültig entfaltet, sondern sich auf eine Struktur hin entworfen, die seiner momentanen Verfaßtheit adäquat sein (bzw. gewesen) mag; er ist jedoch von seinem einmal ausgefalteten Gehirn (wie es Negroponte nennt) selber abhängig geworden.

5 Wie also kompensieren?

Knappe Ressourcen zwingen uns, die Rationalisierungseffekte und den Effizienzgewinn technischer Kommunikation im Zuge des Wissensmanagements selbstverständlich zu nutzen. Die vorgeschlagenen Kompensationsstrategien, die letztlich dazu dienen, unsere Selektionskompetenz zu erhalten bzw. wiederherzustellen, sind nun ihrerseits nicht unproblematisch. Soweit ich sehe, sind es im wesentlichen sechs Ansätze.

5.1
„Neue Ursprünglichkeit"?

Kompensation durch Zuflucht zu einer neuen Ursprünglichkeit: Der Appell, durch unmittlelbare Naturerfahrung, Erfahrung unmittelbarer Kommunikation oder Sensibilisierung durch Kunst die ursprünglichen Kompetenzen wiederzuerwecken oder fortzuführen, übersieht, daß diejenige Natur, die uns in solchen Kontexten begegnet (bis hin zum Abenteuerurlaub für Manager) bereits kulturell überformt und funktional auf die entsprechenden Kulturen bezogen ist. Leicht wird hier eine falsche Authentizität suggeriert, eine bloß simulierte Authentizität, wie sie bereits Günter Anders in der Gestalt des Moderators entdeckt hat, der als aufdringlich duzender Freund in unserer Privatsphäre mit seiner Person dafür zu bürgen scheint, daß über das Fernsehen eine reale Kommunikation stattfindet. Daß manche Kompensationsversuche im Kontext der Avangarde-Kunst, die durchaus auch im Rahmen entsprechenden Manager-Trainings hin und wieder zum Zuge kommt, „puerile Züge" tragen, hat bereits Arnold Gehlen bemerkt. Weiterhin werden andere Risiken, insbesondere solche einer reaktionären Regression ersichtlich: Zunehmend ist zu beobachten, daß Authentizität und unmittelbarer Kontakt die Herausbildung persönlicher privater Beziehungen und neuer Traditionen der Autoritätsanerkennung Rückzugsinseln schaffen soll (vergleichbar den Salons und Gelehrtenzirkeln im 19. Jh.), innerhalb derer auf der Basis persönlicher Empfehlungen und eines quasi privaten Austausches von Einschätzungen die Informationsflut bewältigt werden soll – und dies gerade im Wissenschaftsbereich. Die klassische Wissenschaftstradition stellte immerhin unpersönliche, standardisierte, aber von jedem beanspruchbare Filter dar; die neuen persönlichkeitsorientierten Zirkel sind hingegen schwer von außen zugänglich, und die Internet-Dörfer bieten eine neue trügerische Geborgenheit, die eher durch Ignoranz als durch Reflexion abgesichert wird. Ähnliches läßt sich für die Gestaltung globaler Wirtschaftsbeziehungen erkennen, bei denen bestimmte Formen des Mißmanagements, die von außen geradezu unerklärlich scheinen, in jener trügerischen Privatheit von Beziehungen wurzeln, die eine neue Authentizität garantieren soll.

5.2
Parallelkommunikation

Eine ernster zu nehmende Kompensationsstrategie läßt sich mit dem Stichwort „Parallelkommunikation" umreißen. Nicht ist dabei dasjenige gemeint, was uns bei der CIM-Fertigung bereits begegnet ist. Vielmehr ist hier die Forderung formuliert, daß durch Offenheiten möglichst vieler Informationskanäle möglichst gegenläufiger Natur eine Verengung des Informationsspektrums zu bekämpfen wäre, also nicht ein Medium als Ersatz eines anderen begriffen wird. Studien und Projekte „vor Ort", Gesprächszirkel parallel zur Bildschirmkommunikation, persönliche Kontakte in Realzeit und in realer Atmosphäre könnten hier gegensteuern. Das hat Konsequenzen sowohl für die Ausbildung (im Ausland), für das Prototyping (insbes. von Software), für das Marketing im direkten Dialog mit den Verbrauchern, für die Gestaltung von Sozialbeziehungen gerade gegenüber Kindern und Alten. Gemeint ist, daß Anstrengungen unternommen werden, von den Nutzermodellierungen wegzukommen und die realen Initiatoren in realen Kommunikationsbeziehungen mit realen Nutzern zusammenzubringen. Solcherlei zahlt sich auch ökonomisch aus. Ethisch ist diese Forderung darin begründet, daß Anerkennungsprozesse, die unser Menschsein konstituieren, nicht gegenüber Modellen oder von Stellvertretermodellen (z.B. des Homo oeconomicus) zu erbringen sind. Wenn die ökonomische Planung an die Grenzen der Entscheidungstheorien stößt und bei der Behandlung von Entscheidungsdilemmata die Abhängigkeit von Frames und Darstellungsweisen realisiert, berührt sie dieses Problemfeld.

5.3
Neue Organisationsformen

Damit einhergehend sind im Zuge einer weiteren Kompensationsstrategie neue Organisationsformen erforderlich. Es wirkt in seiner Simplizität schon frappierend, wenn die erwähnten Kommunikationsdefizite beim CIM durch die einfache Maßnahme, Glaswände einzubauen, deutliche Verbesserungen brachte. Es geht hier nicht einfach um Transparenz im wörtlichen Sinne bezüglich des Informationstransfers – diese Transparenz war ja bereits da –, sondern es geht um Transparenz, was die Informationskontexte betrifft. Die Gestaltung von Kontexten wird zum zentralen Problem dieses Typs der Kompensation von Kompetenzverlusten. Dies wird auch ersichtlich mit Blick auf die Versuche, zum Ausgleich des Verlustes von Sozialbeziehungen infolge einer Virtualisierung von Unternehmen die Idee zu realisieren, Teleports dahingehend einzurichten, daß die Beschäftigten in einer neuen, quasi betrieblichen Organisationsform, wenn auch weltweit für unterschiedliche Unternehmen, zusammenarbeiten. Hierzu laufen Versuche, und hier ist die Tendenz zu erkennen, eben nicht alte Formen zu reaktivieren, sondern einen neuen Typ von Sozialbeziehungen zu ermöglichen, um gerade nicht Sozialität überhaupt in diesem Bereich zu verabschieden. Auf dieser Entwicklungslinie liegt auch die Tendenz, Bürgerläden für eine direkte bürgernahe Verwaltung einzurichten, die Bürger also nicht bloß „ans Netz" zu locken in der Hoffnung, daß damit bereits das gläserne Rathaus realisiert sei, sondern eine direkte Kommunikation systematisch zu organisieren. Es geht also darum, bildlich ausgedrückt, im Cyberspace neue reale Räume zu schaffen, die auf natürlicher Kommunikation basieren.

Auch zur Kompensation der erwähnten Kreativitätseinbußen wird solcherlei vorgenommen. Die alten Brainstorming-Zirkel sind längst zu einer neuen Kultur entwickelt, auf der auf allen Ebenen das ungestützte, tentative Denken befördert wird – von den sog. Quatschzirkeln, die in der Arbeitszeit institutionalisiert sind, bis hin zur Etablierung von Querdenker-Foren oder Spinner-Abteilungen, vom Kreativitätstraining im Kinderladen bis zum Managerkurs. All diesem ist gemeinsam, daß wesentlich mit Metaphern und Analogien gearbeitet wird, also gerade solchen Vorstellungen, die bis heute (und auch in Zukunft wohl schwerlich) aus strukturellen Gründen nicht algorithmisierbar sind – letztlich also Bildern ganz anderer Art als denjenigen, die als Matritzen der Cyberspace-Lagerhäuser oder der Medien bereits gehalten werden.

5.4
Transdisziplinäres Lernen

Für die Ausbildung angesichts des Erfordernisses eines lebenslangen Lernens auch in Unternehmen bedeutet dies, daß das projektbezogene, exemplarische, transdisziplinäre Lernen zunehmend Bedeutung gewinnt. Und zwar deshalb, weil die Wissensvermittlung nur noch einem anderen Zweck dient, nämlich der Kompetenzvermittlung. Wissenserwerbskompetenz, Orientierungskompetenz und Sozialkompetenz werden zu wichtigeren Berufsqualifikationen als ein Know-how (Fachkompetenz) in Form eines Wissens, das in den zunehmend intelligenter werdenden Speichern relativ gut aufgehoben und abrufbar ist. Inwiefern Selbstlernsysteme, die beim Sprachenerwerb durchaus ihre Leistungen erbringen mögen, zum repräsentativen Ausbildungstyp einer virtuellen Hochschule werden können, dürfte damit klar sein.

5.5
Kontextsensitive Wissensspeicherung

Auch das gespeicherte Wissen bedarf eines Umbaus, der kompensierende Effekte zeitigen kann. Denn die erwähnten Restriktionen verdanken sich einer hierarchischen Wissensorganisation, deren Suchpfad-Prinzipien durch eine noch so ausdifferenzierte Pflege der Retrival-Systeme nicht grundlegend geändert werden können. Die neuen Anstrengungen, über sog. fallbasiertes Schließen die Problemlösungsangebote adäquater zu machen, stehen vor dem schwierigen Problem, wie Ähnlichkeits- und Analogiebeziehungen zu modellieren sind. Allerdings sind hier Fortschritte zu beobachten. Auch ein weiteres neues Leitwort, nämlich „Kontextsensitivität" signalisiert, daß die Probleme erkannt sind und neue Problemlösungsstrategien für erforderlich gehalten werden. Kühne Visionen zielen gar darauf ab, mit Blick auf die – in erster Linie ökonomisch problematische – Notwendigkeit, unsere Datenmengen auf neue Träger zu überspielen, intelligente Kopierprozesse einzurichten, die kontextsensitiv überspielen und dadurch sowohl die Fehlerquote mindern als auch Selektionen vornehmen hinsichtlich solcher Daten, die überhaupt nicht in erkennbare Kontexte eingebettet sind. Nur so könnte verhindert werden, daß aus Rationalisierungsgründen wertvolle Daten verloren gehen, wie beispielsweise diejenigen der Saturn-V-Rakete, die bis zur Challenger-Katastrophe als nicht mehr erforderlich galt und deren Konstruktions-Know-how unwiederbringlich verloren gegangen ist.

5.6
Praktisches Abwägen

Für Merkwelt-Konkurrenzen, die theoretisch nicht aufzulösen sind – wie sie uns etwa in Form derjenigen Expertendilemmata begegnen, die auf konträren Simulationen basieren – bleibt als Kompensationsstrategie nur die Institutionalisierung praktischen Abwägens, beispielsweise in Form von Diskursen. Wenn solcherlei Expertendilemmata wissenschaftsintern nicht auflösbar sind, müssen die hypothetischen Risiken, um die es hier ja geht, auf eine Anerkennungsbasis bezogen werden, in der die Betroffenen ihre Problemlage modellieren. Ein derartiges Risikomanagement verlangt praktisches Entscheiden, für das die Wissenschaft nicht legitimiert ist, da keine allgemeinen Kalkulationsbasen für solche hypothetischen Risiken gegeben sind. Die neu organisierten Verfahren zur öffentlichen Meinungsbildung im Rahmen von Planungszellen, Bürgerforen etc. können freilich demokratische Entscheidungen nicht ersetzen; sie können aber unsere Abhängigkeit von den zweifelhaften Resultaten einer technisch vermittelten Kommunikation abbauen.

6 Resümee

Es bleibt festzuhalten, daß die auf den ersten Blick bedrückenden Kompetenzverluste, die eine sinnvolle Informations- und Wissensselektion zu verstellen scheinen, durch bestimmte Kompensationsstrategien ausgeglichen werden können,
nämlich:

- Parallelkommunikation
- Transparentmachung der Kontexte
- Realisierung von Kreativitätsforen
- Ermöglichung exemplarischen Lernens zum Kompetenzerwerb
- neue Speicherarchitektur mit Blick auf fallbasiertes Schließen

  und schließlich

- die Einrichtung öffentlicher Foren des Abwägens und der Meinungsbildung.

Dies gibt Anlaß zu einer realistischen Zuversicht, die den Technikpessimismus
angesichts der Kommunikationsrevolution relativieren kann und die zugleich nicht
naiv den Verheißungen der Magna Charta des Informationszeitalters folgt.

Teil 1

Wissensmanagement aus strategischer Sicht

Wissensmanagement –
Modelle und Strategien für die Praxis

Hans-Jörg Bullinger, Kai Wörner, Juan Prieto

1 Einleitung

Wissen ist der Produktionsfaktor der Zukunft, der Energie und Rohstoffe, der aber in zunehmendem Maße auch Arbeit und Kapital ersetzt *(vgl. APQC 1996)*. Bereits heute schätzt die Mehrzahl der deutschen Manager, daß der Produktionsfaktor Wissen mehr als 50% der Wertschöpfung ausmacht. Gleichzeitig ist Wissen der einzige Rohstoff, der durch Gebrauch wertvoller wird *(vgl. Wörner et al. 1997)*. Produktion, Akquisition und Nutzung des für ein Unternehmen relevanten Wissens werden zukünftig zu entscheidenden Wettbewerbsfaktoren. In vielen Unternehmen setzt sich daher die Erkenntnis durch, daß das Wissen qualifizierter Mitarbeiter einen nachhaltigen Wettbewerbsvorteil darstellt.

Enorme Potentiale gehen jedoch verloren, wenn Wissen, welches in den Köpfen qualifizierter Mitarbeiter oder in Dokumentationen vorhanden ist, nicht kommuniziert und genutzt wird. Studien zeigen *(vgl. Wörner et al. 1997)*, daß durch eine zielgerichtete und effiziente Bewirtschaftung der Ressource Wissen die Produktivität im Durchschnitt um 30% erhöht werden könnte.

Die Mehrzahl der Unternehmen nutzt weniger als die Hälfte ihres zur Verfügung stehenden Wissens *(vgl. Schüppel 1996)*. Gründe dafür sind zum einen fehlende Methoden für die Identifikation und Aufbereitung von individuellem Expertenwissen sowie für dessen Transfer in unternehmensweit verfügbares Wissen, zum anderen mangelt es an entsprechenden Plattformen, die einen zielorientierten Wissensaustausch unterstützen. Dies wäre theoretisch nicht weiter von Bedeutung, wenn nicht drei Viertel aller Befragten das dadurch entstandene Defizit als mittel bis schwer bezeichnen würden. Insbesondere in mittelständischen Unternehmen, wo spezifisches Wissen oft an wenige Experten gebunden ist, wird augenscheinlich, welche Nutzenpotentiale durch ein zielgerichtetes und effizientes Management des Produktionsfaktors Wissen realisiert werden könnten.

Abb. 1: Den Produktionsfaktor Wissen zielführend einsetzen

2 Dimensionen eines ganzheitlichen Wissensmanagements

Die Potentiale, die der effiziente Einsatz von Wissensmanagement bietet, werden nur dann optimal ausgeschöpft, wenn eine ganzheitliche Problemlösungsstrategie verfolgt wird. Wesentliche Gestaltungselemente eines ganzheitlichen Wissensmanagements sind neben der Informations- und Kommunikationstechnologie die konzeptionelle Entwicklung eines Wissensmanagement-Szenarios zum Aufbau von Methoden zur Wissensakquisition, -aufbereitung, -speicherung und -übermittlung/-transfer sowie zur Integration des Wissensmanagements in die Unternehmensorganisation. In diesem Zusammenhang ist ein zielorientiertes Human Resource Management zur Gestaltung einer adäquaten Unternehmenskultur, die einen kontinuierlichen Wissenstransfer unterstützt, ein wesentlicher Erfolgsfaktor. Abbildung 2 zeigt die Dimensionen eines ganzheitlichen Wissensmanagements im Überblick.

Zum erfolgreichen Management des Produktionsfaktors Wissen gehört demnach mehr als nur die Einführung von Informations- und Kommunikationstechnologien. Der Einsatz von unternehmensinternen Netzen (Intranetze) und Datenbanksystemen ist zwar ein relevantes Element im vorgestellten Konzept, ohne die begleitenden Maßnahmen jedoch wenig erfolgversprechend. Es sind Randbedingungen zu schaffen, die die Mitarbeiter im Unternehmen dazu veranlassen, ihr Wissen zu (ver-)teilen. Neben einer entsprechenden Unternehmenskultur ist vor allem die Entwicklung sowohl materieller als auch immaterieller Anreizsysteme ein entscheidender Faktor. Alle Anreizsysteme sind jedoch zum Scheitern verurteilt, wenn nicht eine Unternehmenskultur herrscht, die sowohl durch Offenheit und Ehrlichkeit als auch durch Vertrauen – Vertrauen in die Mitarbeiter von seiten der Vorgesetzten und unter den Kollegen – geprägt ist. Nur wenn die Mitarbeiter Vertrauen in ihr Unternehmen haben, sind sie bereit, ihr Wissen weiterzutragen. Nicht das Wissen einzelner, sondern das kollektive Wissen ist Macht.

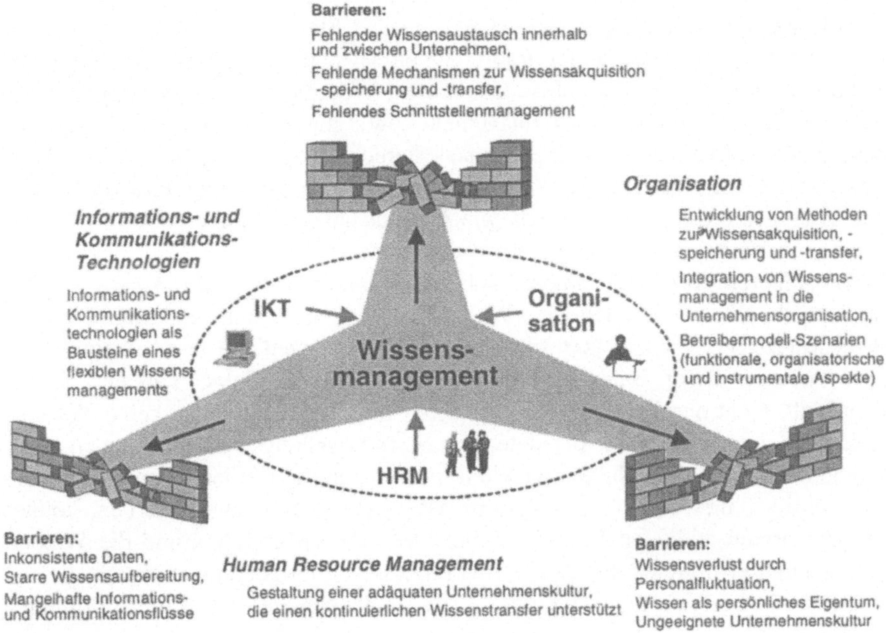

Abb. 2: Dimensionen eines ganzheitlichen Wissensmanagements

Die Basis dieser Gestaltungsdimensionen bilden Einzelprozesse zum Management von Wissen. Sie können über entsprechende Modelle plastisch gemacht werden. Der Mehrzahl dieser Modelle liegt ein Lernkreislauf zugrunde, der von Rahmenbedingungen beeinflußt bzw. von Lernbarrieren gehemmt wird. Teilweise werden bestimmte Wissensarten (z. B. implizites versus explizites Wissen, *vgl. Schüppel 1996*) in ihrer Bedeutung hervorgehoben, teilweise wird aber auch die Substanz des Wissensmanagement-Prozesses thematisiert. Die Modelle sind das Ergebnis unterschiedlicher Systematisierungsversuche, Erkenntnisinteressen und Beobachterperspektiven. Kriterium zur Bewertung dieser Modelle ist daher ihr Nutzen für das gewählte Erkenntnisziel. Anhand der Modelle lassen sich sechs Bausteine des Wissensmanagements ableiten, die von einem praxisorientierten Erkenntnisinteresse getrieben sind *(vgl. Probst 1996).*

3   Bausteine des Wissensmanagements

Die Bausteine des Wissensmanagements stellen eine Konzeptualisierung von Aktivitäten dar, die unmittelbar wissensbezogen sind und keiner anderen externen Logik folgen *(vgl. Probst 1996)*. Wenn „klassische" Unternehmensprobleme in Form von Wissensmanagementproblemen reformuliert werden sollen, scheint ein solches Vorgehen zwingend notwendig zu sein. Die Anordnung der Bausteine folgt zwei Prinzipien. Ein „äußerer Kreislauf" mit den Elementen Zielsetzung, Umsetzung und Messung bildet einen traditionellen Managementprozeß ab. Dieser Regelkreis erfüllt mehrere Aufgaben. Zum einen verdeutlicht er die Wichtigkeit strategischer Aspekte im Wissensmanagement sowie die Bedeutung eindeutiger und konkreter Zielsetzungen. Darüber hinaus berücksichtigt der „äußere Kreislauf" zum anderen die Notwendigkeit, die Möglichkeiten der Messung auch im Bereich des Wissensmanagements so weit wie möglich auszuschöpfen, um so der Idee einer zielgerichteten Steuerung gerecht zu werden.

Im „inneren Kreislauf" finden sich die Bausteine Wissenstransparenz, Wissenserwerb, Wissensentstehung, Wissens(ver-)teilung, Wissensbewahrung und Wissensnutzung. Viele Wissensprobleme entstehen, weil die Organisation einen oder mehrere dieser Bausteine vernachlässigt, mit der Folge, daß der „innere Kreislauf" nicht durchgängig realisiert wird. Wenn beispielsweise keine Transparenz über intern erstellte Berichte der Marktforschung besteht, können diese Kenntnisse nicht im Produktentwicklungsprozeß genutzt werden. Wenn die einzelnen Schritte eines Problemlösungsprozesses nicht dokumentiert werden, können sie dem organisationalen Gedächtnis der Organisation entfallen und die Wiederholung eines erfolgreich durchgeführten Prozesses unmöglich machen.

Die Definition von Bausteinen des Wissensmanagements hat mehrere Vorteile:

— Sie strukturiert den Managementprozeß in logische Phasen,
— sie bietet Ansätze für Interventionen,
— sie liefert ein erprobtes Raster für die Suche nach den Ursachen von „Wissensproblemen".

Gleichzeitig ist zu betonen, daß die einzelnen Bausteine in Abhängigkeit zueinander stehen und Maßnahmen des Wissensmanagements demnach nicht isoliert betrachtet werden dürfen. In vielen Organisationen sind beispielsweise die Prozesse der internen Wissensentwicklung sowohl vom Zielsystem des Unternehmens als auch von den Bedürfnissen der zukünftigen Nutzer des zu entwickelnden Knowhow abgekoppelt.

Die im folgenden näher beschriebenen Bausteine stellen einen pragmatischen Ansatz zur Darstellung der Realität dar. Die Erfahrungen haben gezeigt, daß Praktiker mit Hilfe der Bausteine des Wissensmanagements Wissensprobleme in ihren Organisationen besser einordnen und verstehen können. So fällt die Auswahl geeigneter Instrumente leichter und das Leitbild „optimierter Umgang mit der Ressource Wissen" kann in kleine, handhabbare Maßnahmenpakete heruntergebrochen werden.

3.1
Wissensziele

Wissensziele geben den Aktivitäten des Wissensmanagements eine Richtung. Sie legen fest, auf welchen Ebenen welche Fähigkeiten aufgebaut werden sollen. Normative Wissensziele richten sich dabei auf die Schaffung einer „wissensbewußten" Unternehmenskultur, die das (Ver-)teilen und die Weiterentwicklung von individuellem Wissen zu unternehmensweit verfügbarem Wissen unterstützt. Die Formulierung dieser Wissensziele stellt gleichsam eine Wissensmanagementvision dar, die Voraussetzung für ein effektives Wissensmangement ist.

Strategische Wissensziele definieren organisationales „Kernwissen" und beschreiben somit den zukünftigen Kompetenzbedarf eines Unternehmens. Sie legen ein anzustrebendes Kompetenzportfolio für die Zukunft fest. Dabei orientieren sie sich am langfristigen Aufbau von Kompetenzen der Organisation und bilden somit eine bewußte Ergänzung herkömmlicher Planungsaktivitäten. Traditionelle Zielkategorien strategischer oder finanzieller Planung, wie beispielsweise Umsatzwachstums-, Marktanteils- oder ROI-Ziele, werden weiterhin ihre Bedeutung behalten. Die wachsende Bedeutung von Wissen als kritische Größe des Unternehmenserfolges läßt jedoch eine Einbeziehung von Wissenszielen in den Katalog der Unternehmensziele sinnvoll erscheinen. Der strategische Planungsprozeß erfährt eine Erweiterung um eine zusätzliche Komponente.

Ein zentrales Problem vieler neuer Managementansätze besteht darin, daß sie auf der Ebene strategischer Reflexion verharren und die Resultate dieser Reflexion nicht in die konkrete Implementierungsphase gelangen. Die Ableitung von operativen Wissenszielen sichert die notwendige Konkretisierung der normativen und strategischen Zielvorgaben und sorgt für die konkrete Umsetzung des Wissensmanagements. Typische operative Wissensziele sind beispielsweise die Gewährleitung der Verfügbarkeit aller relevanten Berichte der Organisation auf einem Intranet oder die Festlegung eines Englischniveaus, das von allen Mitarbeitern erreicht werden soll. Die Definition operativer Wissensziele soll also verhindern, daß es zu einem „Verkümmern" des Wissensmanagements auf der Stabs- oder Strategieebene kommt beziehungsweise daß der Wissensaspekt dem operativen Geschäft „zum Opfer fällt".

3.2
Wissensidentifikation

Bevor aufwendige Anstrengungen zum Aufbau neuer Fähigkeiten unternommen werden, ist es notwendig, intern oder extern bereits vorhandenes Wissen oder Know-how zu identifizieren. Den meisten Großunternehmen fällt es heute schwer, den Überblick über intern und extern verfügbares Wissen zu behalten. Diese mangelnde Transparenz führt zu Ineffizienzen, „uninformierten" Entscheidungen und Redundanzen. Ein effektives Wissensmanagement muß daher ein hinreichendes Maß an interner und externer Transparenz schaffen und den einzelnen Mitarbeiter bei seinen Suchaktivitäten unterstützen.

Tatsächlich herrscht in vielen Großunternehmen Unklarheit darüber, wo welche Experten mit welcher Expertise sitzen und an welchen Projekten innerhalb der Organisation z. Z. gearbeitet wird. Restrukturierungen, Lean-Management und Reengineering-Aktivitäten erhöhen in vielen Fällen noch die Intransparenz, da sie in ein über Jahre gewachsenes Beziehungsgeflecht „Löcher reißen".

Eine Möglichkeit zur Schaffung interner Wissenstransparenz liegt in der Erstellung von Wissenslandkarten (siehe Abb. 3), die den systematischen Zugriff auf die organisationale Wissensbasis unterstützen. Der heutige Stand der Informationstechnologie eröffnet dabei völlig neue Möglichkeiten im Zugriff auf die interne, elektronische Wissensbasis und die Verknüpfung unterschiedlicher Datentypen. Im Zusammenspiel mit der rasanten Entwicklung des Internets wird sich der Umgang und Zugriff auf Informationen in der Zukunft radikal verändern. Reine Technologielösungen werden die notwendige Transparenz innerhalb von Organisationen jedoch nicht schaffen können. Sie müssen immer durch den Faktor Mensch ergänzt werden, der seine Expertise im persönlichen Gespräch anderen Organiationsmitgliedern zur Verfügung stellt. Um diese Gespräche zu ermöglichen, müssen sich Wissensanbieter und Wissensnachfrager über eine Plattform integrieren können.

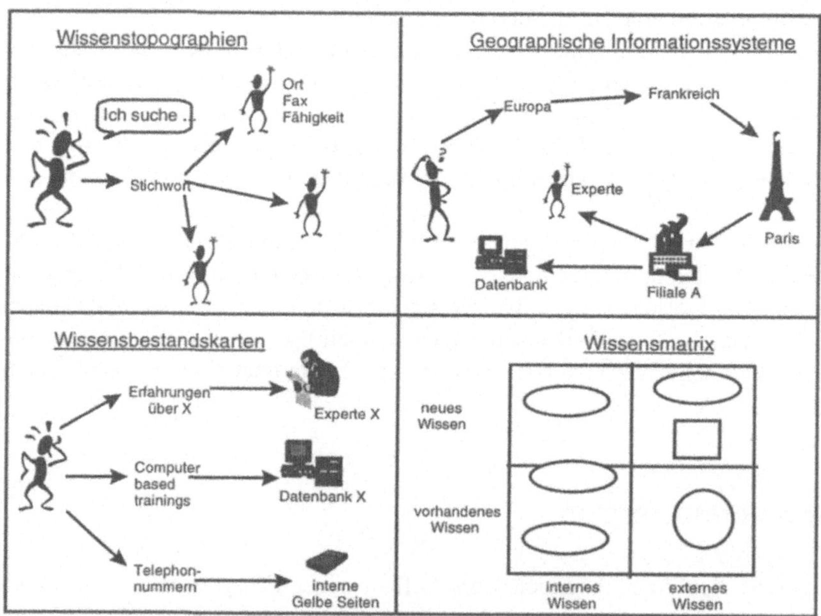

Abb. 3: Arten von Wissenskarten *(vgl. Probst 1996)*

Systeme, die die Identifikation relevanten Wissens unterstützen, fehlen in vielen Organisationen. Es ist anzumerken, daß die Verantwortung für eine angemessene interne Wissenstransparenz (zu) selten organisatorisch geregelt ist. Die Struktur von Intranetzen oder Wissenslandkarten muß sich immer an den Bedürfnissen der potentiellen Wissensnutzer ausrichten und darf nicht einer rein formalen Logik folgen.

3.3
Wissenserwerb

Durch die weltweite Wissensexplosion und gleichzeitige Wissensfragmentierung sind Unternehmen immer weniger in der Lage, sämtliches für den Erfolg notwendige Know-how aus eigener Kraft zu entwickeln. Statt dessen müssen heute kritische Fähigkeiten auf den verschiedenen Wissensmärkten erworben werden, was von Unternehmen gezielte Beschaffungsstrategien erfordert. Es können mehrere Beschaffungsformen unterschieden werden.

Die Akquisition von Wissen anderer Firmen wird häufig eingesetzt, um Zukunftskompetenzen schneller aufzubauen, als dies aus eigener Kraft zu bewerkstelligen wäre. Eine Möglichkeit liegt in der Übernahme besonders innovativer Firmen im eigenen Kompetenzfeld oder dem bewußten Eingehen von product links zur gezielten Schließung von Know-how-Lücken.

Der Erwerb von Stakeholderwissen ist häufig ein günstiger Weg, um an zentrale Ideen und Verbesserungsvorschläge zu gelangen. Als Stakeholder einer Organisation bezeichnet man diejenigen Gruppen im Umfeld einer Organisation, die besondere Interessen und Ansprüche an die Tätigkeit eines Unternehmens richten. So können beispielsweise zum Erwerb des Wissens der eigenen Kundschaft, Schlüsselkunden in den Entwicklungsprozeß involviert werden oder Kooperationen in Pilotprojekten eingegangen werden. Dies ermöglicht das frühzeitige Lernen und Berücksichtigen der Kundenbedürfnisse.

Der Erwerb von Wissen externer Wissensträger (z. B. Rekrutierung von Spezialisten) kann über klassische Personalakquisitionsstrategien oder unter Einschaltung externer Helfer wie Headhunter oder Personalberater erfolgen. Temporäre Anstellungen sind eine Alternative zur klassischen Festanstellung. Häufig sind gewisse Fähigkeiten nur kurz- bis mittelfristig knapp. Manager auf Zeit oder die Zusammenarbeit mit Teilzeitarbeitsfirmen können über diesen Engpaß hinweghelfen und so einen Import von Wissen auf Zeit ermöglichen. Jedoch sind hier sorgfältige Abwägungen notwendig. Durch jeden Weggang eines Experten verliert ein Unternehmen an Wissen.

Im Gegensatz zur Akquisition der Fähigkeiten von Wissensträgern und Experten steht der Erwerb von Wissensprodukten wie beispielsweise Software, Patente oder CD-ROMs. Durch den Ankauf solcher Wissenskonserven gelangt die Organisation aber nicht automatisch in den Besitz von organisatorischen Fähigkeiten [5]. In der Regel wird ihr Potential erst durch menschliches Handeln und durch eine sinnvolle Integration in die bestehende Wissensbasis realisiert. Der Kauf „passender" Wissensprodukte kann einen enormen Hebel für ein effektives Wissensmanagement darstellen. In der Praxis ist allerdings häufig der Ankauf von nicht-integrationsfähigen Ressourcen zu beobachten. Die Prüfung der Produkte im Vorfeld ist daher von besonderer Bedeutung.

3.4
Wissensentwicklung

Im Mittelpunkt der Wissensentwicklung steht die Produktion neuer Fähigkeiten, neuer Produkte, besserer Ideen und leistungsfähigerer Prozesse. Wissensentwicklung umfaßt alle Managementanstrengungen, mit denen die Organisation sich bewußt um die Produktion bisher intern noch nicht bestehender oder gar um die Kreation intern und extern noch nicht existierender Fähigkeiten bemüht. Wissensentwicklung kann auf der individuellen und auf der kollektiven Ebene konzeptionalisiert werden.

Prozesse der individuellen Wissensentwicklung beruhen auf Kreativität und systematischer Problemlösungsfähigkeit. Während Kreativität eher als einmaliger Schöpfungsakt zu sehen ist, folgt die Lösung von Problemen einem Prozeß, der durch mehrere Phasen beschrieben werden kann. Beide Elemente müssen durch Maßnahmen der Kontextsteuerung begleitet werden, die das Individuum in seiner Wissensproduktion unterstützen. Hierzu sind Instrumente wie z.B. das Vorschlagswesen zu revitalisieren und neu zu interpretieren.

Kollektive Prozesse der Wissensentwicklung folgen häufig einer anderen Logik als individuelle. Nimmt man das Team als Keimzelle kollektiven Lernens in der Unternehmung, so muß auf die Schaffung komplementärer Fähigkeiten in der Gruppe und die Definition sinnvoller und realistischer Gruppenziele geachtet werden. Nur in einer Atmosphäre von Offenheit und Vertrauen, die durch eine hinreichende Kommunikationsintensität unterstützt und erzeugt werden kann, sind kollektive Prozesse der Wissensentwicklung individuellen Bemühungen überlegen. Durch die Einrichtung interner „think tanks", Lernarenen, Aufbau interner Kompetenzzentren oder Produktkliniken können diese Prozesse unterstützt werden.

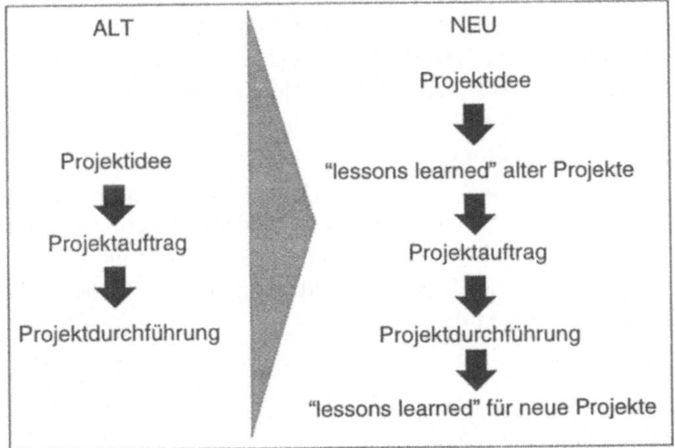

Abb. 4: Integration von „lessons learned" in den Projektprozeß

In einem Prozeß der Selbstreflexion kann jedes Team nach Abschluß eines Projektes lessons learned erstellen. Es muß herausgearbeitet werden, welche kritischen Erfahrungen im Projektverlauf gesammelt wurden und worauf zukünftige Teams bei ähnlichen Problemstellungen achten sollten. Häufig werden unterschiedliche Einschätzungen erst durch solche Abschlußevaluationen sichtbar und können damit auch für die Beteiligten eine wertvolle Quelle zur Reflexion der eigenen Arbeit darstellen. In knapper, klarer Form repräsentieren lessons learned damit die Essenz der Erfahrungen, die in einem Projekt oder einer Position gemacht wurden und sind das Resultat eines kollektiven Lernprozesses *(vgl. Probst 1996)*.

3.5
Wissens(ver-)teilung

Die (Ver-)teilung von Erfahrungen in der Organisation ist die zwingende Voraussetzung, um isoliert vorhandene Informationen oder Erfahrungen für die gesamte Organisation nutzbar zu machen. Die Leitfrage lautet: Wer sollte was in welchem Umfang wissen oder können, und wie kann ich die Prozesse der Wissens-(ver-)teilung erleichtern? Nicht alles muß von allen gewußt werden, sondern das ökonomische Prinzip der Arbeitsteilung verlangt eine sinnvolle Beschreibung und Steuerung des Wissens(ver-)teilungsumfanges. Nicht jede Wissensart ist für eine effiziente Wissensmultiplikation geeignet. Die Vermittlung von Standardfähigkeiten wie die Berechnung eines maximalen Drehmoments ist eher standardisierbar als die (Ver-)teilung der Fachexpertise, die ein Werkzeugmeister im Laufe seines Berufslebens an „seiner" Maschine gesammelt hat.

Technische Infrastrukturen der Wissens(ver)teilung können den simultanen Wissensaustausch in der Organisation fördern und somit viele bisher getrennte Experten in einem elekronischen Netzwerk miteinander verbinden. Relevante Technologien betreffen hier vor allem Groupware-Systeme sowie moderne Formen interaktiver Managementinformationssysteme.

Wissens(ver-)teilung kann sich neben Effizienzvorteilen durch besseres Zeit- und Qualitätsmanagement auch direkt in Kundennutzen niederschlagen. Verteilte organisationale Wissensbestände erlauben eine Nutzung des Wissens an zahlreichen Stellen des Unternehmens. Statt des Rückgriffs auf spezialisierte Stellen wird so eine effizientere und schnellere Reaktion ermöglicht.

3.6
Wissensnutzung

Die Wissensnutzung, also der produktive Einsatz organisationalen Wissens zum Nutzen des Unternehmens, ist Ziel und Zweck des Wissensmanagements. Mit erfolgreicher Identifikation und (Ver)teilung zentraler Wissensbestandteile ist die Nutzung im Unternehmensalltag nicht sichergestellt. Die Nutzung „fremden" Wissens wird durch eine Reihe von Barrieren beschränkt. Fähigkeiten oder Wissen „fremder" Wissensträger zu nutzen ist für viele Menschen ein „widernatürlicher Akt", den sie nach Möglichkeit vermeiden. Die Beibehaltung „bewährter" Routinen bildet einen Sicherheitsmechanismus, der das Individuum vor Überfremdung schützt und seine Identität aufrechterhält. Dennoch müssen Unternehmen sicherstellen, daß Wissen, das mit großem Aufwand erstellt und als strategisch wichtig eingeschätzt wird, tatsächlich im Alltag genutzt wird und nicht dem generellen Beharrungsvermögen der Organisation zum Opfer fällt.

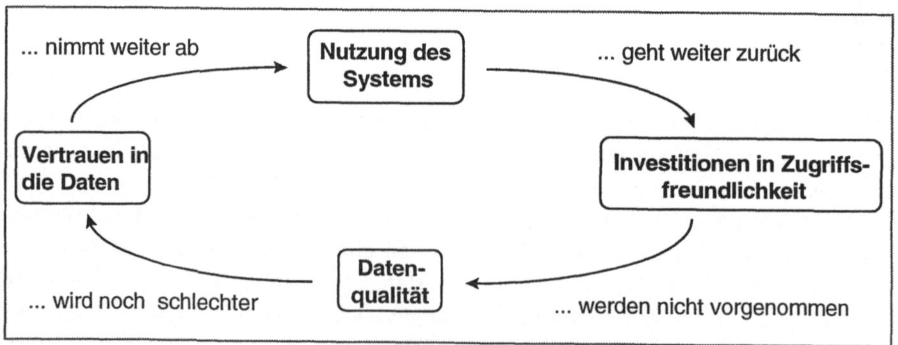

Abb. 5: Problemkreis bei der Nutzung einer elektronischen Wissensbasis *(vgl. Schüppel 1996)*

Stellt man nicht sicher, daß beispielsweise neue „Wissenssysteme" konsequent genutzt werden, können sie sich innerhalb kurzer Zeit in dem in Abb. 5 skizzierten Problemkreis bewegen. Alle Bemühungen des Wissensmanagements sind daher vergebens, wenn der potentielle Nutzer nicht vom Nutzen der neuen Lösung überzeugt ist. Nutzen und Nutzung liegen nicht nur sprachlich eng beieinander.

3.7
Wissensbewahrung

Einmal erworbene Fähigkeiten stehen nicht automatisch für die Zukunft zur Verfügung. Die gezielte Bewahrung von Erfahrungen oder Informationen und Dokumenten setzt Managementanstrengungen voraus. Tatsächlich beklagen viele Organisationen, daß sie im Zuge von Reorganisationen einen Teil ihres Gedächtnisses verloren haben. Diese kollektive Amnesie beruht häufig auf der unbedachten Zerstörung informeller Netzwerke, die wichtige, aber wenig beachtete Prozesse steuern. Um wertvolle Expertisen nicht leichtfertig preiszugeben, müssen die Prozesse der Selektion des Bewahrungswürdigen, die angemessene Speicherung und die regelmäßige Aktualisierung bewußt gestaltet werden.

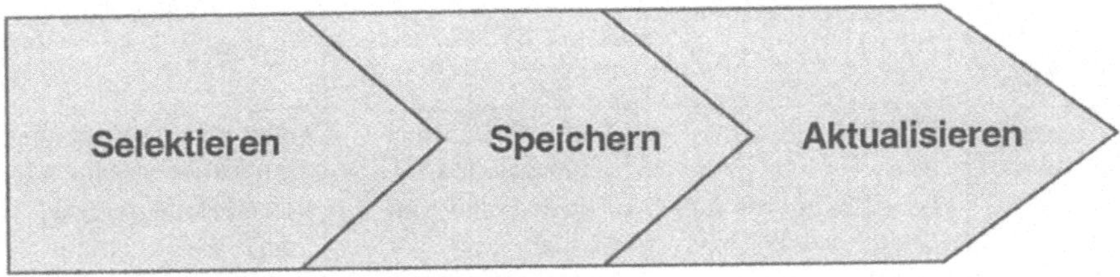

Abb. 6: Die Hauptprozesse der Wissensbewahrung

In jeder größeren Organisation werden täglich viele Erfahrungen gewonnen, die für die Zukunft nützlich sein könnten und daher bewahrt werden sollten. Projektberichte, Sitzungsprotokolle, Briefe oder Präsentationen entstehen an vielen Orten. Die Herausforderung liegt in der Selektion zwischen den bewahrungswürdigen und nicht bewahrungswürdigen Wissensbestandteilen. Organisationen werden nie alle Selektionsprozesse managen können, und das wäre auch gar nicht sinnvoll. Für Kernbereiche der organisationalen Wissensbasis sollten allerdings Anstrengungen zur sinnvollen Selektion und Dokumentation getroffen werden. Dabei gilt die Leitregel, daß nur, was in der Zukunft für Dritte nutzbar sein könnte, es auch verdient, bewahrt zu werden. Alles andere raubt dem zukünftigen Nachfrager nur Zeit und Vertrauen in die Qualität des Dokumentationssystems.

Speicherungsprozesse finden auf der individuellen, der kollektiven und der elektronischen Ebene statt. Auf der individuellen Ebene können Träger von Schlüssel-Know-how über materielle oder immaterielle Anreizsysteme an das

Unternehmen gebunden werden. Auf der kollektiven Ebene kann man sich um die Explizierung von Fähigkeiten, die im prozeduralen Gedächtnis der Organisation gespeichert sind, bemühen und ein Bewußtsein für den Inhalt des historischen Gedächtnisses der Organisation schaffen. Dies ermöglicht einen gezielten Zugriff auf diese Erfahrungen zu einem späteren Zeitpunkt. Die elektronische Bewahrung, in der immer häufiger Expertensysteme als intelligente Hüter des organisationalen Erfahrungsschatzes auftreten, ermöglicht den zukünftigen, systematischen Zugriff auf zentrale Wissensdokumente.

Modus	individuell	kollektiv	elektronisch
Gedächtnis-inhalt wird ge-löscht	• Kündigung • Tod • Amnesie • Frühpensionierung	• Auflösung einge-spielter Teams • Reengineering • Outsourcing von Funktionsbereichen	• irreversible Daten-verluste durch: - Viren - Hardwarefehler - Systemabstürze - mangelnde Back-Ups
Zugriff befristet nicht möglich	• Überlastung/befristet • Versetzungen • Krankheit/Urlaub • mangelndes Training • Dienst nach Vorschrift	• Tabuisierung von alten Routinen • kollektive Sabotage	• reversible Daten-verluste • Überlastung/befristet • Schnittstellen-probleme
Zugriff auf Dauer nicht möglich	• Überlastung/perma-nent • kein Bewußtsein für Wichtigkeit des eige-nen Wissens • innere Kündigung	• Verkauf von Unter-nehmensteilen • Abwanderung von Teams • Cover-up	• dauerhafte Inkompati-bilität von Systemen • Überlastung/perma-nent • falsche Kodifizierung

Tabelle 1: Formen des organisationalen Vergessens *(vgl. Schüppel 1996)*

Bewahrung ist ein permanenter Prozeß, der durch permanente Aktualisierungs-bemühungen aufrecht erhalten werden muß. Wer seine Fähigkeiten nicht trainiert oder gewisse Prozesse am Laufen hält, der „verlernt" über kurz oder lang das mühevoll Erlernte. Die Formen des organisationalen „Vergessens" sind vielfältig, wie aus Tabelle 1 ersichtlich wird.

3.8
Wissensbewertung

Die Messung und Bewertung organisationalen Wissens gehört zu den größten Schwierigkeiten, die das Wissensmanagement heute zu bewältigen hat. Ein entscheidender Durchbruch konnte in diesem Bereich bisher noch nicht erzielt werden. Wissensmanager können im Gegensatz zu Finanzmanagern nicht auf ein erprobtes Instrumentarium von Indikatoren und Meßverfahren zurückgreifen, sondern müssen neue Wege gehen. Wissen oder Fähigkeiten können selten auf eine Meßdimension zurückgeführt werden, und häufig ist der Meßaufwand unvertretbar hoch. Dennoch liegt im Bereich der Wissensbewertung ein bisher stark vernachlässigtes Potential. Ausbildungscontroller, die den Einfluß ihrer Ausbildungsinvestitionen auf den Unternehmenserfolg nachweisen mußten, haben gezeigt, wie man sich dem flüchtigen Erkenntnisobjekt nähern kann.

Entsprechend den formulierten Wissenszielen werden Methoden zur Messung von normativen, strategischen und operativen Wissenszielen notwendig. Spätestens bei der Bewertung zeigt sich, welche Qualität die formulierten Zielvorstellungen hatten, denn bei der Definition von Zielen werden immer auch die Möglichkeiten der abschließenden Erfolgsbewertung festgelegt. Abstrakte Zielformulierungen wie: „Wir wollen ein lernendes Unternehmen werden" sind nicht zielführend. Wissensorientierte Kulturanalysen, die Erstellung von Fähigkeitenbilanzen oder die Intensivierung von Methoden des Ausbildungscontrolling weisen den Weg in die richtige Richtung. Nur wenn die Messung zentraler Größen des Wissensmanagementprozesses in Zukunft vereinfacht werden kann und höhere Akzeptanz erhält, kann der Managementkreislauf geschlossen und von echtem Wissensmanagement gesprochen werden.

Wissensziele		Bewertungsmethoden
n o r m a t i v	• schaffen Voraussetzungen für wissensorientierte Ziele im strategischen und operativen Bereich • zielen auf „wissensbewußte" Unternehmenskultur • erfordern Committment des Top-Managements	• Kulturanalysen • Beobachtungen des Top-Managements • Verhalten (z. B. Agenda-Analysen) • Glaubwürdigkeitsanalysen (Lücke zwischen Ideal und Ist-Zustand
s t r a t e g.	• inhaltliche Bestimmung organisationalen „Kernwissens" • definieren das angestrebte Kompetenzportfolio • legen Haupthebel des Kompetenzaufbaus fest	• Wissensbilanz inkl. Kompetenz G+V • und Wissensflußrechnung in Bereichen • des Kernwissens erstellen • Analyse des Kompetenzportfolios Controlling der bedeutendsten Wissensprojekte
o p e r a t i v	• übersetzen normative und strategische • Wissensziele ins Konkrete • sichern die Angemessenheit der Investitionen in bezug auf die jeweilige Interventionsebene	• Ausbildungscontrolling mit klaren Lerntransferzielen • Messung der Systemnutzung (z.B. Intranetz) • Erstellung individueller Fähigkeitsprofile

Tabelle 2: Ansätze zur Bewertung von Wissenszielen

4 Wissensmanagementstrategien

Untersucht man nun die Strategien einzelner Unternehmen, den Produktionsfaktor Wissen zu managen, so lassen sich sechs Ansätze unterscheiden. Jede der Strategien enthält die in Kapitel 3 dargestellten Bausteine des Wissensmanagements, jedoch in unterschiedlichen Ausprägungen. Die Strategien sind in Abb. 7 dargestellt.

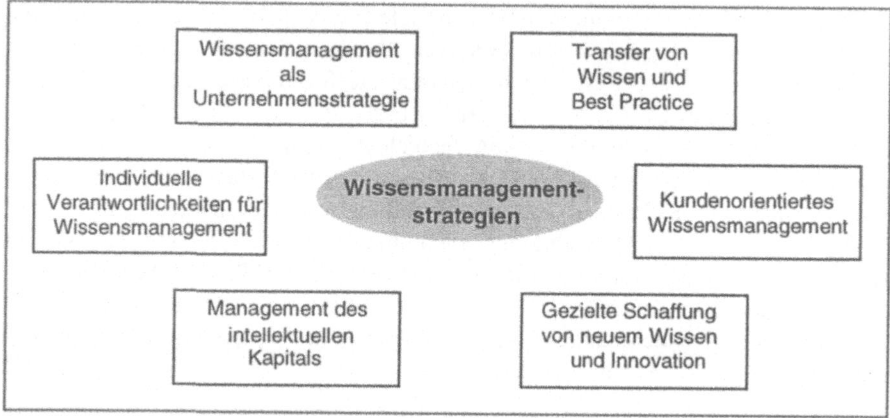

Abb. 7: Wissensmanagementstrategien *(vgl. APQR 1996)*

Management von Wissen als Unternehmensstrategie

Diese Strategie ist sehr umfassend und beschreibt eine unternehmensweite Ausrichtung auf das Management des Produktionsfaktors Wissen. Die identifizierten Firmen sind der Überzeugung, daß Wissen das zentrale Element ihrer Wettbewerbsfähigkeit darstellt. Das Wissen alleine ist das Produkt. Stellvertretend für diese Kategorie von Firmen stehen Unternehmensberatungen. Es ist nirgends ein isolierter Prozeß zu erkennen. Vielmehr sind in allen Bereichen signifikante Ressourcen zum Aufbau, zur Wartung und zur Weiterentwicklung des Wissens allokiert. Die gesamte Unternehmensstrategie ist auf die kontinuierliche Verbesserung des unternehmensweiten Wissens ausgerichtet.

Multiplikation von Wissen und Best Practice

Weit verbreitet ist die systematische Nutzung bereits bestehender Lösungen im Hinblick auf Prozesse und Produkte. In diesen Firmen sind Methoden und Werkzeuge implementiert, die es erlauben, gute Lösungen „Best Practice" zu identifizieren, zu strukturieren, zur Verfügung zu stellen und zu nutzen. Gleichzeitig wird auch versucht, weniger erfolgreiche Lösungen und Fehler zu publizieren. Hier hat sich jedoch gezeigt, daß eine entsprechende Unternehmenskultur notwendig ist. Dies geht einher mit Instrumenten, die diese Prozesse unterstützen, wie beispielsweise monetäre und nicht-monetäre Anreizsysteme.

Kundenorientiertes Wissen

Diese Strategie ist auf den Kunden fokussiert. Hier wird versucht, die Wünsche, Bedürfnisse und Prozesse methodisch zu erfassen und zu analysieren, um daraus die eigenen Prozesse zu gestalten bzw. zu optimieren. Ziel ist es, auf der Basis eines überlegenen Wissens über den Kunden die Wettbewerbsfähigkeit zu verbessern und den Profit zu erhöhen. Im Unterschied zu traditionellen Ansätzen ist beabsichtigt, ein tiefes Verständnis des Verhaltens und der Prozesse der Kunden zu gewinnen. Ein wesentliches Element dieser Strategie sind Kundendatenbanken, die das gesamte Wissen über den Kunden beinhalten.

Personifizierte Verantwortung für Wissen

Die feste Überzeugung, daß der Mensch selbst die treibende Kraft des Wissensmanagementprozesses ist, führt zu einer Strategie der personifizierten Verantwortung. So ist es notwendig, die Mitarbeiter entsprechend zu schulen und die Randbedingungen zu schaffen, damit eigenverantwortlich Wissen strukturiert, gespeichert und multipliziert wird. Ferner gehen immer mehr Firmen dazu über, sogenannte Wissensingenieure einzustellen, die nicht nur entsprechende Datenbanken pflegen und warten, sondern auch als unternehmensinterne Berater und Wissensbroker agieren.

Bilanzierung des intellektuellen Kapitals

Bei der Bilanzierung von intellektuellem Kapital wird auf Gesamtunternehmensebene versucht, Patente, Technologien, Methoden, Kundenbeziehungen, Wissen über Experten und anderes Strukturwissen aufzunehmen. Ziel ist es, durch eine entsprechende Verdichtung von Daten präventive Steuerungsmaßnahmen abzuleiten, um die Wettbewerbsfähigkeit aufrechtzuerhalten bzw. weiter auszubauen. Erfaßt werden Informationen wie beispielsweise:

- über das Human Resource Management:
  - Anzahl der Vollzeitbeschäftigten
  - Anzahl der Manager
  - Qualifikationsausgaben pro Mitarbeiter

- durchschnittliche Arbeitsjahre pro Mitarbeiter im Unternehmen
- über den Prozeß:
  - Anzahl der Verträge pro Mitarbeiter
  - Anteil der IT-Ausgaben an Gesamtadministration
  - Anzahl der PCs pro Mitarbeiter
- über die Finanzen:
  - Prozent „return on invest"
  - Wertschöpfung pro Mitarbeiter

Innovation und Wissensgenerierung

Diese Strategie betont Innovation und die Generierung neuen Wissens durch verstärkte Aktivitäten in der Forschung und Entwicklung. Die Wettbewerbsfähigkeit solcher Unternehmen ist stark abhängig von ihrer Innovationsfähigkeit. Stellvertretend dafür steht beispielsweise die Halbleiterindustrie.

	Arthur Anderson	Chevron	Dow Chemical	Hughes S6C	Kaiser Permanante	NSA	Price Waterhouse	Sequent	Skandia	Texas Instruments	USAA
Wissenmanagement als Unternehmensstrategie	●					●	●				●
Transfer von neuem Wissen und Best Practice	●	●	●	●	●	●	●	●	●		●
Kundenorientiertes Wissensmanagement			●				●	●			●
Individuelle Verantwortlichkeiten für Wissensmanagement		●	●	●		●	●	●			●
Management intellektuellen Kapitals			●					●			
Gezielte Schaffung von neuem Wissen und Innovation	●		●	●		●	●		●		

Abb. 8: Übersicht Unternehmensstrategien

5   Wissensmanagement einführen

Entscheidendes Element im Rahmen der Einführung des Wissensmanagements ist eine den spezifischen Anforderungen des Unternehmens gerecht werdende Vorgehensweise. Eine präzise Definition der Projektzielsetzung, abgeleitet aus den spezifischen Problemstellungen des Unternehmens, und ein klares Aufzeigen der Nutzenpotentiale für die Beteiligten sind relevante Erfolgsdeterminanten bei der Einführung von Wissensmanagement. Die Erfahrung zeigt, daß Wissensmanagementprojekte, die nicht von allen Beteiligten getragen werden, zum Scheitern verurteilt sind. Abhilfe schafft eine frühe Einbindung aller Beteiligten und ein ausführliches Informieren über die Chancen, aber auch über die Risiken beim Einsatz von Wissensmanagement.

Als zentraler Punkt folgt die Erarbeitung einer Wissenslandkarte für das Unternehmen, in der alle relevanten Wissensquellen und -senken verzeichnet sind. Hierfür ist festzustellen, wo im Unternehmen erfolgskritisches Wissen vorliegt und wer die jeweiligen Experten sind. Des weiteren sind die Wissenssenken zu identifizieren – wie z.B. Experten bzw. Mitarbeiter, die spezifisches Wissen oder Informationen benötigen. Die Erarbeitung der Wissenslandkarte ermöglicht somit sowohl die Identifikation von Kernkompetenzen als auch von Kompetenzlücken. Darüber hinaus gibt sie Ansatzpunkte für die Transformation von vorhandenem (scheinbar neuem), aber nicht effizient genutztem Wissen in neue Dienstleistungen und Produkte. Insbesondere aus der Sicht wachstumsorienterter Unternehmen bietet diese Identifikation und Entwicklung neuer industrieller Dienstleistungen ungeahnte Möglichkeiten.

Im Anschluß an die Identifikation der Wissensquellen und -senken ist das Wissen mit Methoden wie z.B. der Makromodelltechnik zu strukturieren. Ist die Wissenslandkarte erstellt und von den späteren Nutzern validiert, sind darauf die Methoden zur Multiplikation und Nutzung des Wissens zu projizieren. Ziel ist es, entsprechend den unterschiedlichen Wissensarten geeignete Methoden zur Akquisition, Multiplikation und Weiterentwicklung zu identifizieren. Als erfolgreiche Projektionsmethode hat sich die Szenariotechnik erwiesen. Damit können unterschiedliche Szenarien aufgezeigt und miteinander verglichen werden, um so auch die jeweiligen Kosten-Nutzen-Effekte transparent zu machen. Anhand der zu Projektbeginn definierten Zielgrößen kann so die Ableitung und Priorisierung von Handlungsfeldern erfolgen. Die anschließende Vorbereitung von Umsetzungsmaßnahmen und deren Durchführung erfolgt nach in der Praxis bewährten und gängigen Mustern. Bei der Einführung von EDV-Lösungen wie beispielsweise Intranetzen ist wichtig, daß für ein erstes Pilotprojekt auch die 60%-Lösung ausreicht. Entscheidend für den Projekterfolg ist die schnelle Bereitstellung von sichtbaren Ergebnissen. Nach der ersten Einführungsphase und einer Validierung kann dann sukzessiv die Lösung optimiert werden.

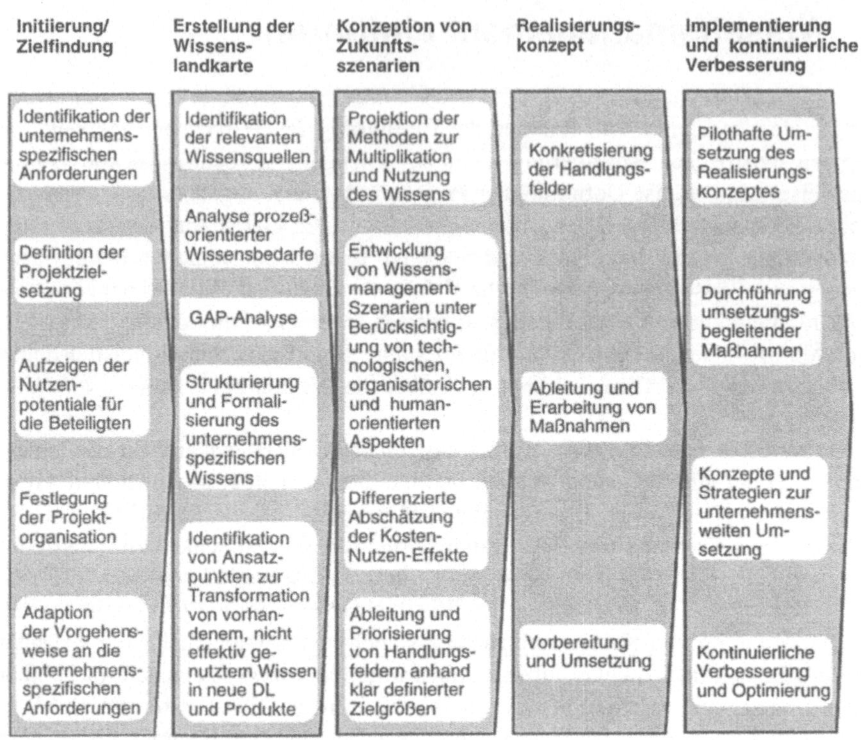

Abb. 9: Wissensmanagement einführen

6 Fazit

Es zeigt sich, daß die Einführung innovativer Informations- und Kommunikationstechnologien nur eine Dimension eines erfolgreichen Wissensmanagements sein
kann. Vielmehr liegt die Lösung zur Realisierung der Nutzenpotentiale in der sorgfältigen Integration technologischer Hilfsmittel, organisatorischer Strukturen sowie
materieller und immaterieller Anreizsysteme und unternehmenskultureller Aspekte
zu einem ganzheitlichen Ansatz eines Wissensmanagements. Einführungsprojekte
sollten deshalb von der Überlegung geprägt sein, daß der Erfolg von Wissensmanagement zu 80% organisatorischen und kulturellen und nur zu 20% technologischen Ursprungs ist. Für die Unternehmen bedeutet dies, daß sich Erfolge nur
erzielen lassen, wenn die Einführung von Wissensmanagement einen ganzheitlichen Ansatz verfolgt und langfristig angelegt ist. Sie muß von Führungskräften
und Mitarbeitern getragen werden. Die Bedeutung des Wertschöpfungsfaktors
Wissen in Deutschland wird weiter zunehmen, und die Fähigkeit der Unterneh-

men, ihr Wissen effizient und zielorientiert zu managen, wird deren Wettbewerbsfähigkeit entscheidend beeinflussen. Nur diejenigen Unternehmen, die in der Lage sind, neues Wissen aufzubauen und es im gesamten Unternehmen schnell zu verbreiten und effektiv zu nutzen, indem sie es in neue Dienstleistungen und Produkte transformieren, werden nachhaltige Wettbewerbsvorteile erlangen können.

7 Literatur

APQC (Hrsg., 1996), Benchmarking Consortium Study: Knowledge Management – Final Report, 1996

Bullinger, H. J. (1996), Die lernende Organisation, Stuttgart 1996

Probst, G.J.B. (1996), Bausteine des Wissensmanagement, Working Paper, Universität Genf 1996

Schmitz, C.; Zucker, B. (1996), Wissen gewinnt, Düsseldorf 1996

Schreyhög, G. (1996), Wissensmanagement, Berlin 1996

Schüppel, J. (1996), Wissensmanagement, Wiesbaden 1996

Wörner, K.; Prieto, J. (1997), Wissensmanagement für mittelständische Unternehmen, in: Industrieanzeiger, 20, 1997

Wörner, K.; Prieto, J.; Messner, M.; Schnettler, B. (1997), IAO-Studie Wissensmanagement heute (unveröffentlicht), 1997

Wissen und Strategie

Erich Zahn

1 Vorbemerkung

Schlagworte wie „Informationsgesellschaft", „Wissensökonomie", „Age of Mind",
„Knowledge Work" u. dgl. stehen für ein wachsendes Interesse an Wissen und
seinem Management. Wissen ist „intellektuelles Kapital" und wird als solches in
immer mehr Branchen zur wichtigsten Ressource, über die ein Unternehmen verfügen kann. Während ökonomische Macht und wirtschaftlicher Erfolg im klassischen Industriezeitalter primär auf der Verfügbarkeit materieller Ressourcen ba-
sierten, werden diese Aspekte im Informationszeitalter weit mehr von der Fähigkeit zur schnellen Entwicklung und gezielten Anwendung von Wissen abhängen.
Dieser Wandel hat tiefgreifende Auswirkungen für die Theorie der Unternehmung
sowie für die Führung und das Management von Unternehmen.

2 Unternehmen als Wissenssysteme

Unternehmen sind Systeme, in denen Wissen (in individuellen und kollektiven
Lernprozessen) produziert und (von außen) akquiriert, (in Labors) getestet und (in
Produkten und Prozessen) angewendet sowie (in Entscheidungsprozessen) trans-
formiert und (nach außen) transferiert wird. Sie lassen sich als Wissenssysteme
*(Spender 1989, S. 185 definiert die Organisation „as, in essence a body of knowl-
edge about the organization circumstances, resources, causal mechanisms, objectives, attitudes, policies, and so forth".)* bzw. als verteilte Wissenssysteme *(vgl.
Tsoukas 1996, S. 11 ff.)* interpretieren. Verteilt sind diese Wissenssysteme aufgrund ihrer dezentralisierten Entscheidungs- und Handlungsstrukturen *(In diesem
Zusammenhang verweisen Weick/Roberts 1993, S. 365 darauf, daß Wissen stets
mit Handeln beginnt.)* und ihrer Einbettung in das gesellschaftliche Wissenssystem
sowie der Tatsache, daß die Unternehmung über kein ihr gesamtes Wissen spei-
cherndes Gedächtnis verfügt. Wenn von einem *„kollektiven Gedächtnis" (Zum*

Begriff „collective mind" vgl. Weick/Roberts 1993, S. 357 ff. Die Autoren verstehen unter einem „kollektiven Gedächtnis" nicht eine Eigenschaft, sondern einen Handlungsstil, ein Muster, das sich im Handeln manifestiert.) die Rede ist, dann kann es sich ebenfalls nur um ein verteiltes Gedächtnis handeln *(vgl. ebenda S. 365).* Im Unternehmen verfügbares Wissen ist nämlich nicht an einem einzigen Ort lokalisiert. Hayek *(Hayek 1945, S. 521)* spricht hier in bezug auf das Wissen der Gesellschaft von „knowledge of the particular circumstances of time and space". Das Wissen einer Unternehmung ist als Ganzes nicht überschaubar. Es wird durch das Handeln in der Unternehmung laufend verändert oder erneuert und befindet sich dadurch in einem ständigen Fluß, ist gleichsam emergent und deshalb nie vollständig. Außerdem ist es unbestimmt in dem Sinne, daß niemand weiß, was Wissen künftig beinhaltet. Unternehmen sehen sich deshalb immer mit *„radikaler Unsicherheit"* konfrontiert *(vgl. Tsoukas 1996, S. 22 ff.).* Ihr Problem ist nicht nur, daß die Menschen in ihnen zu wenig wissen, sondern mehr noch, daß sie nicht wissen, was sie wissen sollten.

Unternehmenswissen, soweit es nicht kodiert und in Handbüchern, Datenbanken u. dgl. gespeichert ist, befindet sich im Besitz von Individuen. Eine wesentliche Rolle der Unternehmensführung besteht mithin darin, dieses verteilte Wissen zu integrieren und nutzbar zu machen. Demzufolge begreift Grant *(vgl. Grant 1996a, S. 109)* die Unternehmung als eine Institution zur Integration von Wissen. Wissensintegration ist auch die Voraussetzung für koordiniertes Handeln. Dabei kommt es nicht so sehr darauf an, daß das Top-Management mehr Wissen erhält. Der Schlüssel für koordiniertes Handeln liegt eher noch in Bedingungen, die es den Frontlinien-Managern erlauben, ihr Wissen auszutauschen und zu vernetzen *(vgl. Tsoukas 1996, S. 22).*

Die möglichst optimale Nutzung des in der Unternehmung verfügbaren Wissens erfordert ein umfassendes Wissensverständnis, das auch nicht expliziertes, gleichsam verborgenes Wissen umfaßt. Wissen ist ein strittiges Konzept und deshalb sehr unterschiedlich definiert *(vgl. dazu u.a. von Krogh/Venzin 1995, S. 420 f.).* Wissen läßt sich umgangssprachlich mit einem Modus des „Für-wahr-Haltens" gleichsetzen, was kennen, vermuten und glauben einschließt. Philosophisch dagegen ist Wissen begründete bzw. begründbare Erkenntnis, im Gegensatz zur Vermutung und Meinung oder zum Glauben. Bereits Platon definiert Wissen als „wahre, mit Begründung versehene Meinung". Erfolgt die Begründung methodisch, so wird von wissenschaftlichem Wissen gesprochen *(Wissenschaftliches Wissen ist der Gegenstand der Wissenschaftstheorie. Es muß empirisch überprüfbar sein i.S.d. Falsifizierbarkeit. Vgl. Popper 1971, S. 14 f.)* Daraus folgt allerdings noch nicht, daß verläßliches Wissen im allgemeinen und insbesondere in der Unternehmung sich auf das Ergebnis systematischer (wissenschaftlicher) Analyse beschränkt *(Zur Kritik der unter Organisationstheoretikern verbreiteten positivistischen Theorie des Wissens vgl. Spender 1996, S. 47).*

3 Typologisierung von Wissen

Auf Aristoteles geht die Unterscheidung zwischen *praktischem Wissen* und *theoretischem Wissen* zurück. Die Begriffe verdeutlichen, daß Menschen einerseits aus Erfahrung und andererseits durch Theoretisieren wissen können. Die Forschung bedient sich beider Wissenskategorien; die erste manifestiert sich in der Ermittlung empirischer Daten, und die zweite kommt bei der logischen Analyse dieser Daten zum Zuge.

Eine Kategorisierung von Wissen, die sich vor allem für das Technologiemanagement als nützlich erweist, unterscheidet zwischen Kennen-Wissen (theoretisches Grundlagenwissen, Erkenntnisse aus der Forschung), Können-Wissen (praktisches Gestaltungswissen, Produkt- und Prozeßwissen) und Wollen-Wissen (handlungsleitendes Wissen, technologiebezogene Vision) *(vgl. Kleinhans 1989, S. 9, Zahn 1995, S. 5 und Zahn/Greschner 1995, S. 602 und 604)*.

Als Input für strategische Entscheidungen ist die Typisierung in *Fakten-Wissen* (Ereignisse, Ergebnisse), *Muster-Wissen* (Trends, Entwicklungspfade) und *Struktur-Wissen* (Ursache-Wirkungszusammenhänge) von Bedeutung. Diese Wissensarten korrespondieren mit unterschiedlichen Verhaltensweisen: reaktives, proaktives und generatives bzw. innovatives Verhalten *(vgl. Senge 1990, S. 12 und Greschner 1996, S. 23)*.

Nonaka und Takeuchi *(Nonaka/Takeuchi 1995, S. 61, 62, 84)* unterscheiden zwischen *tacit knowledge*, das mit „verborgenem Wissen" übersetzt werden kann, und *explicit knowledge* (explizitem Wissen), wobei sich ersteres implizit in Erfahrungen der Mitarbeiter manifestiert und letzteres explizit etwa in Form von Konzepten, Modellen, Berichten oder Arbeitsanweisungen artikuliert ist. Nach ihrer Auffassung wird Wissen in Organisationen durch soziale Interaktionen zwischen „tacit knowledge" und „explicit knowledge" generiert und erweitert. Dabei werden vier Modi der Konversion von Wissen unterschieden:

Socialization (from tacit to tacit), Externalization (from tacit to explicit), Combination (from explicit to explicit), Internalization (from explicit to tacit). Den Autoren zufolge beginnt der Prozeß der Erzeugung von organisationalem Wissen mit der Erweiterung des Wissens der Individuen und umfaßt fünf weitere Phasen: Zunächst wird „tacit knowledge" zum gemeinsamen Wissen einer Gruppe von Individuen gemacht; dieses wird dann in Konzeptionen konvergiert und im Lichte von Geschäftsmissionen und Unternehmenszwecken gerechtfertigt und (gewöhnlich durch den Aufbau eines Archetypus) tangibel gemacht; schließlich wird neues Wissen auf andere Mitglieder und Gruppen im Unternehmen verteilt, wodurch ein Wissensnetzwerk entsteht.

Eine ähnliche Typisierung wählt Spender *(Spender 1996, S. 52)*. Er differenziert zwischen explizit artikuliertem und implizit vorhandenem Wissen. *Explizites Wissen* wird durch seine Kommunikation zum Vorschein gebracht, *implizites Wissen* dagegen erst durch seine Anwendung, was seinen Transfer erschwert. Beide Wissensarten stehen in einer Wechselbeziehung und haben kritische strategische Implikationen für Innovationen, Imitationsbarrieren und verteidigungsfähige Wettbewerbsvorteile *(vgl. Kogut/Zander 1992, S. 383 ff.).* Nach Spender kann Wissen von einem *Individuum* oder einem *Kollektiv* besessen werden. Durch die Gegenüberstellung der Wissensdimensionen mit den Einteilungen explizit und implizit auf der einen sowie individual und sozial auf der anderen Seite ergeben sich vier Typen von organisationalem Wissen mit den Merkmalen *bewußt* (explizites Wissen eines Individuums), *objektiviert* (explizites Wissen der Organisation), *automatisch* (unterbewußtes Wissen eines Individuums) und *kollektiv* (stark kontextabhängiges Wissen, das das Handeln im Unternehmen beeinflußt).

Organisationales Wissen läßt sich noch in verschiedene Bestände aufteilen: in *geteiltes Wissen* (den Kern der organisationalen Wissensbasis), in für die Organisation *verfügbares Wissen* und in für die Organisation *erreichbares Wissen (vgl. Zahn/Greschner 1996, S. 48 und die dort angeführte Literatur).*

4 Wissen als Wettbewerbsfaktor

Vertreter des „Knowledge-based View" *(vgl. Spender/Grant 1996, S. 5)* betrachten Wissen als die wesentliche Quelle für ökonomische Rente. Dabei kann davon ausgegangen werden, daß verschiedene Wissenskategorien, die im Unternehmen als Mixturen mit wechselnden Schwerpunkten auftreten, zu unterschiedlichen ökonomischen Renten führen *(vgl. Spender 1996, S. 52)*: individuelles Wissen, das mit der Person abwandert, zur Pareto-Rente und sozial konstruiertes Wissen, das in Prozeduren, Regeln und Normen zum Ausdruck kommt *(vgl. March 1991, S. 73)*, zur Penrose-Rente. Aus der Wissensperspektive betrachtet sind Unternehmen wissensbasierte Handlungssysteme, in denen Manager alle Möglichkeiten der Einflußnahme auf die Produktion und Anwendung von Wissen suchen. Strategen moderieren hier die Entwicklung der Unternehmung als Wissenssystem. Spender *(Spender 1996, S. 60)* drückt ihre Rolle wie folgt aus:

„Here strategists are neither the dispassionate designers of machine-like production functions, nor the essentially replaceable computational functions which allocate identifiable resources. They are instead, nodes of imaginative leadership and influence in the complex of heterogeneous emotionally and politically charged knowledge systems which compromise our social constructed reality."

Wettbewerbsbedingte Marktturbulenzen, die heute vor allem in Hochtechnologiebranchen häufiger auftreten, erfordern seitens der betroffenen Unternehmen schnelle und flexible Antworten. Voraussetzung dafür sind wiederum besondere dynamische (organisationale) Fähigkeiten *(Zum Begriff „dynamische Fähigkeiten" vgl. Teece et al. 1997, S. 509 ff., hier insbesondere S. 516. Die Autoren definieren „dynamic capabilities" als die Fähigkeit zur Integration, Entwicklung und Rekonfiguration interner und externer Kompetenzen zum Zwecke der Anpassung an sich schnell verändernde Umwelten.*), die sich auf die fortschrittliche Entwicklung, synergistische Integration *(Die Fähigkeit zur Integration von verteiltem Wissen, auch individuellem, spezialisiertem Wissen, ist eine wesentliche Komponente sog. „organizational capabilities", vgl. Grant 1996b)* und opportunistische Anwendung der Wissensbasis beziehen. Neues Wissen ist der Stoff zur Erneuerung der Kernkompetenzen, und erweiterte Kernkompetenzen vergrößern die Quellen für Produktinnovation. Zum Zwecke der schnelleren Entwicklung und Anwendung von neuem Wissen werden heute vermehrt strategische Allianzen und Netzwerke gesucht. Dabei ist allerdings zu beachten, daß der erfolgreiche Transfer von Wissen beim Empfänger eine Fähigkeit zur Wissensintegration, eine sog. „absorptive capacity" *(vgl. Cohen/Levinthal 1990, S. 128 ff. Vgl. von Krogh/Venzin 1995, S. 425 f.)* voraussetzt und daß zur Wissensanwendung gewöhnlich mehr als das erworbene Wissen erforderlich ist.

Wenn Wissen in einer zunehmend wissensintensiven Wirtschaft die wichtigste strategische Ressource ist, dann muß das Management von Wissen als die kritische Herausforderung der Unternehmensführung schlechthin betrachtet werden. Wissensmanagement kann zur erfolgsentscheidenden dynamischen Fähigkeit werden, wenn die durch die Wissensperspektive aufgedeckten Hebel zur Realisierung potentieller Wettbewerbsvorteile konsequent betätigt werden. Von Krogh und Venzin *(vgl. von Krogh/Venzin 1995, S. 425 f. Vgl. Zahn 1996a, S. 11 f.)* unterscheiden vier aufeinander aufbauende Wissensmanagement-Aktivitäten, die nicht streng sequentiell, sondern auch parallel erfolgen können und außerdem in Wechselbeziehungen stehen.

– *Identifikation von Wissen.* Leistungsdifferenzen zwischen Unternehmen können letztendlich auf unterschiedliche Wissensbasen zurückgeführt werden. Sie spiegeln sich gleichsam in der Verteilungskurve von ökonomisch relevantem Wissensbesitz, bezogen auf die jeweilige Wettbewerbsarena, wider. Um die Chancen zur Realisierung potentieller Wettbewerbsvorteile durch Einsatz der strategischen Ressource Wissen klar einschätzen zu können, muß zunächst herausgefunden werden, über welches Wissen in welcher Form und von welcher Relevanz ein Unternehmen verfügt. Dazu sind Fragen zu beantworten, die Wissen über das Unternehmensumfeld (Kunden- und Lieferantenbeziehungen, Nachfrageverläufe, Wettbewerbsdynamik, Technologietrends usw.) und über das Unternehmen (verinnerlicht in Routinen, Kompetenzen, Projekten, Prozessen und Produkten) betreffen. Anworten auf solche Fragen sollten auch Aufschluß über das Niveau interner Lerngemeinschaften und externer Lernbeziehungen sowie über die Qualität der Integration von internem und externem Wissen geben.

– *Entwicklung von Wissen.* Die Kenntnis der strategisch relevanten Wissensbasis, einschließlich ihrer Stärken und Schwächen sowie ihrer Transparenz und ihrer Träger, bildet die Grundlage für die Weiterentwicklung, aber auch für die Transformation, Integration und Verbreitung von Wissen. Wissenserweiterung erfolgt durch individuelles und kollektives Lernen im Unternehmen sowie durch

Akquisition von Wissen, dessen Integration ebenfalls Lernprozesse beinhaltet. Solche Lernprozesse beziehen sich nicht nur auf das Erlernen von neuem Wissen, sondern auch auf das Verlernen von veraltetem Wissen. Organisationales Lernen darf sich deshalb nicht auf Verbesserungslernen reduzieren, sondern muß sich auch auf Erneuerungslernen erstrecken *(vgl. Zahn 1996a, S. 11 f.)*. Letzteres ist notwendig, um den Wechsel auf neue Wissenspfade zu schaffen. Da Lernen oft unvollkommen und nicht immer nützlich ist, gilt es, Lernfallen zu meiden *(vgl. Miner/Mezias 1996, S. 93 f.)* und Unterbrechungen in den Lernzyklen zu beseitigen *(vgl. Kim 1993, S. 44 f.)*.

– *Kompetenzbildung.* Mit der Produktion von Wissen allein lassen sich noch keine Wettbewerbsvorteile gewinnen, sondern erst mit seiner Anwendung bei der Lösung von Aufgaben, die den Kunden Nutzen stiften. Wird Wissen mit Aufgaben in Beziehung gebracht, entstehen Kompetenzen. Dies geschieht beispielsweise in Projekten. Als Bauplan für die Kompetenzbildung kann eine „strategische Architektur" *(vgl. Hamel/Prahalad 1995, S. 171 f.)* dienen. Sie legt fest, wie das Unternehmen den Wettbewerb um die Zukunft angehen will. Einen „flexibleren Weg in die Zukunft" empfiehlt Chakravarthy *(vgl. Chakravarthy 1996, S. 16 f.)*. Er sieht dafür vier Alternativen: die Verbesserung der Marktposition durch gezielteren Einsatz bestehender Kernkompetenzen *(vgl. Zahn 1996b, S. 883 ff. und die dort angeführte Literatur)*, die Schaffung neuer Produkte oder Dienstleistungen durch Rekombination bestehender Kernkompetenzen, die Verteidigung und Erweiterung bestehender Marktchancen durch neue Kernkompetenzen und die Schaffung neuer Märkte durch neue Kernkompetenzen.

– *Innovationsmanagement.* Die Kompetenzplattform ist eine wesentliche Quelle für Innovationen *(vgl. Zahn 1995, S. 18. Vgl. Mintzberg 1990, S. 186)*. Je breiter und solider diese Plattform ist und je konsequenter sie erneuert wird, desto besser und flexibler kann ein Unternehmen auf Veränderungen im Umfeld seiner Geschäfte antworten. Bei der Kompetenzbildung und Pflege darf der Fokus nicht nur auf technologiebezogenen Kernkompetenzen und ihrer Transformation in verbesserte und neue Produkte und Prozesse sowie auf anderen für den Wettbewerbserfolg notwendigen (marktzugangs-, verläßlichkeits- und funktionsbezogenen) Kernkompetenzen liegen. Gleichermaßen wichtig sind organisationale Fähigkeiten. Sie sind der Schlüssel zur Entwicklung, Bündelung und Transformation aller anderen Kompetenzen.

Mit der Formung und Beherrschung der Kette mit den verschiedenen Gliedern von Wissensmanagement-Aktivitäten schaffen sich Unternehmen die Voraussetzungen für eine aktive Gestaltung ihrer eigenen Zukunft. Sie müssen sich nicht darauf beschränken, auf Veränderungen der Umwelt zu reagieren.

5 Strategiefindung ist Wissensverarbeitung

Zur Strategiefindung wird Wissen benötigt, das in aller Regel weit verstreut ist *(vgl. Mintzberg 1990, S. 186)*. Dieses Wissen betrifft interne und externe Tatbestände, vor allem Unternehmensfähigkeiten und Marktanforderungen. Es wird aus Wahrnehmungen und Analysen gewonnen, oder es manifestiert sich in der „dominanten Logik" *(vgl. Bettis/Prahalad 1995, S. 7)* im Sinne von vorherrschenden Geschäftsverständnissen, gemeinsamen mentalen „Modellen", erfahrungs- und phantasiebasierten Vorstellungen und artikulierten Meinungen der verantwortlichen Führungskräfte. Der eine Aspekt betrifft den Input zur Strategieformulierung und entspricht dem typischen Vorgehen der konventionellen strategischen Planung; der andere Aspekt repräsentiert die Formation emergenter Strategien *(vgl. Mintzberg 1994, S. 24)* und ist bislang noch wenig erforscht. Unter den Bedingungen turbulenter Veränderungen stößt die herkömmliche Strategieplanung schnell an ihre Grenzen und Improvisation auf der Basis einer guten Mischung aus Wissen und Kreativität bei der Strategiefindung gewinnt an Bedeutung.

Strategiefindung hat etwas mit Verstehen zu tun. Sie fällt leichter, wenn die verantwortlichen Entscheidungsträger ein gemeinsames Geschäftsverständnis besitzen. Das Verstehen einer Person basiert aber wesentlich auf einem nicht artikulierten Hintergrund *(vgl. Taylor 1993, S. 47)*. Mißverständnisse in einer Gruppe entstehen deshalb immer dann, wenn kein gemeinsamer Hintergrund vorliegt *(vgl. Winograd/Flores 1987, S. 36 f.)*. Die Strategiefindung wird schwieriger, zumal wenn Opponenten in einem Strategieteam jeweils davon ausgehen, die Geschäftsrealität aufgrund ihrer subjektiv konstruierten und in ihren individuellen mentalen Modellen abgebildeten Welt schon richtig zu verstehen. Strategiefindungen, die auf einem großen geteilten Wissenskern bzw. einem gemeinsamen mentalen Modell als einer großen Schnittmenge aller individuellen mentalen Modelle basieren, sind allerdings auch nicht unproblematisch. Sie können zu einer systematisch verzerrten oder falschen Realitätsinterpretation führen *(Zu den Implikationen für die Strategieproblematik vgl. Zahn/Greschner 1996, S. 50 f.)*. Ein Ausweg aus diesem Dilemma ist die Explizierung der mentalen Modelle, die dann konstruktiv kritisiert und systematisch verbessert werden können. Dazu bieten Technologien des Systemdenkens Hilfestellungen *(vgl. z.B. Senge 1990)*.

Systemdenken beinhaltet verschiedene Denkarten, die helfen, Probleme zu definieren, daraus wesentliche Aspekte zu identifizieren und adäquat zu detaillieren sowie Hypothesen über Ursache-Wirkungszusammenhänge zu formulieren und zu testen. Systemdenken ist ein Prozeß, der häufig mit der Beobachtung von Ereignissen und der diesbezüglichen Erfassung und Analyse von Daten beginnt, sich mit der Identifikation von zeitvarianten Verhaltensmustern und ihrer Interpretation fortsetzt und bis zur Entdeckung von Strukturen, den Treibern oder Verursachern von Verhaltensmustern und Ereignissen, reicht.

Für die Strategiefindung ist ein Vordringen in die letzte Stufe, die Struktur- und damit Verstehenwissen repräsentiert, besonders fruchtbar. Erst hier wird „Theoriebildung" im Sinne einer systematischen Organisation von Wissen, das die unterstellten Annahmen, die akzeptierten Prinzipien, prozeduralen Regeln u. dgl. beinhaltet, möglich. Je umfassender und fundamentaler eine Strategieproblematik und die möglichen Wege zum Erfolg verstanden werden, desto zielsicherer können die Anstrengungen auf jene Aspekte fokussiert werden, die besonders erfolgskritisch sind. Ein solches Verständnis geht über die Kenntnis einzelner Erfolgsfaktoren hinaus und erfaßt das Beziehungsgefüge, welches die den Geschäftserfolg treibenden Kräfte verstärkt. Die Identifikation einzelner Erfolgsfaktoren ist ein wichtiger, aber nur ein erster Schritt. In einem weiteren Schritt ist herauszufinden, wie die einzelnen Erfolgsfaktoren in sich selbstverstärkende Regelkreise eingebunden sind. Werden beispielsweise die Produktinnovationsrate und Mitarbeiterfähigkeiten als kritische Erfolgsfaktoren erkannt, so kann etwa nach den Treibern und den Wirkungen neuer Produkte gefragt werden. Antworten dazu dokumentieren die in Abb. 1 skizzierten, sich selbstverstärkenden Regelkreise.

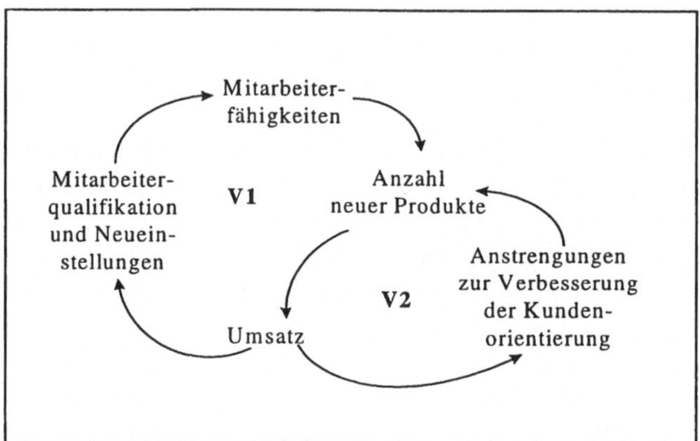

Abb. 1: Beispiele zu Verstärkungsmechanismen für kritische Erfolgsfaktoren

Dabei ist zu beachten, daß die Selbstverstärkungsmechanismen sowohl in positiver als auch in negativer Richtung wirken, d.h. Wachstums- oder Schrumpfungsprozesse auslösen können. Das Bild läßt sich natürlich noch durch die Berücksichtigung von Bremskräften, etwa in bezug auf Grenzen der Mitarbeiterqualifikation, vervollständigen. Auch diese Kräfte sind in Regelkreise eingebunden, und zwar in solche balancierender bzw. zielsuchender Art *(Diese Regelkreistypen mit positiver und negativer Rückführung, sog. „positive feedback loops" und „negative feedback loops", sind Basiskonstrukte systemtheoretischer Ansätze, wie z.B. System Dynamics.).* Der Schritt von den Faktoren zur Regelkreisbetrachtung bringt verschiedene Vorteile. Er zwingt zu einem Denken in logischen Ketten von Ursache-Wirkungsbeziehungen, die die Selbsterhaltung kritischer Erfolgsfaktoren beeinflussen, und er ermöglicht den Blick auf die Wechselbeziehungen zwischen kritischen Erfolgsfaktoren. Ein solchermaßen (in Form eines Hypothesengebäudes) erzieltes Verständnis der Zusammenhänge zwischen strategischen Entscheidungen und Geschäftserfolg erlaubt es, die Wirkungen geplanter Aktionen im Hinblick auf ihren kurz- und langfristigen Erfolg zu testen. Strategen lassen sich bei ihren Entscheidungen von Einsicht und Weitsicht leiten. Um beide zu fundieren, sind sie gleichsam als „Forscher und Theorieentwickler" gefragt, d.h. als Entdecker und Organisatoren von Wissen.

Unternehmensführungen verstehen es im allgemeinen, strategische Ziele zu setzen und Strategien zum Erreichen dieser Ziele zu entwickeln. Allerdings wird nicht selten auf Konzepte zurückgegriffen, die gerade in Mode sind oder die nur kurzfristig Erfolg haben. Kritische Reflexionen, die zu tieferen Einsichten in die veränderte Geschäftsproblematik führen könnten, unterbleiben. Tradierte Geschäftsverständnisse werden nicht oder kaum revidiert, mit der Konsequenz, daß sich die strategischen Anstrengungen bestenfalls als Symptombekämpfungen erweisen.

Fundamentalere Lösungen erfordern ein profunderes Verständnis auf der Basis einer sorgfältigen und kritischen Organisation von Wissen. In diesem Sinne ist es die Voraussetzung für die Entwicklung erfolgversprechender Strategien, daß in Unternehmen ein klares Bild vom Funktionieren der Geschäfte gewonnen und ein Sinn für permanente Sicherstellung der internen Konsistenz zwischen Zielen, Strategien, Geschäftsprozessen, Kernkompetenzen und Wissensbeständen entwikkelt wird. Als ein effektives und effizientes Vorgehen dazu eignen sich sorgfältig gestaltete und adäquat besetzte Strategie-Workshops. Auf solchen Foren empfiehlt sich auch der Einsatz von Technologien des „Systems Thinking" *(vgl. Richmond 1997, S. 131 ff.).*

6 Strategieunterstützung mit Simulationsmodellen

Modelle spielen eine zentrale Rolle in der Praxis des Systemdenkens. Sie sind ein fruchtbarer Weg, um die Welt verständlicher zu machen. Die Modellierung ist ein Prozeß der Organisation von Wissen. Modelle repräsentieren Hypothesen über betrachtete Ausschnitte der Realität. Sie machen unser Denken testbar.

Drei Kategorien von Modellen können unterschieden werden:

- *mentale Modelle* als subjektiv konstruierte und im Gedächtnis gespeicherte Wirklichkeit,
- *visuelle Modelle*, die mentale Modelle explizieren, z.B. in Form von Kausaldiagrammen oder Diagrammen aus Beständen und Flüssen sowie

- *Simulationsmodelle*, die visuelle Modelle gleichsam zum Leben erwecken. Mit ihrer Hilfe kann dynamisches Verhalten erzeugt und über die Zeitachse abgebildet werden.

Simulationsmodelle eignen sich besonders zur Strategieunterstützung *(vgl. Zahn 1991, S. 43 ff.)*. Sie können hier in Strategiedebatten und zur Beurteilung strategischer Initiativen eingesetzt werden *(vgl. Zahn/Greschner 1996, S. 63 f. und die dort angeführte Literatur)*, indem sie es den Teilnehmern an derartigen Strategiediskussionen ermöglichen, ihr in mentalen Modellen abgelegtes Wissen zu artikulieren, zu kritisieren und zu verbessern und auf diese Weise schließlich ihr gemeinsames Strategieverständnis zu formen. Zu Lernlaborkonzepten, sog. „Management Flight Simulators" *(ein bekanntes Beispiel ist der „Flight Simulator People Express")* ausgebaut, können sie strategisches Lernen, das in Regelkreisen stattfindet, fördern. Abbildung 2 veranschaulicht idealisierte Lernschleifen in der Realität und in einer virtuellen Welt, die durch ein Lernmodell repräsentiert wird.

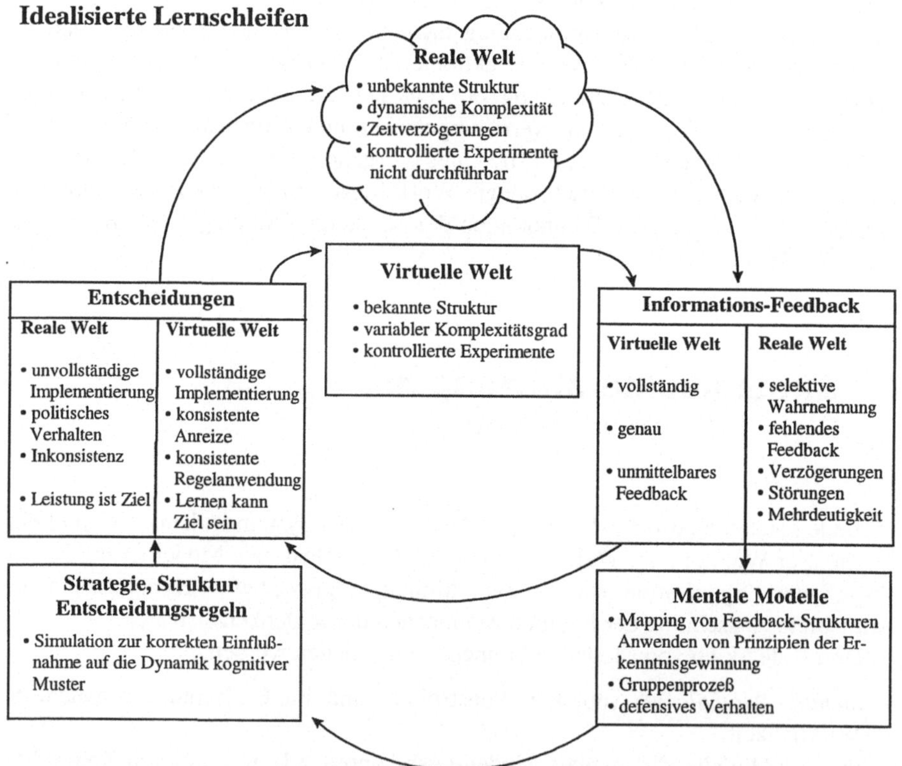

Abb. 2: Lernprozesse basieren auf Feedback-Strukturen *(Übersetzt nach Sterman 1994, S. 318)*

Lernlaborkonzepte bieten beachtliche Vorteile. Als besonders fruchtbar können sie sich erweisen, wenn sie mit rigorosen Konzepten der Leistungsmessung, wie der „balanced scorecard" *(vgl. Kaplan/Norton 1996, S. 75 ff. sowie Davis/ O'Donnell 1997, S. 18 ff.)*, gekoppelt werden. Allerdings besteht kein Anlaß zur Euphorie *(vgl. Sterman 1994, S. 319 f. sowie Zahn/Greschner 1996, S. 65 f.)*. Die Wirkungen modellgestützter Interventionen auf die organisationale Effektivität sind bislang noch kaum erforscht. Ergebnisse eines ersten systematischen Versuchs der Evaluierung konnten jüngst vorgelegt werden *(vgl. Cavaleri/Sterman 1997, S. 171 ff.)*. Sie zeigen, daß „artful marriage of action-oriented interventions and rigorous follow-up study is vital if the potential to learn about the dynamics of systems thinking in organizations is to be fully realized" *(vgl. ebenda S.185)*.

7 Literatur

Bettis, R.A./Prahalad, C.K. (1995), The Dominant Logic, Retrospective and Extension, in: Strategic Management Journal, 16, 1995, S. 5-14

Cavaleri, St./Sterman, J.D. (1997), Toward Evaluation of Systems Thinking Interventions, A Case Study, in: System Dynamics Review, 13, 1997, S. 171-186

Chakravarthy, B. S. (1996), Flexible Commitment, A Key to Strategic Access, in: Strategy & Leadership, 24, 1996, S. 14-26

Cohen W./Levinthal, D. (1990), Absorptive Capacity, A New Perspective on Learning and Innovation, in: Administrative Quarterly, 35, 1990, S. 128-152

Davis, A./O'Donnell, J. (1997), Modelling Complex Problems, System Dynamics and Performance Measurement, in: Management Accounting, May 1997, 75, S. 18-20

Grant, R.M. (1996a), Toward a Knowledge-Based Theory of the Firm, in: Strategic Management Journal, 17, Winter Special Issue 1996, S. 109-122

Grant, R.M. (1996b), Prospering in Dynamically-competitive Environments, Organizational Capability as Knowledge Integration, in: Organization Science, 7, 1996, S. 375-387

Greschner, J. (1996), Lernfähigkeit von Unternehmen, in: Schriften zur Unternehmensplanung, hrsg. v. F.X. Bea und E. Zahn, Nr. 38, Frankfurt 1996

Hamel, G./Prahalad, K. (1995), Wettlauf um die Zukunft, Wien 1995

Hayek, F.A. (1945), The Use of Knowledge in Society, in: American Economic Review, 35, 1945, S. 519-530

Kaplan, R.S./Norton, D.P. (1996), Using the Balanced Scorecard as a Strategic Measurement System, in: Harvard Business Review, Jan.-Febr. 1996, S. 75-85

Kim, D.H. (1993), The Link Between Individual and Organizational Learning, in: Sloan Management Review, 35, 1993, S. 37-50

Kleinhans, A. (1989), Wissensverarbeitung im Management, in: Schriften zur Unternehmensplanung, hrsg. v. F.X. Bea und E. Zahn, Nr. 13, Frankfurt 1989

Kogut, B./Zander, U. (1992), Knowledge of the Firm, Combinative Capabilities and the Replication of Technology, in: Organization Science, 3, 1992, S. 383-397

Krogh von, G./Venzin, M. (1995), Anhaltende Wettbewerbsvorteile durch Wissensmanagement, in: Die Unternehmung, 6, 1995, S. 417-436

March, J.G. (1991), Exploration and Exploitation of Organizational Learning, in: Organization Science, 2, 1991, S. 71-87

Miner, A.S./Mezias, St. J. (1996), Ugly Duckling No More: Past and Futures of Organizational Learning Research, in: Organization Science, 7, 1996, S. 88-99

Mintzberg, H. (1990), The Design School, Reconsidering the Basic Premises of Strategic Management, in: Strategic Management Journal, 11, 1990, S. 171-195

Mintzberg, H. (1994), The Rise and Fall of Strategic Planning, New York u.a. 1994

Nonaka, I./Takeuchi, H. (1995), The Knowledge Creating Company, New York et al. 1995

Popper, K. (1971), Logik der Forschung, 4. verb. Aufl., Tübingen 1971

Richmond, B. (1997), The Strategic Forum: Aligning Objectives, Strategy and Processes, in: System Dynamics Review, 13, 1997, S. 131-148

Senge, P. (1990a), The Leader's New Work: Building Learning Organizations, in: Sloan Management Review, 32, Fall 1990, S. 7-22

Senge, P. (1990b), The Fifth Discipline – The Art and Perspective of the Learning Organization, New York 1990

Spender, J.-C. (1989), Industry Recipes: The Nature and Sources of Managerial Judgement, Oxford 1989

Spender, J.-C. (1996), Making Knowledge the Basis of a Dynamic Theory of the Firm, in: Strategic Management Journal, 17, Winter Special Issue 1996, S. 45-62

Spender, J.-C./Grant, R. M. (1996), Knowledge of the Firm: Overview, in: Strategic Management Journal, 17, Winter Special Issue 1996, S. 5-9

Sterman, J.D. (1994), Learning in and about Complex Systems, in: System Dynamics Review, 10, 1994, S. 291-330

Taylor, C. (1993), „To Follow a Rule ...", in: Calhoun, C. et al. (Hrsg., 1993), Bourdieu: Critical Perspective, Cambridge, U.K., 1993, S. 45-49

Teece, D.J. et al. (1997), Dynamic Capabilities and Strategic Management, in: Strategic Management Journal, 18, 1997, S. 509-533

Tsoukas, H. (1996), The Firm as a Distributed Knowledge System, in: Strategic Management Journal, 17, Winter Special Issue, 1996, S. 11-25

Weick, K./Roberts, K. (1993), Collective Mind in Organizations: Heedful Interrelating on Flight Decks, in: Administrative Science Quarterly, 38, 1993, S. 357-381

Winograd, T./Flores, F. (1987), Understanding Computers and Cognition, Reading, MA, 1987

Zahn, E. (1991), Strategieunterstützungssysteme, in: Systemmanagement und Management Systeme, hrsg. v. P. Milling, Berlin 1991, S. 43-79

Zahn, E. (1995), Gegenstand und Zweck des Technologiemanagements, in: Zahn, E. (Hrsg., 1995), Handbuch Technologiemanagement, Stuttgart 1995, S. 3-32

Zahn, E. (1996a), Strategische Erneuerung für den globalen Wettbewerb, in: Zahn, E. (Hrsg., 1996), Strategische Erneuerungen für den globalen Wettbewerb, Stuttgart 1996, S. 1-29

Zahn, E. (1996b), Kernkompetenzen, in: Kern, W. (Hrsg., 1996), Handbuch der Produktionswirtschaft, 2. Aufl. Stuttgart 1996, S. 883-894

Zahn, E./Greschner, J. (1995), Grundlagen und Methoden zum Management von Kreativität und Wissen, in: Zahn, E. (Hrsg., 1995), Handbuch Technologiemanagement, Stuttgart 1995, S. 599 - 621

Zahn, E./Greschner, J. (1996), Strategische Erneuerung durch organisationales Lernen, in: Bullinger, H.-J. (Hrsg., 1996), Lernende Organisationen, Stuttgart 1996, S. 41-74

Forschung & Entwicklung als Wissenscenter

Hans Dietmar Bürgel, Andreas Zeller

1 Von der Industrie- zur Wissenswirtschaft

Unsere Arbeitswelt ist in den letzten Jahren einigen Veränderungen unterworfen gewesen. Dazu zählt unter anderem, daß die Bedeutung von Rohstoffen als einem Bestandteil der klassischen Produktionsfaktoren (Boden, Kapital und Arbeit) mehr und mehr abnimmt. So ist zwischen Mitte der 70er und Mitte der 90er Jahre ein Preisverfall bei Rohstoffen um 60% zu verzeichnen, der sich, blickt man in die Zukunft, eher in dem Maße fortsetzen als verlangsamen oder gar umkehren dürfte *(vgl. Thurow 1996, S. 102)*. Ein Grund für diese Entwicklung ist die mittlerweile zu verzeichnende globale Verfügbarkeit von Rohstoffen aller Art. Während sich früher ganze Industrien an geographisch bevorzugten Orten (Rohstoffvorkommen, Häfen etc.) ansiedelten, ist es heute möglich, Rohstoffe und Waren in akzeptabler Zeit an jeden beliebigen Ort der Welt zu verbringen. Auch bei einer näheren Betrachtung der Produktionskosten ist eine Verschiebung von „harten" zu „weichen" Faktoren festzustellen. Eine neuere Untersuchung dieser Sachverhalte in ausgewählten Branchen zeigt, daß sich der Anteil des Faktors Arbeit an den Produktionskosten für die Halbleiterindustrie nur noch auf 12% beläuft, während der des Faktors Wissen bereits 70% einnimmt *(vgl. Schüppel 1996, S. 49)*. Wissen soll dabei umgangssprachlich verstanden werden als „begründete und begründbare Erkenntnisse, die aus Informationen gewonnen wurden" *(Der Neue Brockhaus 1985)*, als „geronnene Information". In der Pharmaindustrie betragen die Anteile für Arbeit und Wissen 15% und 50%, in der Automobilindustrie trägt Arbeit noch zu 20 bis 25% zu den Produktionskosten bei, wobei Wissen vermutlich einen mindestens ebenso hohen Anteil erreicht. Schließlich läßt sich die beschriebene Entwicklung auch am erkennbaren Rückgang der Produktionstätigkeiten am gesamten Arbeitskräftebedarf ablesen. Nach einer diesbezüglichen Untersuchung werden in diesem Tätigkeitsbereich in den alten Bundesländern zwischen 1991 und 2010 rund 1,2 Millionen Arbeitsplätze verloren gehen. Während die primären Dienstleistungstätigkeiten wie Handeln und Verkaufen, Bürotätigkeiten und allgemeine Dienstleistungen ihren Anteil behaupten werden, wird bei den sekundären Dienstleistungstätigkeiten, also Forschen und Entwickeln, Organisieren und Managen sowie Ausbilden, Beraten und Informieren, ein Plus von rund 1,6 Millionen Arbeitsplätzen zu verzeichnen sein, was einem Anstieg des Anteils der sekundären Dienstleistungen von ca. 27% auf 32% entspricht. Dieses Niveau läge dann über dem der Produktionstätigkeiten *(vgl. Tessaring 1994, S. 8 f.)*.

Diese Entwicklungen führen, konsequent weitergedacht, zu der Hypothese der „Quartären Wirtschaft" *(vgl. Woodling 1996)*. Die industrielle Entwicklung der Vergangenheit läßt Phasen erkennen, in denen jeweils bestimmte Wirtschaftsgüter im Vordergrund standen und die Struktur der Wirtschaft prägten (vgl. Abb. 1). Waren dies in der Ära der primären und sekundären Wirtschaft Rohstoffe bzw. Produkte, so stehen mittlerweile in der Ära der tertiären Wirtschaft Dienstleistungen im Mittelpunkt. Aufgrund der steigenden Bedeutung von Informationen und Wissen, die sich z.B. in der geschilderten Zunahme der sekundären Dienstleistungstätigkeiten ausdrückt, kann bereits von einer Wissenswirtschaft oder „Knowledge-Based Industry" als vierter Ära gesprochen werden, in der das in Netzwerken verfügbare Wissen die tragende Rolle spielt.

Ära	Wirtschaftsgüter	Aktiva
Primäre Wirtschaft	Rohstoffe	Gebäude
Sekundäre Wirtschaft	Produkte	Maschinen
Tertiäre Wirtschaft	Dienstleistungen	Infrastruktur
Quartäre Wirtschaft	Wissen	Netzwerke

Abb. 1: Hypothese der Quartären Wirtschaft

Wie äußert sich nun die offensichtlich gestiegene Bedeutung von Wissen? Wissen wird immer häufiger als weiterer, gleichberechtigter Produktionsfaktor neben den genannten klassischen Produktionsfaktoren genannt. Dieser Produktionsfaktor nimmt wie gesehen bereits einen Anteil von 60 bis 80% an der gesamten Wertschöpfung ein *(so auch Palass 1997, S. 114)*. Wertschöpfung verstanden als die von den Unternehmen erbrachte Leistung abzüglich der Vorleistungen resultiert also bereits zum überwiegenden Teil aus der Anwendung von Wissen wie z.B. Markt- oder Technologiewissen. Information und Wissen sind folglich ins Zentrum des Wertschöpfungsprozesses gerückt. Die entscheidenden Engpaßfaktoren im Wertschöpfungsprozeß sind nicht mehr (physische) Arbeit oder Kapital, sondern Information und Wissen. Anders ausgedrückt stellen Wissen und dessen Erhalt durch lebenslanges Lernen die einzigen Quellen für nachhaltige und langfristige Wettbewerbsvorteile dar.

Die steigende Bedeutung von Wissen wird auch deutlich, wenn man die Entwicklung des Anteils der „Wissensarbeiter" an der Gesamtzahl der Erwerbstätigen betrachtet. Waren in den USA 1960 erst 7% der Beschäftigten Wissensarbeiter, so waren es 1970 bzw. 1980 bereits 35 bzw. 43% *(vgl. Wolff, Baumol 1989, S. 25)*. Dieses Beispiel zeigt aber auch, daß sich dieser Strukturwandel etwas verlangsamt hat und dem Stellenwert, der dem Faktor Wissen heute eingeräumt wird, noch hinterherhinkt. So wird man für Mitte der 90er Jahre einen Anteil von erst ca. 50% vermuten dürfen. Aber auch bei Produkten und Dienstleistungen steigt der Wissensgehalt immer weiter an, so daß mittlerweile bereits von „intelligenten" Produkten oder Dienstleistungen gesprochen wird *(vgl. Tapscott 1996, S. 46).* So kann ein „intelligenter" Fahrbahnbelag z.B. nicht nur eine Fahrfläche zur Verfügung stellen, sondern auch Informationen über den witterungsbedingten Straßenzustand oder die Verkehrsdichte übermitteln.

Ein weiterer Grund für die wachsende Bedeutung der Ressource Wissen ist in der dem Wissen inhärenten Dynamik zu sehen. Wissen ist keinesfalls in der einmal vorliegenden Form für alle Zeiten gültig, vielmehr unterliegt auch Wissen der aus der Physik bekannten Halbwertszeit (dort definiert als die Zeit, in der 50% der ursprünglich vorhandenen radioaktiven Kerne zerfallen sind). Wissen – und das gilt umso mehr, je spezieller dieses Wissen ist – ist in immer kürzerer Zeit überholt (vgl. Abb. 2).

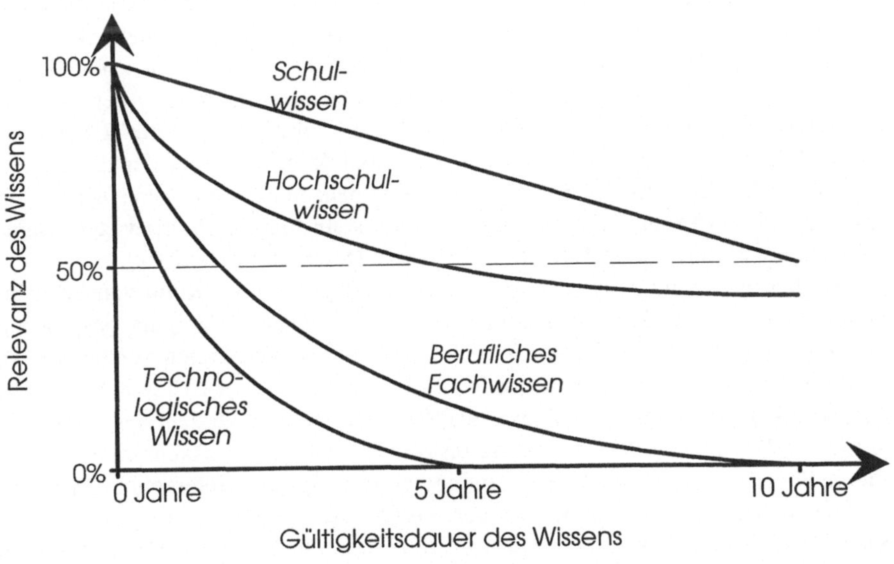

Abb. 2: Die Halbwertszeit des Wissens *(Schüppel 1996, S. 238)*

Diese sinkende Halbwertszeit des Wissens schafft den oben angesprochenen Zwang, dieses Wissen permanent zu aktualisieren. Dies umfaßt die adäquate Schaffung neuen Wissens, aber auch das „Vergessen-Können" überholten Wissens. Der explosionsartige Anstieg der Menge an verfügbarem Wissen, verbunden mit dessen sinkender Gültigkeitsdauer, macht außerdem neue Strategien im Umang mit Wissen erforderlich, die mit einem Übergang vom Faktenwissen zum Zugriffswissen charakterisiert werden können. Nicht mehr Produkte und Dienstleistungen als „verkörpertes" Wissen stehen im Vordergrund, sondern das Wissen, wie man zu diesen Produkten und Dienstleistungen kommt – und wie man wiederum an das Wissen zu deren Erstellung gelangt.

Wie können sich nun Unternehmen auf diese veränderte Situation einstellen, wie muß der Bereich Forschung und Entwicklung (F&E) auf die gestiegene Bedeutung von Wissen reagieren? Während im Unternehmen alle Funktionsbereiche Wissen verarbeiten, also anwenden, ist es der F&E-Bereich, der – unterstützt von anderen Bereichen – dieses Wissen auch generieren und für eine Anwendung aufbereiten muß. Hinsichtlich der beschriebenen steigenden Bedeutung von Wissen ist gerade in F&E eine Verschiebung hin zu immateriellen Inhalten unverkennbar. Während vor Jahren die Hardware bereits von der Software als Mittelpunkt von F&E-Aktivitäten zurückgedrängt wurde, wird nun die Software-entwicklung ihrerseits, ausgelöst durch die Wissens- oder Knowledge-Entwicklung, an Bedeutung verlieren bzw. muß diese einbeziehen. Dieser Zusammenhang soll an einem Beispiel aus der Bahn-verkehrssteuerung verdeutlicht werden. Eine reine Hardwarelösung war das konventionelle Stellwerk, bei dem die Wagenzusammenstellung auf den Geleiszweigen von Hand erfolgte. Die Weiterentwicklung zu einem elektronischen Stellwerk, in dem die Wagenzusammenstellung auf elektronischem Wege verlief, war nur durch entsprechende Softwarelösungen möglich. Aber erst der nächste Schritt, die breite Anwendung von Wissen, wird die gesuchte neue Qualität der Lösung (das „intelligente Produkt") zustande bringen, bei der die Durchschnittsgeschwindigkeit des Frachtgutes auf seinem Weg vom Beladen bis zum Entladen um ein Erhebliches gesteigert werden kann und die Güterwagenzusammenstellung nur noch eine Teilaktivität bedeutet (Stichwort Telematik).

Mit diesen Veränderungen ist auch eine grundlegend neue Rolle von F&E im Unternehmen verbunden, so daß hier von einem neuen Paradigma gesprochen werden kann. Wurde F&E bislang noch als abgegrenzter Bereich verstanden, so muß F&E heute mehr und mehr als Wertschöpfungsquelle des Unternehmens sui generis erkannt werden. Abbildung 3 als Prinzipdarstellung verdeutlicht, daß F&E gerade zu Beginn des Wertschöpfungsprozesses einen großen Raum einnimmt. In dieser Phase werden Kosten und Termine, wird die spätere Unternehmensleistung in hohem Maße determiniert, und der Verlauf der Wertschöpfungskurve kann maßgeblich beeinflusst werden *(vgl. dazu Bürgel, Zeller 1997, S. 261 ff.)*. Ziel muß es sein, diesen Verlauf durch Anwendung von Wissen so zu gestalten, daß die Kosten-, Zeit- und Leistungspotentiale in allen Bereichen durch eine mehr prozessuale Betrachtung optimiert werden. Das kann durch „outsourcing" bis hin zu Fremdleistungen genauso angeregt werden wie durch „kundengerechte" Entwicklung bis hin zum Entwurf optimierter Wartungs- und Instandhaltungsstrategien.

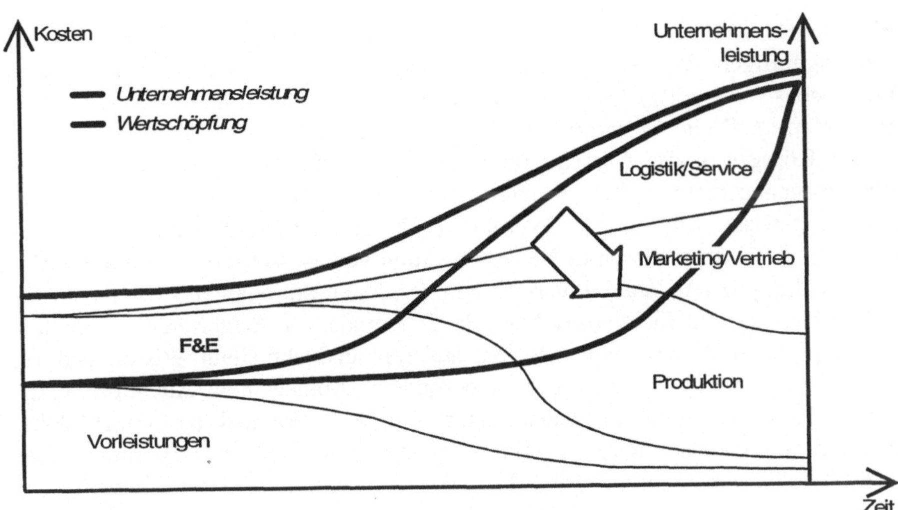

Abb. 3: F&E als Quelle der betrieblichen Wertschöpfung

2 Dimensionen eines Managements von Wissen

Durch ein aktives, bewußt gestaltetes und realisiertes Management von Wissen sollen alle relevanten Wissenspotentiale eines Unternehmens optimal ausgeschöpft werden. Ziel ist der effektive und effiziente Einsatz der Ressource Wissen als knappem Gut, um dadurch dauerhafte und möglichst schwer kopierbare Wettbewerbsvorteile zu erreichen. Hierfür muß Wissen zum richtigen Zeitpunkt entsprechend aufbereitet am richtigen Ort zur Anwendung bereitgestellt werden. Dies erfordert einen optimierten Wissensfluß entlang der Kern- bzw. Wertschöpfungsprozesse der Organisation.

Zur Verfolgung dieses Zieles kann einerseits an technikorientierte, andererseits an humanorientierte Ansätze gedacht werden. Die erstgenannten konzentrieren sich auf die organisatorische Gestaltung und EDV-Unterstützung des Informationsflusses, letztere stellen den Menschen als Wissensträger und damit auch des Wissensmanagements in den Mittelpunkt der Betrachtung. Dafür ist es erforderlich, die Wissenspotentiale, mit denen die Wissensträger umgehen, näher zu betrachten *(vgl. z.B. Schüppel 1996)*. Hierfür ist die Unterscheidung zwischen innerem und äußerem (aktuellem) Wissen zweckdienlich. Inneres Wissen ist im Unternehmen als Fähigkeiten und Erfahrungen der Mitarbeiter vorhanden. Äußeres Wissen hingegen muß erst von extern beschafft werden und kann aus technischen Speichermedien oder auch als Beratungsleistung abgerufen werden. Ferner ist es sinnvoll, bezüglich der relevanten Wissensinhalte zu unterscheiden zwischen aktuellem

Wissen, das bereits vorhanden und dokumentiert und somit sofort einsetzbar ist, und zukünftigem Wissen. Während das aktuelle Wissen eine organisatorische Wissensbasis darstellt, ist das zukünftige Wissen eine Art Soll-Wissensprofil, das die zukünftige Richtung vorgibt (z.B. in Form von Substitutionstechnologien).

Der Königsweg der Ausschöpfung der Wissensquellen durch entsprechendes Wissensmanagement muß in Richtung „zukünftiges Rationalitätswissen" gehen. Erfahrungswissen wird aus der Interaktion mit der Umwelt gebildet. Kritisch hinterfragtes Erfahrungswissen in Neukombination von Wissenselementen aus explizitem und implizitem Wissen führt zu dem genannten Rationalitätswissen.

Zur Hebung und Sichtbarmachung der Potentiale von Erfahrungs-, explizitem und implizitem Wissen, von innerem, äußerem und aktuellem Wissen und zur Beschreitung dieses Königsweges ist besondere „Management Attention" erforderlich. Explizites Wissen ist dabei noch eher artikulierbar und meist auch dokumentiert, und kann somit von mehreren Personen genutzt werden. Hierunter fallen z.B. Patente, niedergeschriebene Prozeduren, Handbücher, Veröffentlichungen oder auch Produkte. Implizites Wissen hingegen existiert im Verborgenen und ist meist an bestimmte, einzelne Personen gebunden und nicht ohne weiteres artikulierbar. Dies sind die Kenntnisse und Erfahrungen der Mitarbeiter oder auch in der Unternehmenskultur gebundene Wertvorstellungen, die zu besonderen Synergien führen können.

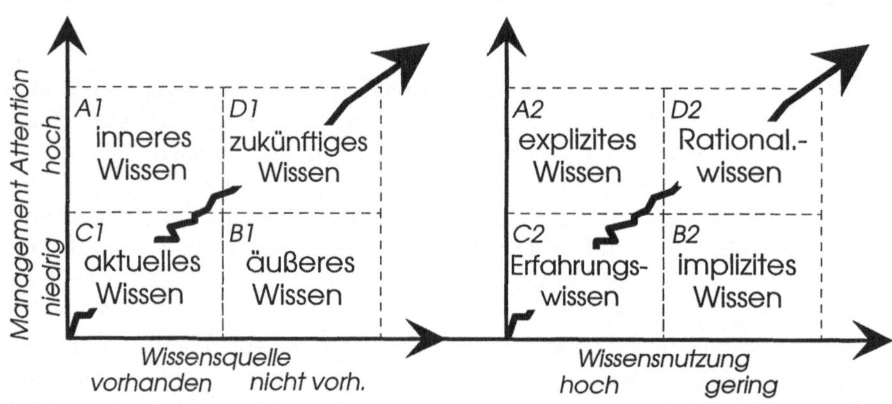

Abb. 4: Portfolios der Wissensarten

Beide „Königswege" können als „Wissenskompression", wie in den Portfolios der Abb. 4 dargestellt, aufgefaßt werden. F&E als diejenige betriebliche Funktion, die sich gerade mit der zukünftigen Entwicklung und kritisch zu hinterfragenden Kombination von Wissenselementen aller genannten Kategorien beschäftigt, kann und muß nun die Beschreitung dieser „Königswege" ebnen.

3   F&E als Ort kollektiver Lernprozesse

Der F&E-Prozeß ist zuallererst ein Wissensprozeß. Das Besondere daran ist, daß Wissen nicht nur den Input der zuvor genannten „Wissensarbeiter" in diesem Prozeß darstellt, sondern auch dessen Output in Form von Designs, Funktionsmustern, Prototypen oder fertigen Produkten und Prozessen. Forschungs- und Entwicklungsprozesse lassen die genannten Kompressionsvorgänge als eine Art „Durchlauferhitzer" erscheinen, durch die Wissen fokussiert einer Anwendung zugeführt wird (wobei diese Prozesse durch lebenslanges Lernen ihrerseits weiterentwickelt werden müssen). Diese Input-Output-Beziehung läßt sich als F&E-Produktionsfunktion mit dem Produkt aus Leistung und Qualität im Zähler und dem Produkt aus Kosten und Zeit im Nenner beschreiben.

Stellt man den F&E-Prozeß ausführlicher in den üblichen Phasen dar, kann der Wissensprozeß als Summe von Ausschöpfung und Nutzung von Wissen in Form der Wissenskompression über alle Phasen hinweg wie auch in jeder Phase allein dargestellt werden (vgl. Abb. 5).

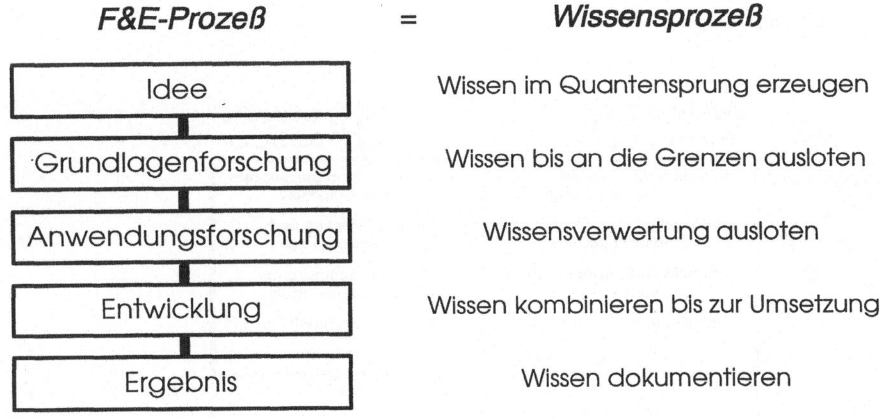

Abb.5: Der F&E-Prozeß als Wissensprozeß

Der F&E-Prozeß beginnt zunächst mit einer Idee. Hinsichtlich Wissen heißt dies, daß Wissen im Quantensprung erzeugt werden muß. Quantensprung heißt dabei nicht, daß stets große, revolutionäre Wissenssprünge erfolgen müssen. Statt dessen kann Wissen auch in vielen kleinen Schritten entstehen, aber eben sprunghaft (und nicht mehr stetig). Anschließend muß das neu gewonnene Wissen bis an seine Grenzen ausgelotet werden, was der Grundlagenforschung entspricht, die naturwissenschaftlich-technische Phänomene bis ins Detail zu ergründen versucht. In der Phase der Anwendungsforschung werden bereits möglich erscheinende Anwendungen dieses Wissensstandes ins Auge gefaßt und die Aktivitäten folglich in eine bestimmte Richtung verstärkt. Mit dem Wissensbegriff ausgedrückt heißt das, die Verwertung des geschaffenen Wissens auszuloten. Daran anschließend beginnt die eigentliche Nutzung des Wissens. Das vorhandene Wissen wird interdisziplinär und interorganisatorisch kombiniert bis zur Umsetzung. Dies entspricht der Phase der Entwicklung im klassischen F&E-Prozeß. Abschließend muß das neu gewonnene Wissen dokumentiert werden, um auch in nachfolgenden Prozessen zur Verfügung zu stehen.

Der F&E- oder Wissensprozeß läuft jedoch nicht in jedem Fall so reibungslos, wie hier idealtypisch beschrieben, ab. Eine Reihe von Barrieren können die Entstehung oder Nutzung von Wissen sowie die dafür erforderlichen Lernprozesse be- oder sogar verhindern. Zunächst können Lernbarrieren auf verschiedenen Ebenen vorhanden sein. Zum einen gibt es individuelle Barrieren (die in der Persönlichkeit des einzelnen begründet sind) und kollektive Barrieren (die auf Gruppenzwängen beruhen). Zum anderen lassen sich strukturelle Barrieren (die die Struktur des Zusammenarbeitens innerhalb einer Organisation betreffen) von kulturellen Barrieren (die durch das bewußte oder unbewußte Unterwerfen unter bestimmte Regeln und Wertvorstellungen einer Organisation entstehen) unterscheiden. Beide Barrieredimensionen lassen sich wie in Abb. 6 dargestellt miteinander kombinieren, so daß auf typische „Stolpersteine" auf den genannten Königswegen hingewiesen werden muß.

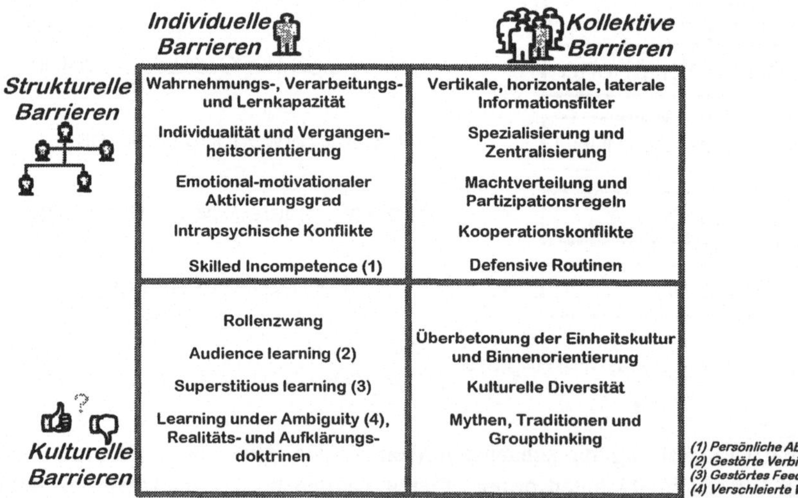

Abb. 6: Lernbarrieren im Wissensmanagement *(vgl. Schüppel 1996)*

Zusätzlich zu diesen Lernbarrieren können Wissensbarrieren auftreten. Diese lassen sich in Barrieren des Nicht-Kennens, Nicht-Könnens und Nicht-Wollens einteilen. Unter Kennen-Wissen versteht man das Vorhandensein oder Nichtvorhandensein theoretischen Grundlagenwissens, wie es z.B. die genannten naturwissenschaftlich-technischen Erkenntnisse aus der Grundlagenforschung darstellen. Sind diese Grundlagen nicht bekannt, kann auch die darauffolgende Phase der Wissensverwertung nicht begonnen werden. In dieser Phase ist zusätzlich praktisches Gestaltungswissen (Können-Wissen) gefragt, um das vorhandene Grundlagenwissen in der gesuchten Neukombination von Wissen verdichten zu können. Dieses Können-Wissen ist in der Produkt- oder Prozeßentwicklung von Bedeutung. Doch selbst dieses „Kennen" und „Können" reicht noch nicht aus zur erfolgreichen Umsetzung von Wissen, vielmehr ist auch noch „Wollen-Wissen" gefordert. Unter Wollen-Wissen wird dabei handlungsleitendes Wissen verstanden. Dies muß sich z.B. in mitreißenden technologiebezogenen Visionen und „Business Missions" ausdrücken, die in der Lage sind, Beweglichkeit, Chaosbereitschaft oder Autonomie in einer Organisation und in den Köpfen der Mitarbeiter zu verankern und somit die Bereitschaft dafür zu schaffen, Kennen- und Können-Wissen zum Zwecke der beabsichtigten Umsetzung in Innovationen auszuschöpfen.

Wie werden nun – die Beseitigung oder Umgehung der genannten Lern- und Wissensbarrieren vorausgesetzt – aus Wissen Innovationen? Generiert wird Wissen immer von Individuen; um dieses Wissen zur Innovation weiterzuentwickeln, ist eine „kritische Masse" an Wissensarbeit erforderlich. Diese Weiterentwicklung kann bevorzugt in einer dafür geeigneten Organisation vorangetrieben werden. Danach spielen sowohl Individuen als auch Organisationen bzw. ihre Interaktion im Innovationsprozeß eine herausragende Rolle. Auf individueller und auf kollektiver Ebene muß eine „Wissensspirale" in Gang gesetzt werden, wie sie *Nonaka* und *Takeuchi* für das Idealbild einer „Knowledge-Creating Company" (vgl. Nonaka/Takeuchi, 1995) beschreiben. Sie fordern dafür eine mit „Hypertextorganisation" bezeichnete Organisationsform, nämlich ein simultan zusammenwirkendes Modell von Hierarchie, Projektteam und Wissensbasis. Abbildung 7 stellt diese „Wissensspirale" dar. Dem abwechselnd individuelle und kollektive Ebenen durchlaufenden Prozeß entsprechend stehen entweder „tacid knowledge" (oder „implizites Wissen" nach Abb. 4), das im Individuum verborgen ist, oder „explicit knowledge", das der gesamten Organisation frei zur Verfügung steht, im Mittelpunkt.

Ausgangspunkt ist dabei in dem Modell die Phase „Sozialisierung", in der das Individuum seine Erfahrungen in eigene, mentale Modelle zusammenfaßt. Durch Dialog mit anderen wird dieses implizite Wissen artikuliert, es kommt also zur Externalisierung dieses Wissens. Die Überprüfung dieses Wissens durch den Dialog mit anderen führt zur Erstellung erster Konzepte. Durch Kombination mit dem expliziten Wissen aus anderen Quellen wird begonnen, diese Konzepte zu systematisieren, so daß eine Wissensbasis aufgebaut wird, die auch von anderen Organisationsmitgliedern genutzt werden kann. Diese wiederum werden dieses explizite Wissen verinnerlichen und zu ihrem eigenen Wissen machen (Internalisierung), um damit ihr eigenes, schon vorhandenes implizites Wissen zu erweitern bzw. zu aktualisieren. Der Prozeß ist somit wieder beim Ausgang angekommen, sollte jedoch in Form von Lernprozessen immer wieder von neuem durchlaufen werden.

Solche Vorgänge bezeichnen genau die Königswege zum Ziel, zukünftiges Rationalitätswissen zu generieren.

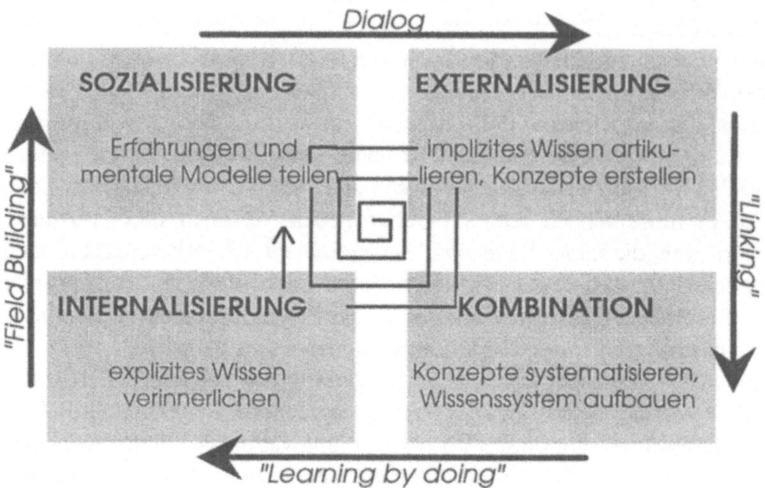

Abb. 7: Die Wissensspirale (vgl. Nonaka, Takeuchi 1995)

4   F&E als Wissenscenter „par excellence"

Die verschiedenen Ausgestaltungen von Center-Konzepten haben längst den Weg von der wissenschaftlichen Durchdringung in die unternehmerische Praxis gefunden. Center als selbständig agierende Einheiten mit eigenem, klar abgegrenzten Verantwortungsbereich haben als Cost- und Profit-Center auch bereits in die F&E-Bereiche Einzug gehalten (siehe auch Abb. 8). Neu ist jetzt der Gedanke, diese Center-Ausprägungen um eine weitere zu ergänzen, nämlich dem Wissenscenter. Gerade F&E-Bereiche mit ihrer in den vorangegangenen Ausführungen aufgezeigten Bedeutung und Verantwortung für die Ressource Wissen sollten vordringlich zu einem solchen Wissenscenter ausgebaut werden.

Ein Wissenscenter dieser Art hebt sich allerdings in einem wesentlichen Punkt von traditionellen Center-Konzepten ab. Während diese eher output-orientiert sind und ihr Hauptaugenmerk auf die Ergebnisse des Handelns richten mit dem Ziel, je nach Ausprägung optimalen Profit oder optimalen Return zu realisieren, ist ein Wissenscenter sowohl input- als auch output-orientiert, konzentriert sich in seinen Aktionen allerdings mehr auf die Ursprünge des Handelns und den optimalen Wissensfluß als Voraussetzung für minimale Kosten, optimalen Profit und optimalen Return. Während bei traditionellen Center-Konzepten versucht wird, sogleich

Zahlungsströme abzubilden *(vgl. auch den Beitrag von Horváth „Wissensmanagement mit Balanced Scorecard" in diesem Band)*, so sind es beim Wissenscenter zunächst Wissensströme, die sich erst danach in Zahlungen niederschlagen sollen. In diesem Sinne kann man auch von einer Ergebnissteuerung des Unternehmens durch Wissenstransfer sprechen (vgl. Abb 8).

Ausgestaltung	Zielgröße	Verantwortung in F&E
Cost-Center	variable Kosten	effizienter Mitteleinsatz, effiziente Lösungswege, technischer Erfolg
Profit-Center	Deckungsbeiträge	Art und Umfang des Entwicklungszieles, effektiver und effizienter Mitteleinsatz, Produzierbarkeit, Schaffung marktgerechter Strukturen
Investment-Center	Rentabilität	(in F&E bislang nicht verbreitet)
Wissens-Center	**Wissen**	**effektive und effiziente Wissensverwendung hinsichtlich marktgerechter Ergebnisse, Wissenstransfer**

Abb. 8: Center-Konzepte in F&E

Werden diese Transferprozesse von Wissen im einzelnen verfolgt, so muß das innerhalb und außerhalb der Unternehmen vorhandene Wissen identifiziert und in dem dafür prädestinierten Wissenscenter „Forschung und Entwicklung" gebündelt werden. Von hier müssen nicht nur Nutzung und kontinuierliche Vermehrung dieses Wissens angestoßen werden, hier muß Wissen permanent aktualisiert werden, muß Wissen aus internen und externen Quellen neu generiert bzw. ins Unternehmen eingebracht werden. Das so im Unternehmen verfügbare Wissen ist in geeigneter Form für Innovationsvorhaben bereitzustellen. Schließlich sollte das relevante Wissen sowie die verfügbaren Wissensquellen entsprechend dokumentiert werden.

Alle Mitarbeiter müssen und können zu diesen Prozessen einen Beitrag leisten. Zu nennen sind (nach *Nonaka* und *Takeuchi)* der typische „Knowledge Operator", der Erfahrungswissen akkumuliert und generiert (Beispiel: Vertreter der Verkaufsorganisation). Der „Knowledge Specialist" als typischer F&E-Mitarbeiter mobilisiert das gut strukturierte explizite Wissen eines Unternehmens. Vertreter des mittleren Managements müssen als „Knowledge Engineers" die kommunikative Lücke zwischen operationalem Personal und Top-Management in der aufgezeigten „Wissensspirale" überbrücken, schließlich muß das Top-Management den aufgezeigten Wissensprozeß managen, ihre Vertreter können als „Knowledge Officers" bezeichnet werden.

Um das bisher Gesagte auf das Center und die Prozesse von F&E anwenden zu können, sind weiterhin strukturelle Voraussetzungen unumgänglich (die in Kap. 2 genannten „technikorientierten Ansätze"). Erforderlich sind insbesondere eine

Wissens- und Kommunikationsinfrastruktur als Voraussetzung für das Netzwerk, das wie erwähnt (vgl. Abb.1) die geeignete Organisationsform für diese Art der Handhabung von Wissen darstellt *(vgl. hierzu auch den Beitrag von Gerybadze in diesem Band)*. Notwendig als sachliche Voraussetzung zur Bewältigung der Aufgaben im Wissenscenter F&E sind außerdem Instrumente zur Unterstützung des Umgangs mit Wissen *(vgl. hierzu die Beiträge im zweiten Teil dieses Bandes)*, eine geeignete Laborausstattung und andere Ressourcen sowie gegebenenfalls wissensbasierte Systeme zur Entscheidungsunterstützung.

Strukturen müssen so offen sein, daß sie die Verknüpfung bestehender Fähigkeiten mit neuen Gebieten auch in ungewohnter Form nicht nur erlauben, sondern sogar begünstigen. Nur so können die bereits erwähnten Quantensprünge entstehen und ist es möglich, spezielles, personengebundenes Wissen in allgemeines, für jeden zugängliches Wissen zu überführen, um eine organisatorische Wissensbasis aufbauen zu können. Im Modell der Wissensspirale von *Nonaka* und *Takeuchi* bedeutet dieser Schritt den Übergang von der Sozialisations- zur Externalisierungsphase.

In diesem Zusammenhang ist ein kreativitätsförderndes und lernfreundliches Umfeld, das Raum für informelle Beziehungen läßt, um auch funktions- und geschäftsfeldübergreifenden Wissensaustausch sicherzustellen, schon fast eine Selbstverständlichkeit.

5 Fazit

Am Anfang war von einem neuen Paradigma für die Bereiche der Forschung und Entwicklung die Rede. Im Lichte der „Reduzierung" zahlreicher Arbeiten in einem Unternehmen auf Wissensarbeiten, auf Wissensverarbeitung in Prozessen und im Lichte der Tatsache, daß es sich bei Wissen um ein für Betriebswirte besonders paradoxes Gut derart handelt, daß diese Ressource im Unterschied zu jeder anderen „frei" ist – man kann es sich prinzipiell ohne Entgelt aneignen –, sind die Bereiche Forschung und Entwicklung besonders angesprochen, sich dieser neuen Qualität ihrer Aufgaben bewußt zu sein. Umgekehrt ausgedrückt: Sie müssen darauf bedacht sein, daß ihnen diese Aufgabe so erhalten bleibt, daß Wissensarbeiter sich hier als „Knowledge Specialists" zumindest gleicher Güte wie alle anderen profilieren. Tendenzen zu „buy" auch in Forschung und Entwicklung bzw. zu „sell" von Technologie- und Entwicklungs-Know-how bzw. zu Innovationen, die nicht mehr nur auf eigener technologischer Basis beruhen, sondern auch z.B. über Allianzen und Kooperationen erworben werden, können ein erster Hinweis auf diese neuen Möglichkeiten sein. Gerade in F&E liegt das Potential, über eine gezielte Ausrichtung aller Strukturen und Prozesse – in F&E selbst und davon ausgehend im gesamten Unternehmen – die Voraussetzungen zu schaffen, um der Bedeutung von Wissen gerecht zu werden und das Unternehmen erfolgreich auch in dieser dauerhaft neuen Umgebung führen zu können: F&E als Wissenscenter „par excellence"!

6 Literatur

Bürgel, H.D., Zeller, A. (1997), Controlling des Innovations- und Entwicklungsprozesses, in: Gleich, R., Seidenschwarz, W. (Hrsg., 1997), Die Kunst des Controlling, München 1997, S. 261-281

Der Neue Brockhaus (1985), Lexikon und Wörterbuch in 5 Bänden und 1 Atlas, 7. Auflage, Wiesbaden 1985

Nonaka, I., Takeuchi, H. (1995), The Knowledge Creating Company, Oxford 1995

Palass, P. (1997), Der Schatz in den Köpfen, in: Manager Magazin 1/97, S. 112-121

Schüppel, J. (1996), Wissensmanagement: Organisatorisches Lernen im Spannungsfeld von Wissens- und Lernbarrieren, Wiesbaden 1996

Tapscott, D. (1996), Auf dem Weg zur „Wissens"-wirtschaft, in: Gablers Magazin 11-12/96, S. 46-48

Tessaring, M. (1994), Langfristige Tendenzen des Arbeitskräftebedarfs nach Tätigkeiten und Qualifikationen in den alten Bundesländern bis zum Jahre 2010, in: MittAB 1/94, S. 5-19

Thurow, L.C. (1996), Die Zukunft des Kapitalismus, Düsseldorf. München 1996

Wolff, E.N., Baumol, W.J. (1989), Sources of Postwar Growth of Information Activity in the United States, in: Osbeg, L., Wolff, E.N., Baumol, W.J. (Hrsg., 1989), The Information Economy: The Implications of Unbalanced Growth, Halifax 1989, S. 17-46

Woodling, G. (1996), Unveröffentlichtes Vortragsmanuskript, München 1996

Wissensmanagement und Durchsetzungskompetenz in transnationalen Unternehmen

Alexander Gerybadze

1 Einleitung

Auf der Basis mehrerer Forschungsprojekte, die die Frage der Globalisierung von Forschung und Entwicklung (F&E) und Innovation in großen, multinational tätigen Unternehmen zum Inhalt hatten, werden im folgenden wichtige Beobachtungen und Trends dargestellt.[1] Die **Wissensproduktion und -nutzung** erfolgt in vielen Unternehmen immer stärker weltweit verteilt. Dies kann u.a. an dem *Auslandsanteil von F&E* gemessen werden. Im Durchschnitt führen die großen multinationalen Gesellschaften ca. 15% ihrer F&E im Ausland durch. Unternehmen aus kleineren europäischen Staaten und aus bestimmten Branchen erreichen z.T. deutlich darüberliegende Werte. Am weitesten vorangeschritten im Internationalisierungsprozeß von F&E sind chemisch-pharmazeutische Unternehmen. Beispielsweise hat die Firma Hoechst seit 1995 mehr F&E im Ausland investiert als in Deutschland.

Die parallele Durchführung der Wissensproduktion und -nutzung an mehreren Standorten führt zu ganz neuen Anforderungen an das Wissensmanagement; gefordert ist insbesondere länder-, kultur- und bereichsübergreifende Managementkompetenz. Die Fähigkeiten und Fertigkeiten im Management sind allerdings häufig nur unzureichend auf diese Anforderungen abgestimmt. Eine zentrale These dieses Beitrags wird es sein, darzustellen, daß Unternehmen mitunter bei der weltweiten Erschließung von Wissen vorauseilen, demgegenüber aber im Hinblick auf die Beherrschung der geforderten Managementkompetenz oft deutlich hinterherhinken.

Die Thematik *„Wissensmanagement und Durchsetzungskompetenz in transnationalen Unternehmen"* kann von verschiedenen Seiten beleuchtet werden, von denen wir nur eine schwerpunktmäßig behandeln wollen. Zunächst einmal kann unterschieden werden zwischen intraorganisationalem und interorganisationalem Wissensmanagement.

---

[1] Grundlage bilden empirische Untersuchungen zur international verteilten F&E-Tätigkeit großer Unternehmen in Europa, Japan und den USA. Ein Teil dieser Ergebnisse ist veröffentlicht in *Gerybadze, Meyer-Krahmer und Reger (1997)*.

- **Intraorganisationales Wissensmanagement**: Firmen führen an verschiedenen Standorten der Welt *im Konzernverbund* F&E, Wissensproduktion und Innovation durch und müssen firmenintern die erforderliche Koordination und den Wissenstransfer sicherstellen.
- **Interorganisationales Wissensmanagement**: Wissensproduktion, -nutzung und Innovation ist auf verschiedene Firmen an mehreren Standorten verteilt. Durch neuere Formen von strategischen Allianzen und Netzwerken wird eine höhere Geschwindigkeit und Effizienz der Erschließung neuer Kompetenzfelder angestrebt.

Der vorliegende Beitrag konzentriert sich auf die Analyse des Wissensmanagements *innerhalb* transnationaler Unternehmen, das für sich allein erhebliche Anforderungen an das Management stellt; die zweitgenannte Frage des Wissensmanagements in firmenübergreifenden transnationalen Konsortien bzw. Netzwerken steht an dieser Stelle nicht so sehr im Vordergrund.[2]

2   Kompetenz- vs. Wissensmanagement in transnationalen Unternehmen

2.1
Wissen allein ist noch nicht „Kompetenz zur Innovation"

Innerhalb der Managementlehre kristallisiert sich zur Zeit eine neue Querschnittsdisziplin heraus, die unter dem Begriff **Wissensmanagement** figuriert.[3] Die Gefahr besteht, daß darunter schlichtweg eine Fortentwicklung des Forschungsmanagements oder des Informationsmanagements verstanden wird. Meines Erachtens ist es ergiebiger, von **Kompetenzmanagement** in einem umfassenderen Sinne zu sprechen; diese Unterscheidung ist insofern angebracht, weil dadurch die Aufmerksamkeit auf einen für den Innovationsprozeß zentralen Aspekt, d.h. auf die Schlüsselfrage der *Durchsetzung* neuen Wissens, neuer Technologien und Geschäftskonzepte im Markt gelenkt wird. Wissen ist hierfür nur Mittel zum Zweck. Die Frage der Gewinnung, Übertragung und Nutzung von Wissen innerhalb von

---

[2] Die Frage des transnationalen Wissensmanagements in strategischen Allianzen wurde an anderer Stelle behandelt *(z.B. Gerybadze 1995)*. Wissensmanagement in firmenübergreifenden Netzwerken setzt ein solides Verständnis des firmeninternen Wissensmanagements bei den wichtigsten Partnern voraus. Dies ist ein wesentlicher Grund dafür, daß wir uns hier zuächst auf die *firmeninternen* Koordinierungsmechanismen konzentrieren.

[3] Beispielhaft hierfür ist die Schaffung einer Professur „Wissensmanagement" an der University of California Berkeley, die 1997 durch Ikujiro Nonaka besetzt wurde, der allerdings weiterhin an der Hitotsubashi University in Japan lehrt und forscht.

Unternehmen muß in jedem Fall verstanden und gelöst werden. Sie erschließt sich jedoch erst richtig, wenn man versteht, unter welchen Bedingungen Wissen in Unternehmen zu einer *Kompetenz* im Geschäftsleben wird.

Für das Verständnis der firmeninternen Übertragung von Wissen und Fähigkeiten ist es wichtig, zwischen „Wissen als Information" und „Wissen als Kompetenz zur Durchsetzung von Geschäften" zu unterscheiden. Denn „Wissen als Information" ist vergleichsweise leicht und konfliktfrei firmenintern zu übertragen, während „Wissen als Kompetenz" von einzelnen Know-how-Trägern „strategisch besetzt" und von diesem z.T. bewußt *nicht* transferiert wird. Aus diesem Grunde möchte ich im folgenden stärker differenzieren zwischen:

- **transnationalem Wissensmanagement**: Firmen an verschiedenen Standorten der Welt verfügen über Informationen zu neuen Technologien und Produkten und transferieren Informationen – sofern erforderlich – über Standorte und Bereiche hinweg; diese Sichtweise ist abzugrenzen von:
- **transnationalem Kompetenzmanagement**: Unternehmen verfügen an verschiedenen Standorten in der Welt über Kompetenzen zur Durchsetzung neuer Produkte und Geschäftskonzepte. Sie können mitunter bestimmte Wissensinhalte auch „outsourcen", aber sie müssen die strategisch wichtigen Kompetenzen, d.h. das Wissen über wettbewerbsdifferenzierende technisch-organisatorische Lösungen und deren Durchsetzung im Markt, unbedingt In-house absichern.

Die zweitgenannte Frage der *Beherrschung transnationalen Kompetenzmanagements* ist die eigentlich zentrale und soll daher im folgenden mit besonderer Aufmerksamkeit verfolgt werden. Mit anderen Worten: Wir wollen nicht nur fragen, wo Firmen über Wissen verfügen, sondern primär: Wo liegt der Ort der Kontrolle (Locus-of-control) und der Ort des Innovationsgeschehens (Locus-of-innovation) für strategisch besonders wichtige neue Produkte und Technologien?

2.2
Drei elementare Bestandteile von Kompetenz und die Bedeutung ihrer räumlichen Kopplung

Kompetenzen sind, gemäß dieser Sichtweise, wesentlich weiter gefaßt als Wissen. Sie umfassen gemäß der Darstellung in Abb. 1:

- **Wissenskompetenz**: die Fähigkeit, Wissen auf anerkannt hohem Niveau zu beherrschen, insbesondere solches Wissen, das in hohem Maß an eine Organisation bzw. an einen Standort gebunden ist. Beispielsweise ist ein Patent intellektuelles Eigentum und damit ein Bestandteil firmenspezifischen Wissens.
- **Anwendungskompetenz**: die Fähigkeit, Anwendungen für neues Wissen zu erschließen und hierdurch einzigartige Werte und Wettbewerbsvorteile für eine Organisation bzw. einen Standort zu begründen. Das Patent, das in der Schublade liegt, begründet keine Anwendungskompetenz. Die Zusammenarbeit mit ei-

nem innovativen Kunden, das Lernen über dessen Anwendungserfordernisse und die Übertragung dieser Anforderungen in ein Produktdesign („Customer-to-Concept") führt zu hochentwickelter Anwendungskompetenz.

- **Durchsetzungskompetenz**: die Macht zur Durchsetzung neuer Lösungen (d.h. neuartige Kopplungen von Wissen und Anwendungen) und zur Mobilisierung der erforderlichen Ressourcen innerhalb einer Organisation. In vielen Fällen ist gerade die Durchsetzungskompetenz besonders kritisch, da zumeist hohe Widerstände gegen Neuerungen bestehen.[4]

Abb. 1: Kompetenz als Bündelung von Wissen, Anwendungs- und Durchsetzungskompetenz

Kompetenz zur erfolgreichen Innovation setzt gerade in global geprägten High-tech-Industrien die möglichst schnelle und unverzerrte Kopplung von wissen-

---

[4] Gerade deshalb hebt *Schumpeter (1926, 100)* bei seinem dynamischen Unternehmen die Führerfunktion so energisch hervor: „Die neuen Möglichkeiten werden vom Führer weder ‚gefunden' noch geschaffen. Sie sind immer vorhanden ... nur sind diese Möglichkeiten tot. Die Führerfunktion besteht darin, sie lebendig, real zu machen, sie durchzusetzen."

schaftlich-technischem Wissen, Anwendungskompetenz und Durchsetzungskompetenz voraus. Jede Form der Kommunikation über Unternehmensbereichs- und Standortgrenzen hinweg ist stark risikobehaftet und kann Fehlschläge im Innovationsprozeß auslösen. Die Fehlermöglichkeiten sind daher umso größer, je weiter die drei Kompetenzbereiche in geographischer und funktionaler Hinsicht auseinanderliegen.

Beispiel: Computertomographie (EMI)

EMI in Großbritannien entwickelte die wesentlichen Grundlagen für die Computertomographie und verfügte hier über das höchstentwickelte Wissen in den 60er Jahren. Es führte als erstes Unternehmen in der Welt neue medizinische Diagnoseverfahren ein, obwohl dieser Bereich nicht zum Kerngeschäft zählte. Das Dilemma dieser Firma, das als klassische Fallstudie des gescheiterten Innovators in die Literatur eingegangen ist[5], bestand u.a. darin, daß die Anwendungskompetenz in den 60er Jahren überwiegend in den USA zu suchen war. EMI als Innovator verfügte jedoch dort kaum über geeignete Ressourcen und wollte den innovativen U.S.-Markt durch F&E- und Produktionskompetenzen in England erschließen. Hinzu kam, daß die Durchsetzung im Weltmarkt massive Investitionen erforderte, für die Firmen wie GE, Philips und Siemens besser ausgestattet waren. Der Innovator war stark in den wissenschaftlich-technischen Grundlagen, ließ sich aber später „die Butter vom Brot" nehmen, als es um die erfolgreiche Transformation in ein internationales Geschäft ging.

In einer dynamischen und hochspezialisierten Welt sind Wissen, Anwendungs- und Umsetzungskompetenz oft auf verschiedene Standorte verteilt und zwischen diesen mitunter nur bedingt transferierbar. Fähigkeiten zur Chipentwicklung sind beispielsweise am stärksten in Silicon Valley konzentriert; Anwendungskompetenz in bestimmten Märkten der Telekommunikation mag andererseits in Europa hochentwickelt sein (z.B. im Mobilfunkbereich). Ein Konzern wie NEC, der sich weltweit im Bereich der Halbleiterindustrie und Telekommunikation positionieren will, muß in Europa und den USA Wissen gewinnen, hat aber den wesentlichen Teil seiner Management- und Durchsetzungskompetenz im Headquarter in Tokyo konzentriert. Es stellt sich die Frage, ob NEC eine geeignete Organisationsarchitektur aufbauen kann, die es ermöglicht, seine auf die Triade verteilten Kompetenzen ohne Informationsverlust in das Führungszentrum zu transferieren, um schnelle unternehmerische Entscheidungen aus dem zentralen Headquarter heraus vollziehen zu können.

---

[5] Das Fallbeispiel EMI wurde in mehreren Veröffentlichungen ausführlich dargestellt. Siehe u.a. *Leonard-Barton (1995), Utterback (1994) und von Hippel (1977).*

2.3
Kritik am transnationalen Modell
des Wissensmanagements

Die Literatur zur **transnationalen Unternehmung**, die in der zweiten Hälfte der 80er Jahre entstand, ging von der zunehmenden Effizienz der transnationalen Wissensmaschinerie aus. *Bartlett und Ghoshal (1989), Hedlund (1986 und 1993) und Hedlund und Nonaka (1993)* beschrieben ausgewählte Unternehmen wie ABB, NEC und GE, die parallel an verschiedenen Standorten der Welt F&E und Innovationsaktivitäten betreiben. Dieser Konzeption zufolge ging man zunächst davon aus, daß Unternehmen kontinuierlich bei der räumlichen Dislozierung ihrer Lern- und Wissensverarbeitungskapazitäten voranschreiten und daß sukzessive immer mehr Firmen zu dem transnationalen Modell übergehen würden.

Im Rahmen unseres Forschungsprogramms „International R&D and Innovation Studies (INTERIS)" führten wir selbst empirische Untersuchungen durch, die sich auf aktuellere Entwicklungen in 21 Unternehmen in den Jahren 1994 bis 1997 beziehen; unsere Beobachtungen legen z.T. einen gegenläufigen Trend offen: Die Dezentralisierung und räumliche Dislozierung von Wissensverarbeitungsaktivitäten scheint gestoppt zu sein. Unternehmen werden der damit einhergehenden Organisationskomplexität nicht Herr und bündeln ihre Kompetenzen wieder an ganz wenigen Zentren der Wissensgewinnung und -anwendung. Entscheidend für die Standortwahl und Bündelung sind dabei folgende beiden Fragen:

- In welcher Weise ist Wissens-, Anwendungs- und Durchsetzungskompetenz auf einem Gebiet zwischen mehreren Standorten innerhalb des Konzerns verteilt, und ermöglicht diese Verteilung eine bestmögliche Abstimmung zwischen allen drei Ebenen?
- Für welche Tätigkeiten, Arten von Projekten und Prozeßstufen reicht es aus, eine Kopplung von Kompetenzen über Standorte hinweg in die Wege zu leiten; wann ist demgegenüber eine enge Zusammenführung aller drei Kompetenzebenen an einem Ort unabdingbar?

Die Analysen im Rahmen des INTERIS-Forschungsprogramms zeigen folgendes: Nur solange Wissen über wissenschaftlich-technische Lösungen und zu möglichen Anwendungen bei ganz bestimmten Kundengruppen gut dokumentierbar ist und leicht übertragen werden kann, solange Einschätzungen und Strategien von Managern an verschiedenen Standorten nicht allzusehr voneinander abweichen, solange die Dynamik auf Technologie- und Anwendungsseite eingegrenzt und Investitionsanforderungen und -risiken überschaubar sind, erscheinen transnationale Modelle der Organisation sinnvoll. Bei extrem hoher Technologie- und/oder Marktdynamik, bei interlokal unterschiedlichen Einschätzungen und Strategien und bei hohen Investitionsaufwendungen und -risiken ist eine enge räumliche Verzahnung aller drei Kompetenzbereiche unverzichtbar (illustriert durch den schraffierten Kernbereich in Abb. 1). Wissen, Anwendungs- und Durchsetzungskompetenz sollten im letztgenannten Fall möglichst weitgehend in einem Zentrum zusammengeführt werden.

Transnationalität und virtuelle Organisation sind demnach nicht allein eine Frage der weltweiten Wissensgewinnung und -übertragung, sondern vor allem eine Frage der konfliktreichen Durchsetzung komplexer technisch-organisatorischer Konfigurationen. Diese Konflikte lassen sich nicht „aufs Netz verlagern", sondern erzwingen – zumindest zeitweise – die Resolution an *einem* Ort. Die Organisation transnationaler Unternehmen scheint daher in der Mitte der 90er Jahre eher durch folgende Konfiguration geprägt zu sein:

- Die weltweite Streuung der Wissensgewinnung und -nutzung im Sinne einer Scanning-Funktion wird soweit wie nötig betrieben, oftmals allerdings für strategisch weniger wichtige Wissenselemente.
- Die Konzentration der Kompetenz zur Durchsetzung aufwendiger und komplexer Innovationen erfolgt demgegenüber an so wenigen Orten wie möglich; dies gilt insbesondere für die als strategisch bedeutsam eingestuften Wissenselemente und Geschäftsfelder.

3 Internationale Technologie- und Bedarfszyklen und ihre Synchronisierung

Die wesentlichen Gründe für die internationale Verteilung von F&E und Innovationsaktivitäten sind heute – im Gegensatz zu früheren Perioden – nicht mehr primär darin zu suchen, daß Unternehmen auf F&E-Ressourcen und Talentpools in verschiedenen Ländern Zugriff haben wollen.[6] Viel wichtiger ist die Erfassung von Bedarfstrends und das Lernen interessanter neuer technisch-organisatorischen Lösungen vor Ort, die an bestimmte Kundengruppen und Ländermärkte angepaßt sind.

Es reicht nicht mehr aus, daß Unternehmen Veränderungen im Bereich von Technologien beobachten und in bestimmten Momenten eine Entscheidung für oder gegen den Technikeinsatz treffen.[7] Parallel zum Technologiezyklus (dem sog. Back-end) muß der Bedarfszyklus (der Need-cycle bzw. das Front-end) beobachtet

---

[6] Die „klassischen Untersuchungen" zum internationalen F&E-Management *(Lall 1980, Ronstadt 1977, Mansfield, Teece und Romeo 1978)* sind noch stark durch diese faktorkostengeprägte Sichtweise gekennzeichnet. Neuere Untersuchungen betonen dagegen eher die „Wertgeneratoren und Werttreiber" für die Standortwahl. *Vgl. Gerybadze et al. (1997, Kap. 1 und 2) und Kuemmerle (1997).*

[7] Diese Vorgehensweise würde eher einer klassischen Vorgehensweise der „Technologieplanung" entsprechen, auf die in neueren Konzeptionen zum marktorientierten Technologie- und Innovationsmanagement kritisch eingegangen wird. Siehe dazu z.B. die Ausführungen in *Gerybadze (1997, Kap. 1 und 2).*

werden. Anstöße für neue Bedarfsfelder und dafür geeignete technische Lösungsansätze entstehen spontan „irgendwo" in der Welt. Wo dieser Bedarf in frühen Phasen artikuliert wird, müssen Unternehmen Präsenz zeigen. Führende bzw. vorauseilende Standorte sind solche, an denen Bedarf am klarsten akzentuiert und in geeignete Produktkonzepte übertragen wird.

Um dieses **Costumer-Concept-Interface** in den Griff zu bekommen, müssen Unternehmen das Wissen über interessante neue Märkte (Front-end) und über neue Technologien (Back-end) so aufeinander abstimmen, daß tragfähige Lösungen entstehen. Bei hoher Dynamik und unplanbaren Veränderungen erfordert dies eine möglichst enge Synchronisierung von Technologie- und Bedarfszyklen, was unabdingbar die enge Face-to-face-Kommunikation und eine interaktive Zusammenarbeit der Beteiligten vor Ort erfordert.[8]

3.1
First-Mover-Advantages
durch Präsenz auf innovativen Märkten

Die Dynamik des Wettbewerberverhaltens auf solchen, stark durch Innovation geprägten internationalen Märkten läßt sich nicht mehr durch Portersche Standardschemata der strategischen Planung bewältigen. Sie erzwingt kompetenzbasierte Konzepte des Wettbewerbs und der Strategiefindung: Gruppen von Entscheidungsträgern verfügen dieser Sichtweise zufolge über gleichgerichtete Einschätzungen zu Kompetenzen; sie erfassen Opportunitäten an verschiedenen Standorten in der Welt und führen konsensfähige Entscheidungen über bestimmte technisch-organisatorische Lösungen herbei, die einzigartige Wettbewerbsvorteile begründen.[9] Dynamisch effiziente transnationale Unternehmen verfolgen dabei drei Aufgaben parallel:

- das Scanning bzw. die Exploration der global differenzierten Bedarfsfelder und Technologien;
- die gezielte Durchsetzung einer geeigneten neuen technisch-organisatorischen Lösung an einem Spitzenstandort, der zugleich den Aufbau von First-mover-advantages[10] ermöglicht; schließlich

---

[8] Die neuere Innovationsforschung betont in diesem Zusammenhang die Rolle „Locus of innovation" in Ergänzung zu klassischen Analysen des „Locus of control".

[9] Ein Überblick zu dieser neuen, kompetenzbasierten Theorie des Wettbewerbs und des strategischen Managements findet sich in *Sanchez, Heene und Thomas (1996) bzw. Heene und Sanchez (1997)*.

[10] Die industrieökonomische Strategieliteratur betont die hohe Bedeutung von First-mover-advantages *(z.B. Porter 1985, Flaherty 1996)*. Sie zeigt aber nicht, wie First-mover-advantages erwarten werden. Hierfür ist das Lead-market-Konzept ein geeigneter Erklärungsansatz.

- die erfolgreiche Übertragung auf andere Länderstandorte und die systematische Ausschöpfung von Wettbewerbsvorteilen auf dem Weltmarkt.

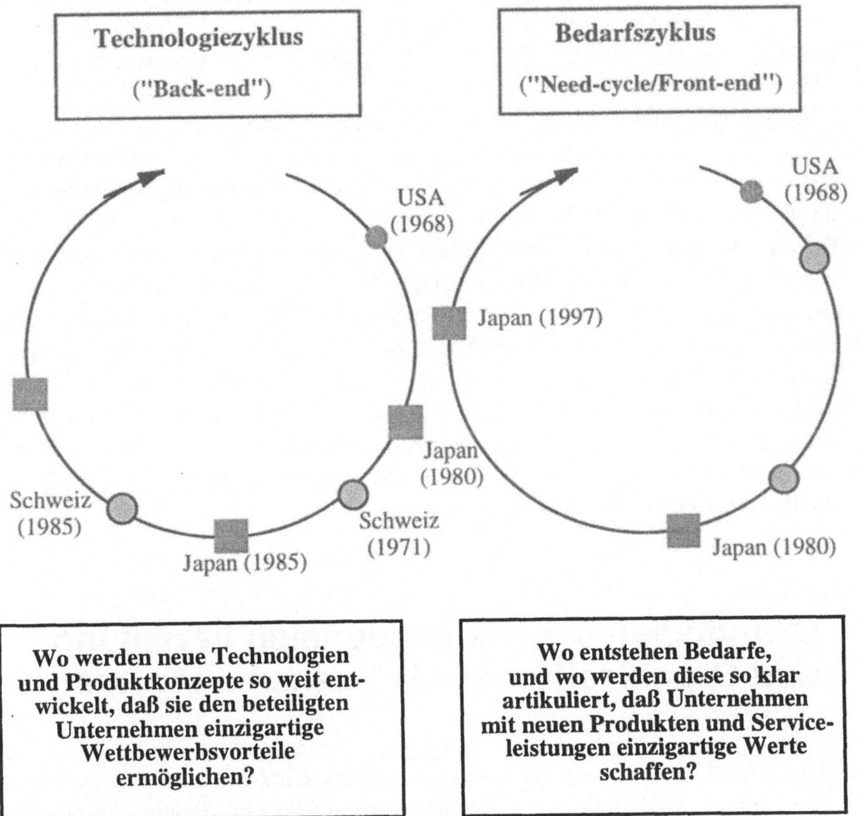

Abb. 2: Synchronisierung von Technologie- und Bedarfszyklus

3.2 Die Dynamik von Technologie- und Bedarfszyklus am Beispiel LCD

Die Dynamik der Interaktion von Technologie- und Bedarfszyklen wird veranschaulicht durch die Entwicklung und internationale Durchsetzung der Liquid-Crystal-Display- (LCD-) Technologie (vgl. dazu die Übersicht in Abb. 2). Erste Anstöße kamen durch einen anfänglich schwach artikulierten Bedarf in der zweiten Hälfte der 60er Jahre in den USA (militärische Anwendungen, Taschenrechner). RCA und Westinghouse betrieben entscheidende wissenschaftlich-technische Grundlagenarbeiten. Parallel dazu wurden am Grundlagenforschungszentrum der Hoffmann-La Roche AG in Basel wesentliche Arbeiten begonnen. In der Schweiz erfolgte der entscheidende technische Durchbruch, der 1971 zur Anmeldung des Basispatents führte.

Vermutet wurde ein hoher Bedarf bei Uhren und medizintechnischen Geräten. Schweizer Erstanwender verhielten sich jedoch erstaunlich konservativ, und die technologischen Innovatoren (Roche, BBC) sahen sich gezwungen, stärker mit Kunden und Erstanwendern in Japan zusammenzuarbeiten. Bei hoher Wissens- und Technologiekompetenz, aber gering entwickelter Anwendungskompetenz ging den beteiligten Entscheidungsträgern zunehmend auch die Einsicht in die sich entwickelnde Geschäftsdynamik verloren. In den europäischen Unternehmen fehlte die erforderliche Durchsetzungskompetenz und die sich in den 80er Jahren eröffnenden strategischen Geschäftspotentiale wurden nur halbherzig angegangen.

Viel beherzter und in generalstabsmäßiger Form erschlossen sich mehrere japanische Unternehmen (Toshiba, Seiko, Sharp u.a.) das Geschäft. Es wurde massiv in Displays für Konsumgüter und PC-Laptops investiert. Heute stellen hochentwickelte LCD-Displays eine Schlüsselkomponente für den PC-Markt und längerfristig für den Fersehgerätemarkt dar. Asiatische Firmen beherrschen zu 95% den Weltmarkt.[11] Die frühen Innovatoren haben das Feld geräumt, und zwar nicht aufgrund unzureichender Technologiekompetenz, sondern primär infolge von Defiziten bei der Anwendungskompetenz.

4 Grundtypen der transnationalen Verteilung und Organisation des Wissensmanagements

Es gibt mehrere Systematisierungsversuche in der Literatur zum internationalen Management, die die Strategien, Organisationsmodelle und Standortverteilung in verallgemeinerter Form beschreiben bzw. erklären. Allen gemeinsam ist, daß sie veraltet sind und die heute beobachtbaren Muster nicht angemessen abbilden.[12] Dies gilt auch für die Arbeiten von *Bartlett und Ghoshal (1989) und Hedlund (1993)* zur transnationalen Unternehmen, die zwischen folgenden vier Typen von Innovationsprozessen unterscheiden: (1) Centre-for-global, (2) Local-for-local, (3) Locally-leveraged und (4) Globally-linked.[13] Diese vier Typen beschreiben unserer Einschätzung nach zwar angemessen die Architektur der Wissensübertragung. Sie können jedoch nur unzureichend die Architektur unternehmerischer Kontrolle und der Verteilung von Durchsetzungskompetenz abbilden. Sie thematisieren das Zu-

---

[11] Siehe dazu die detaillierte Fallstudie zur LCD-Technologie in *Gerybadze et. al. (1997, Kap. 3).*

[12] Eine systematische Übersicht zum Stand der Literatur zum Thema „F&E in multinationalen Unternehmen findet sich in *Reger (1997), Granstrand et. al. (1993) und Cheng und Bolon (1993).*

[13] *Vgl. Bartlett und Ghoshal (1989, Kap. 7).*

sammenspiel von Technologie- und Anwendungskompetenz (den unteren Teil in Abb. 1), vernachlässigen aber wichtige Aspekte der Organisations- und Durchführbarkeit auf der dispositiven Ebene, die wir für die allerwichtigsten halten.

Aufgrund der Ergebnisse zum Forschungsprogramm „International R&D and Innovation Studies" muß insbesondere auf drei Fragen näher eingegangen werden:

1. Wie schnell werden Zyklen auf Technologie- und Bedarfsseite durchlaufen („Fast-cycle vs. Slow-cycle")?
2. Welcher Zyklus generiert die treibende Kraft („Technology-cycle vs. Need-cycle")?
3. In welcher Weise muß die Management- und Durchsetzungskompetenz auch in räumlicher Hinsicht den betreffenden Zyklen folgen (Koordinierung von „Locus-of-control" und „Locus-of-innovation")?

4.1
Hohe Taktfrequenzen erzeugen ein Zusammenrücken von Wissen, Anwendung und Führung

Grundsätzlich gilt der in Abb. 3 dargestellte Zusammenhang: Bei langsam und in planbarer Weise ablaufenden Bedarfs- und Technologiezyklen kann relativ leicht eine organisatorische und räumliche Entkopplung vorgenommen werden (siehe linke Seite der Graphik). Die Technologieentwicklung kann vergleichsweise weit von den Bedarfsfeldern erfolgen und der Standort des Headquarters spielt keine große Rolle. Informationen werden in hohem Maße „über das Netz geschickt".

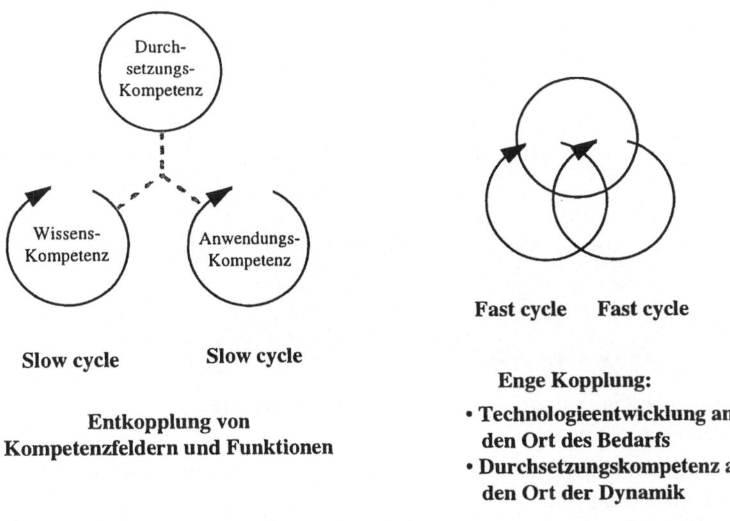

Abb. 3: Zusammenspiel von Technologie-, Anwendungs- und Durchsetzungskompetenz

Anders ist dies für Fast-cycle-Geschäfte mit dynamischer Technologie- und/oder Bedarfsentwicklung. Je höher die Taktfrequenzen, desto stärker rückt die Technologieentwicklung an den Ort der besonders dynamischen Endnachfrage.[14] Gleichzeitig muß die Management- und Durchsetzungskompetenz möglichst nahe an den Ort der Dynamik rücken. Je nachdem, ob eher die Marktdynamik oder die Technologiedynamik überwiegt, folgt die Managementkompetenz stärker dem Front-end oder dem Back-end.

Die Taktfrequenz der Zyklen und der „Locus-of-innovation" bestimmt ganz entscheidend die Art der Kompetenzverteilung und die Organisation des transnationalen Kompetenzmanagements. Dabei hat sich die Unterscheidung in vier generische Typen transnationaler Innovation als nützlich erwiesen, die in Abb. 4 und 5 näher dargestellt werden. Zunächst ist es wichtig, die Taktfrequenz und das sog. **Innovationsregime** zu verstehen. Unsere Analysen haben sich dabei schwerpunktmäßig auf sehr dynamische Innovationsregime, d.h. auf sog. Fast-cycle-Geschäfte konzentriert (siehe dazu den linken Ast in Abb. 4).[15] Weniger dynamische Innovationsregime und Slow-cycle-Geschäfte (rechte Seite) führen zu ganz anderen Modellen der internationalen Standort- und Kompetenzverteilung, auf die wir an dieser Stelle nicht näher eingehen.

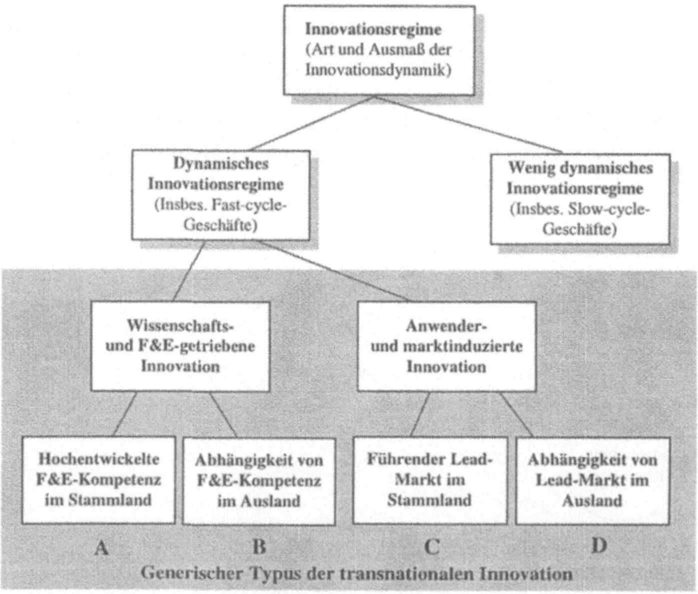

Abb. 4: Vier generische Typen transnationaler Kompetenzverteilung

---

[14] In den Analysen in *Gerybadze et al. (1997)* wird davon gesprochen, daß F&E immer stärker an den Point-of-sale rückt.

[15] Entscheidend ist die Frage der Messung und empirischen Zuordnung zu diesen Geschäftstypen. Hierzu wurden im Rahmen unseres Forschungsprogramms detaillierte Meßkonzepte entwickelt. Vgl. hierzu u.a. *Gerybadze (1997).*

4.2
Der Locus-of-Innovation:
F&E-getriebene vs. anwenderinduzierte Geschäfte

Bei der Analyse der Kompetenzverteilung in Fast-cycle-Geschäften kommt es entscheidend auf die Identifikation des „Locus-of-innovation" an; dieser läßt sich in Analogie als *Gravitationszentrum des Innovationsprozesses* beschreiben. Für bestimmte Arten von Innovationen läßt sich in bestimmten Phasen eindeutig eine Zuordnung treffen, je nachdem ob es sich eher um wissenschafts- und F&E-getriebene Innovationen oder um anwender- und marktinduzierte Innovationen handelt.

Bestimmte Entwicklungen im Bereich der Gentechnologie (z.B. Humangenomforschung) sind heute noch weitgehend wissenschafts- und F&E-getrieben. Firmen, die auf solchen Feldern erfolgreich sein wollen, tun gut daran, sich dort anzusiedeln, wo sie den besten Zugriff auf neueste Forschungsergebnisse und Talente haben.[16] Bereiche wie die Konsumelektronik und die Medizintechnik sind demgegenüber in hohem Maß durch anwenderinduzierte Innovationen geprägt. Innovative Unternehmen müssen sich in solchen Feldern vor allem den Zugriff auf Markt- und Umsetzungskompetenz an den führenden Märkten sichern.

Im Laufe des industriellen Entwicklungszyklus' kann auch eine Verlagerung des Locus-of-innovation eintreten. Die LCD-Entwicklung war anfänglich forschungsgetrieben und der Schwerpunkt der Entwicklung lag zu Beginn der 70er Jahre in hochentwickelten Forschungslabors in der Schweiz (Roche, BBC). Mitte der 80er Jahre änderte sich im LCD-Bereich der Charakter des Innovationsprozesses. Nunmehr brachten treibende Endanwendungen im Konsumelektronik- und PC-Markt die wesentlichen Impulse. Das Zentrum des Lernens verlagerte sich auf innovative Anwendungsbereiche, die fast vollständig von japanischen Firmen beherrscht wurden.

Innovative Firmen benötigen neben hochentwickeltem technologischem Wissen und Zugang zu innovativen Anwendern vor allem auch das Sensorium, rechtzeitig wesentliche Veränderungen im Innovationstyp und zu kritischen Erfolgsfaktoren zu erfassen und umgehend die erforderlichen Managementmaßnahmen in die Wege zu leiten. Im Fall der LCD-Entwicklung hätte man bei der Umstellung von einem F&E-getriebenen zu einem anwendungsinduzierten Geschäft Mitte der 80er Jahre zielgerichtet Ressourcen in das Front-end, d.h. in die Nähe der Endanwender am dynamischen Markt Japan verlagern müssen.

---

[16] Im Bereich der Humangenomforschung und bestimmten Feldern der Gentechnologie sind dies wenige hochentwickelte Zentren in den USA.

5 Vier Grundtypen der transnationalen Kompetenzverteilung

5.1 Bündelung von Wissen an Spitzen-F&E-Standorten

Aufgrund der Systematisierung in Abb. 4 ist zwischen vier generischen Typen der Kompetenzverteilung in transnationalen Unternehmen zu unterscheiden. Für *wissenschafts- und F&E-getriebene Innovationsprozesse* ist primär nach der Ressourcenausstattung im Stammland von Konzernen zu fragen. Unternehmen in einem großen Stammland, das auf dem betreffenden Gebiet über bestentwickelte F&E-Ressourcen und -bedingungen verfügt, sind dem **Typus A** zuzuordnen. Beispiele hierfür sind US-Unternehmen im Bereich der Bio- und Gentechnologie, die im Stammland die höchstentwickelte Forschungskompetenz vorfinden und wenig Anreiz sehen, F&E-Kapazitäten im Ausland aufzubauen. Ähnliches gilt für japanische Firmen der Elektronik, z.B. in der Energieerzeugung oder der Speicherchipentwicklung. Japan verfügt hier mittlerweile über höchstentwickelte technologische Kompetenz, und die in diesen Bereichen tätigen Firmen betreiben vergleichsweise wenig F&E im Ausland. Unternehmen des Typs A, insbesondere aus den Vereinigten Staaten und Japan, sehen wenig Anreize, an mehreren Standorten der Welt F&E-Labors aufzubauen, und sind infolgedessen durch einen recht geringen Auslandsanteil von F&E (oft unter 10%) geprägt.[17]

Unternehmen aus kleineren Staaten (z.B. aus Schweden, der Schweiz und den Niederlanden) verfolgen in forschungsgetriebenen Geschäftstypen notgedrungen eine Strategie des **Typus B**. F&E-Labors werden entweder an einem Spitzenstandort im Ausland gebündelt. Dies gilt insbesondere für mehrere europäische pharmazeutische Unternehmen, die in den USA ihre führenden F&E-Zentren aufgebaut haben. Auch Unternehmen aus größeren Staaten wie Deutschland, Frankreich und Großbritannien, die auf bestimmten Gebieten im Stammland nicht die bestentwickelten F&E-Ressourcen und -bedingungen vorfinden, sind dazu übergegangen, Kernbereiche ihrer F&E im Ausland, insbesondere in den USA zu konzentrieren. Siehe hierzu die Darstellungen im linken unteren Quadranten der Abb. 5.

---

[17] Vgl. dazu die entsprechenden empirischen Analysen des F&E-Auslandsanteils in japanischen, amerikanischen und europäischen Unternehmen in *Gerybadze et al. (1997, Kap. 2)*.

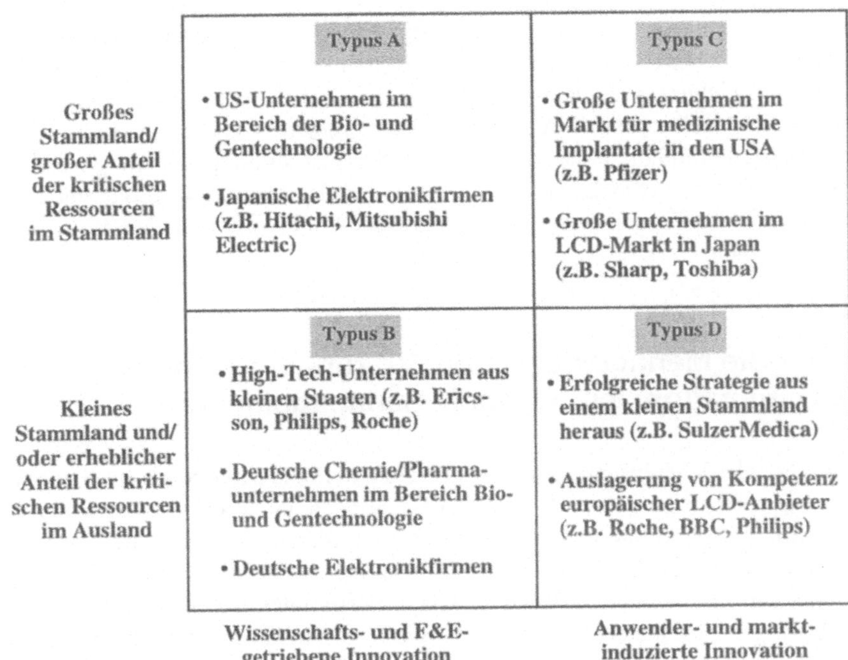

Abb. 5:   Generische Typen der Kompetenzverteilung in transnationalen Unternehmen

5.2
Bündelung von Wissen auf Lead-Märkten

Auf der rechten Seite in Abb. 4 ist vor allem der Zugang zu innovativen Märkten und Endanwendern ausschlaggebend. Unternehmen, die in solchen Feldern tätig sind, wie beispielsweise im LCD-Markt, in der Medizintechnik und in der Konsumelektronik, bündeln ihr Wissen in den dynamischsten Ländermärkten. Günstig positioniert sind Firmen des **Typus C**, die über treibende Lead-Märkte im unmittelbaren Umfeld ihrer Konzernzentrale und ihrer heimischen Forschungsstätten verfügen. Japanische Firmen im LCD-Markt und in der Konsumelektronik finden die besten Bedingungen für die Durchsetzung von Innovationen im Stammland. Ähnliches gilt beispielsweise für US-Firmen im Bereich medizinischer Implantate (z.B. Pfizer und DePuy). Produkte werden primär im Stammland entwickelt, hier in den Markt eingeführt und erst anschließend weltweit vermarktet.

Auch Firmen aus kleineren Ländern können erfolgreiche Lead-Market-induzierte Innovationsstrategien entwickeln (**Typus D**). Sie können sich entweder auf eine Innovationsnische konzentrieren, in denen das betreffende Heimland günstige Bedingungen zum Anwenderlernen bietet. Ein Beispiel sind SulzerMedica, die im Bereich medizinischer Implantate Vorteile eines Schweizer Erstanwendermarkts genutzt haben.[18] Ähnliches gilt für den Mobilfunk in Skandinavien oder für besonders hochentwickelte Umweltmärkte in Schweden, Dänemark und den Niederlanden. Zeichnet sich demgegenüber ab, daß der Locus-of-innovation sich grundsätzlich auf bestimmte Auslandsmärkte verlagert, wie dies im LCD-Markt der Fall war, so muß die Forschungs- und Durchsetzungskompetenz möglichst nah an den treibenden Auslandsstandort verlagert werden. Andernfalls droht eine Auszehrung, wie sie Firmen wie BBC, Roche und Philips im LCD-Markt in Kauf nehmen mußten.

5.3
Wichtigste Management- und Führungsprinzipien des transnationalen Kompetenzmanagements

Transnationales Wissensmanagement beinhaltet nicht die naive Sicht, im Sinne des Staubsaugereffekts überall in der Welt Informationen aufzusaugen und diese möglichst schnell konzernintern zu transferieren. Gefordert ist vielmehr die Führungskompetenz, in einer Welt beschränkter Ressourcen und äußerst knapper Zeit möglichst schnell die treibenden Kräfte in einem bestimmten Gebiet zu erfassen und alle wichtigen Kompetenzen möglichst nahe an einem Locus-of-innovation zu bündeln.

Die Management- und Führungsinstrumente, durch die eine solche strategische Flexibilität gesichert wird, hängen primär vom Typus der Kompetenzverteilung ab. Ist beispielsweise **Typus D** vorherrschend, so bauen Unternehmen distributive Kompetenz- und Führungszentren an ganz wenigen Spitzenmärkten im Ausland auf. Diese beinhalten:

- den Aufbau globaler Front- und Back-end-Organisationen mit Schwerpunktsetzung auf kundennahe Prozesse;[19]
- die möglichst enge Zusammenarbeit von F&E und Marketing/Vertrieb am führenden Auslandsstandort;
- die Organisation möglichst effizienter bereichs- und länderübergreifender Teams und Projekte;
- den Aufbau einer möglichst starken Produktdivision im Ausland; von dieser ausgehend
- gleichzeitig die Sicherstellung des Know-how-Transfers ins Corporate Center.

Transnationales Wissensmanagement ist damit primär von der geschickten Auswahl von neuen Instrumenten der Prozeßorganisation und der standortübergreifenden Prozeßführung abhängig. Ähnliches gilt im übrigen auch dann, wenn es

---

[18] Die Fallstudie SulzerMedica ist in *Gerybadze et al. (1997, Kap. 3) und in Kuttruff (1995)* ausführlich beschrieben.

[19] Den Begriff der Front-end/Back-end-Organisation hat *Galbraith (1995)* in die neuere Managementliteratur eingeführt.

sich primär um F&E- und wissensgetriebene Geschäfte handelt. Für den Fall, daß Spitzenforschung auf mehrere Länder verteilt ist, müssen Firmen distributive Forschungszentren aufbauen (Typus B in Abb. 6). Dies setzt voraus,

- daß mehrere starke Forschungszentren im Ausland mit klarer Mission und Spezialisierung etabliert werden;
- daß es zwischen diesen funktionierende länderübergreifende Forschungsgruppen und Projektteams gibt;
- daß es über mehrere F&E-Standorte hinweg ein global integriertes Technologie- und F&E-Portfolio-Management gibt und
- daß die vielfältig verteilten Suchaktivitäten durch eine starke normative Führung (durch Konzernleitbilder und Visionen) zusammengeführt werden.

„Management von Wissen – Schritte zum intelligenten Unternehmen", das Leitthema der Vorlesungsreihe als Ausgangsbasis dieses Buchs, heißt damit vor allem, geeignete Instrumente der Konzernführung so geschickt auszuwählen, daß effektive Verbünde von Wissens-, Anwendungs- und Durchsetzungskompetenz entstehen.

	Typus A: *"Zentrale Forschung im Stammland"*	**Typus C:** *"Lead-Marketing und Innovation im Stammland"*
Großes Stammland/ großer Anteil der kritischen Ressourcen im Stammland	• Stark ausgebaute Forschung nahe beim Headquarter • Klassische Form der F&E-Finanzierung und -steuerung • Konzern-Technologie-plattformen • Technologiestrategien und -Portfolios	•Front-end/Back-end Organisation im Stammland •Bereichsübergreifende Teams und Projekte im Stammland •Führende Produktsparte übernimmt Steuerung/Finanzierung der Entwicklung
	Typus B: *"Distributive Forschungszentren"*	**Typus D:** *"Distributive Kompetenz- und Führungszentren"*
Kleines Stammland und/ oder erheblicher Anteil der kritischen Ressourcen im Ausland	•Ein/mehrere starke Forschungszentren im Ausland •Länderübergreifende Forschungsgruppen und Projektteams •Global integriertes Technologie-/F&E-Portfolio-Management • Starke normative Führung (Konzernleitbild, Visionen)	•Globale Front-end/Back-end-Organisation •F&E und Marketing am führenden Auslandsstandort •Aufbau einer möglichst starken Produktdivision im Ausland •Bereichs- und länderübergreifende Teams und Projekte •Sicherstellung des Know-how-Transfers ins Corporate Center
	Wissenschafts- und F&E-getriebene Innovation	**Anwender- und marktinduzierte Innovation**

Abb. 6: Management- und Führungsinstrumente für vier Typen transnationaler Kompetenzverteilung

6 Ein Entscheidungsalgorithmus für das transnationale Wissensmanagement

Im Rahmen des Forschungsprogramms INTERIS wurden detaillierte Methoden erarbeitet, die es erlauben, folgende Fragen in systematischer Form zu beantworten:

- An welchen Standorten führen Unternehmen F&E und wichtige Aufgaben der Wissensgewinnung und -nutzung durch?
- Nach welchen Kriterien werden Kompetenzen an bestimmten Standorten gebündelt und wie wird dort die Kopplung von Wissens-, Anwendungs- und Durchsetzungskompetenz sichergestellt?
- Wie kann der länderübergreifende Innovationsprozeß und die Koordinierung der Kompetenzen zwischen verschiedenen Standorten und Unternehmenseinheiten durch geeignete Organisationsstrukturen unterstützt werden?
- Welche Form der Projektorganisation und des Projektmanagements sollte gewählt werden, um länderübergreifenden Innovationen zum größtmöglichen Erfolg zu verhelfen?

6.1
Wichtigste Einflußfaktoren im Hinblick auf Produkt, Technologie und Projekttypus

Für die erstgenannte Kernfrage, an welchen Standorten F&E und Kompetenzen im weltweiten Verbund innerhalb von transnationalen Unternehmen gebündelt werden, haben sich folgende vier Determinanten als besonders wichtig herausgestellt:

- die strategische Bedeutung des Produkts für das Unternehmen;
- der generische Charakter der Kompetenz innerhalb des Unternehmens;
- der Typus der Technologie und
- die Charakteristiken der Projektdurchführung.

Die **strategische Bedeutung des Produkts** ist ein ganz entscheidender Faktor, der maßgeblich die Allokation von Ressourcen und von Durchsetzungskompetenz im Unternehmen bestimmt. Strategisch zentrale Produkte und Geschäftsbereiche genießen hohe Aufmerksamkeit, während strategisch periphere Produkte oft nicht wirklich ernst genommen werden. Die Beispiele LCD bei Roche und Computertomographie bei EMI zeigen, daß Unternehmensleitungen große Probleme an den Tag legen, Innovationen außerhalb der Stammgeschäfte in der erforderlichen Weise mit Durchsetzungskompetenz zu „versorgen". Das Drama des Innovatoren im „strategischen Schatten" der Unternehmung führt dazu, daß die besten Entwicklungen nicht erfolgreich im Markt durchgesetzt werden und ein anderes Unternehmen letztendlich den „Erfolg einheimst".[20] Auch im Kontext transnationaler Innovation ist „Innovation im Ausland" in vielen Unternehmen immer noch gleichbedeutend mit „strategisch peripher".

Der **generische Charakter der Kompetenz** bestimmt sich danach, ob ein Know-how-Bereich bzw. eine Fähigkeit gleichzeitig für viele Produkte und Geschäftsbereiche eines Unternehmens eingesetzt werden kann oder ob sie hochgradig spezifisch für wenige Produkte ist. Eine generische Kompetenz ist beispielsweise die Mikroelektronik bei ABB, die in vielen Geschäftsfeldern gleichermaßen eine Schlüsselfunktion einnimmt; auch Managementprozesse wie z.B. der „Order fulfilment process" bei HP sind in dieser Hinsicht hochgradig generisch.[21]

Der **Typus der Technologie** bestimmt sich nach der Rolle, die einzelne technologische Know-how-Bereiche im Wettbewerbsprozeß spielen. Unterschieden wird zwischen Schlüssel-, Schrittmacher-, Basistechnologien sowie embryonischen Technologien. Schlüsseltechnologien spielen aktuell eine ganz zentrale Rolle bei der Absicherung von Wettbewerbsvorteilen, Schrittmachertechnologien erlangen voraussichtlich in der nächsten Wettbewerbsphase eine strategische Bedeutung; embryonische Technologien kommen erst langfristig zum Einsatz.[22] Der Typus der Technologie hat entscheidenden Einfluß auf die notwendige Kopplung von Wissens-, Anwendungs- und Durchsetzungskompetenz. Embryonische Technologien können beispielsweise eher als „Spielwiese" der Forscher angesehen werden und erfordern nicht ganz so dringlich die Nähe zur Anwendungs- und Durchsetzungskompetenz, wie dies für Schrittmacher- und insbesondere für Schlüsseltechnologien der Fall ist.

Für die Frage der F&E-Standortverteilung und Bündelung von Kompetenz sind ferner auch die **Charakteristiken der Projektdurchführung** wichtig. Die wichtigsten Aufgaben und Kompetenzen in Innovationsprojekten müssen daraufhin untersucht werden, ob eine Zerlegung in Teilschritte und ob ihre Verteilung auf verschiedene Standorte möglich und ökonomisch sinnvoll ist. Wichtigste Kriterien, die die Charakteristik der Projektdurchführung prägen, sind (1) der Typus der angestrebten Innovation (insbesondere die Frage der Modularisierbarkeit), (2) der Grad der Separabilität der Produktaufgaben, (3) die Frage der Ressourcenverteilung und Komplementarität und (4) der zugrundeliegende Wissensmodus, d.h. die Frage, ob Wissen überwiegend expliziter oder impliziter Natur ist.[23]

---

[20] Zur Problematik des Internal-Corporate-Venturing-Prozesses siehe insbesondere die Arbeiten von *Burgelman (1983), Kuttruff (1995) und Gerybadze et al. (1997, Kap. 3).*

[21] Auf die Unterscheidung zwischen generischen vs. spezifischen Kompetenzen im Technologie- und Innovationsmanagement wird ausführlich in *Gerybadze (1997, Kap. 1 bis 4)* eingegangen.

[22] Vgl. dazu *Gerybadze (1997, Kap. 2 und 3).*

[23] Zu den Charakteristiken der Projektdurchführung wurde im Rahmen unseres Forschungsprogramms eine detaillierte Systematik erarbeitet. Diese hat *Gassmann (1996)* im Rahmen seiner Dissertation an der Universität St. Gallen für ausgewählte Firmen und Projekte vertieft. Im Rahmen des laufenden Forschungsprogramms „International R&D and

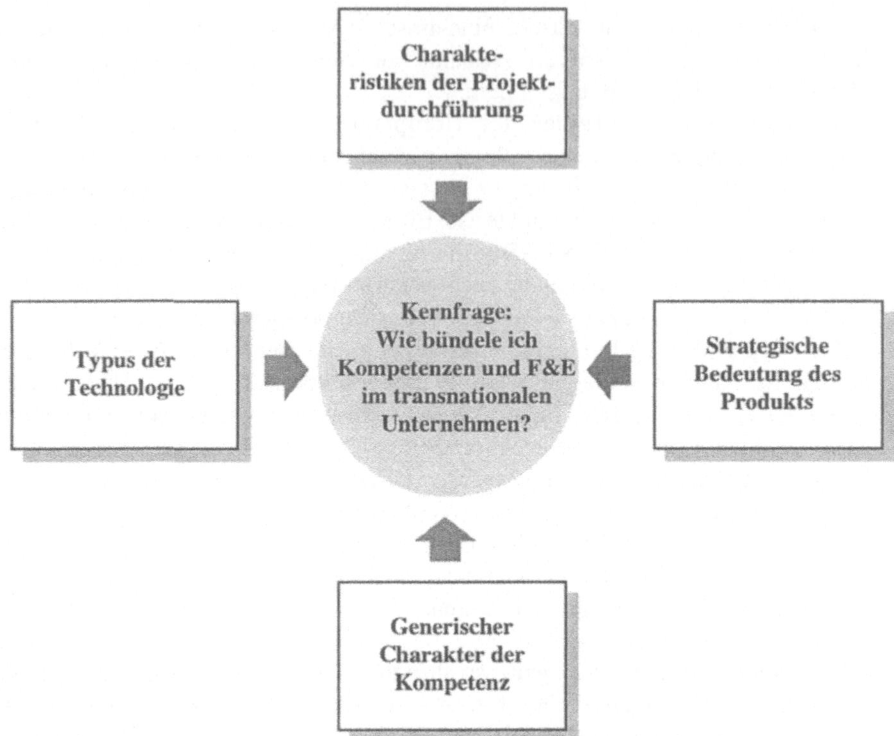

Abb. 7: Einflußfaktoren für die Bündelung von F&E und Wissen

6.2
Festlegung der organisatorischen Struktur und der geeigneten Form des Managements

Erst aufgrund einer systematischen Analyse der genannten Determinanten (1) strategische Bedeutung des Produkts, (2) generischer Charakter der Kompetenz, (3) Typus der Technologie und (4) Charakteristiken der Projektdurchführung läßt sich die für die Durchsetzung von Innovationsprojekten geeignete organisatorische Struktur ableiten. Zwei polare Konstellationen sollen dies veranschaulichen.

Fall A: Strategisch zentrale Kompetenzen mit hoher Kopplungsintensität

Fall A ist charakterisiert durch die Entwicklung eines strategisch zentralen Produkts, das heute schon ein wichtiger Umsatzträger ist bzw. das explizit als Bestandteil der künftigen Konzernentwicklung angesehen wird. Beispiel hierfür ist

Innovation Studies" werden die erarbeiteten Methoden und Metriken laufend weiterentwickelt und auf eine zunehmende Zahl von Unternehmen und Fallstudien angewandt.

die Entwicklung einer neuen Gasturbinengeneration bei ABB, Siemens oder GE. Die dafür erforderlichen Kompetenzen sind wichtig für eine Vielzahl von Produkten dieser Unternehmen; beispielsweise sind Simulationsverfahren im Bereich der Strömungstechnik für alle drei genannten Hersteller von großer Bedeutung für eine Vielzahl ihrer Produkte. Im Bereich Energieerzeugung/Turbinenbau stellen daher Simulationsverfahren ebenso wie die Werkstofftechnik hochgradig generische Schlüsseltechnologien dar.

Wichtige Projektaufgaben im Bereich der Simulation und der Werkstofftechnik für den Turbinenbau müssen unbedingt an einem Hauptzentrum der Entwicklung zusammengeführt werden (infolge von Economy-of-scale, Schnelligkeit der Anpassung, Unteilbarkeit von Arbeitsschritten). Für die genannte Kombination von Charakteristiken werden Unternehmen daher bestrebt sein, eine Bündelung der Kompetenzen möglichst nahe beim Headquarter sicherzustellen (illustriert durch den schraffierten Kern in Abb. 8). Sowohl ABB als auch GE und Siemens führen die betreffenden Entwicklungsaufgaben in einem großen zentralen F&E-Zentrum im Stammland durch.

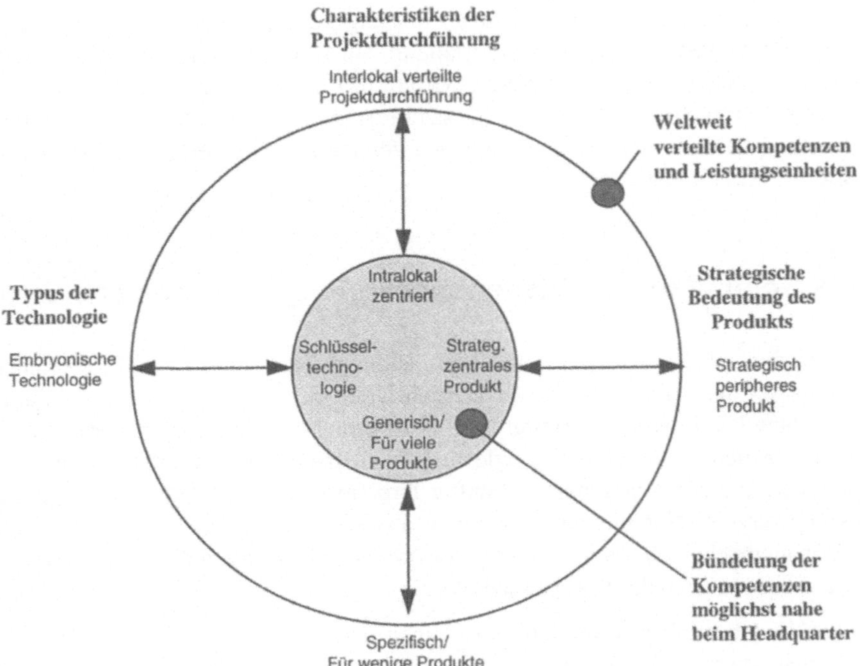

Abb. 8: Wirkung der Determinanten auf die organisatorische Struktur

Fall B: Strategisch eher periphere Kompetenzen mit interlokal verteilter Projektdurchführung

Der polar entgegengesetzte Fall B beinhaltet Innovationen für Produktfelder, die weit entfernt vom Stammgeschäft und noch nicht zentraler Bestandteil der Unternehmensstrategie sind. Beispielsweise sind Produktentwicklungen im Bereich der Fahrzeugnavigation bislang für ein Unternehmen wie Sony eher als peripher anzusehen. Die dafür zu entwickelnden Kompetenzen sind hochgradig spezifisch für die zu entwickelnden Geräte und lassen sich auf den überwiegenden Teil der konsumelektronischen Produkte der Firma Sony nur bedingt übertragen. Die technologischen Know-how-Bereiche umfassen bislang überwiegend Schrittmachertechnologien, die voraussichtlich erst in mehreren Jahren den wirklichen Durchbruch erlangen.

Hinzu kommt, daß Entwicklungsaufgaben auf mehrere Kompetenzzentren verteilt durchgeführt werden können, je nachdem wo das jeweils weltweit beste Know-how vorgefunden wird. Beispielsweise verfolgt Sony im Bereich Fahrzeugnavigation verschiedene Entwicklungsprojekte in den USA und in mehreren europäischen Ländern. Die Charakteristiken der Projektdurchführung und der bislang noch zutreffende strategische Charakter des angestrebten Produkts und der Technologien erlauben eine weltweite Verteilung von Kompetenzen und Leistungseinheiten. Dies kann durch den äußeren „Orbit" in Abb. 8 illustriert werden, der das Kreisen von mehreren Beobachtungssatelliten zuläßt. Zwischen den verteilten Kompetenzzentren und Leistungseinheiten können lose Formen projektorientierter Zusammenarbeit gewählt werden.

6.3
Drei Schichten der Wissensgewinnung und -absicherung

Der genannte Kriterienkatalog und Entscheidungsalgorithmus ist m.E. sowohl in deskriptiver als auch in normativer Hinsicht wertvoll. Er erklärt zum einen die zu beobachtenden Investitionsmuster und die Formen der Kompetenzverteilung in transnationalen Unternehmen. Zugleich können praktikable Empfehlungen abgeleitet werden, wie Unternehmen künftig ihre Investitionen in neues Wissen und dessen weltweite Nutzung ausrichten bzw. ausrichten sollten.

Wir unterscheiden, ganz analog zu mehreren großen internationalen Unternehmen, drei Schichten der Kompetenztiefe.[24]

1. den Kernbereich des überlebenswichtigen und essentiellen Wissens einer Unternehmung;

---

[24] Dieser Begriff der *Kompetenztiefe* sollte ähnlich verstanden werden wie der Begriff der *Fertigungstiefe* im produzierenden Bereich oder etwa der Begriff der *Leistungstiefe*. Unternehmen, die eine entsprechende Gliederung ihrer Kompetenzschichten vorgenommen haben, sind beispielsweise Philips, Kao und Mitsubishi Electric.

2. die zweite Schicht des künftig möglicherweise bedeutsamen Wissens, das heute durch intensive Maßnahmen erschlossen werden muß; schließlich
3. die eher periphere Schicht der offenen Suche und der Erschließung von Wissen und neuen Technologien, die weit in die Zukunft gerichtet sind.

Im inneren „heißen Kern" handelt es sich um strategische Produktsparten, um explizit definierte Kernkompetenzen sowie vorwiegend um Schlüsseltechnologien. Diese sind hochgradig politisiert und durch Stakeholder besetzt, die sich ins Zentrum der Entscheidungsfindung bewegen.

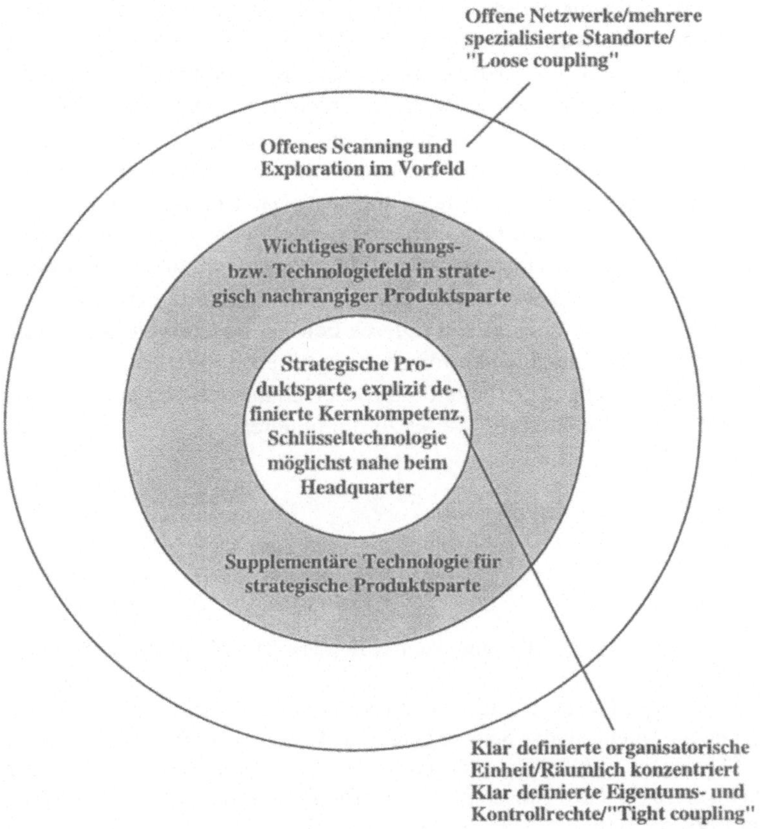

Abb. 9: Die drei Schichten der Kompetenztiefe in transnationalen Unternehmen

Der „zweite Ring" ist charakterisiert durch wichtige Entwicklungsvorhaben und Technologien, die künftig eine Schlüsselfunktion erlangen können, aber bislang noch für eine eher nachrangige Produktsparte vorangetrieben werden. Oder aber die beteiligte Produktsparte ist strategisch bedeutsam, und es handelt sich eher um eine supplementäre neue Technologie (illustriert durch die mittlere Schicht mit der hellen Schraffur in Abb. 9).

Die dritte und periphere Schicht umfaßt ein offenes Scanning und die Exploration im Vorfeld der Geschäftsentwicklung. Konzerne investieren einen kleinen Teil ihres Forschungsbudgets in waghalsige Projekte (embryonische Technologien, spekulative neue Geschäftsfelder). Für diese ausgesprochen periphere Schicht reicht ein Mitspielen im Sinne der Optionssicherung aus. Unternehmen partizipieren in offenen Netzwerken an vielen, hochspezialisierten Standorten in der Welt. Sie beteiligen sich an zahlreichen Kompetenzallianzen und sichern sich diese durch sogenanntes „Loose coupling" ab.

Vieles, was in der Literatur zur transnationalen F&E-Tätigkeit und zu strategischen Allianzen behandelt wird, ist primär dem äußeren Ring zuzurechnen und liegt eigentlich nicht im Zentrum der Innovationsanstrengungen und der Aufmerksamkeit des Top-Managements der meisten Unternehmen. Umgekehrt sind die Kernbereiche, die „Tiefenstrukturen der Kompetenz"[25], durch „Tight coupling", d.h. durch klar definierte organisatorische Einheiten und klar definierte Eigentums- und Kontrollrechte geprägt. Auch im Zeitalter transnationaler F&E und Innovation rücken die meisten großen Unternehmen nicht von dem Prinzip ab, diesen Kernbereich unbedingt sehr nahe beim Headquarter und im Stammland zu konzentrieren. Der Schwerpunkt der im Ausland durchgeführten F&E vieler Unternehmen ist diesem mittleren Graubereich zuzuordnen. Dieses Feld ist im übrigen auch heute noch ein Graubereich der Managementforschung geblieben. Wir sind bestrebt, diesen durch unsere laufenden Arbeiten zum Forschungsschwerpunkt „International R&D and Innovation Studies" weiter zu illuminieren.

7 Literatur

Bartlett, C.H., Ghoshal, S. (1989), Managing Across Borders, The Multinational Solution, London 1989

Burgelman, R.A. (1993), A Process Model of Internal Corporate Venturing in the Diversified Major Firm, in: Administrative Science Quarterly, Vol 28, June 1983, pp. 223-244

Cheng, J.L.C., Bolon, D.S. (1993), The Managment of Multinational R&D: A Neglected Topic in International Business Research, in : Journal of International Business Studies, First Quarter 1993, pp. 1-18

Flaherty, M.T. (1996), Global Operations Management, McGraw-Hill series in management, New York 1996

Flood, R.L., Romm, N.R.A. (1996), Diversity Management. Triple Loop Learning. Chichester, New York 1996

---

[25] Die Unterscheidung in Tiefenstrukturen und periphere Strukturen des Managements stammt ursprünglich von *Werner Kirsch*. Die vorgeschlagenen Sedimentschichten sind ausgesprochen nützlich für Kompetenzanalysen in Unternehmen.

Galbraith, J.R. (1995), Designing Organizations, An Executive Briefing on Strategy, Structure, and Process, San Francisco 1995

Gassmann, O. (1996), Management transnationaler Forschungs- und Entwicklungsprojekte. Eine empirische Untersuchung von Potentialen und Gestaltungskonzepten transnationaler F&E-Projekte in industriellen Großunternehmen, Dissertation an der HSG Universität St. Gallen 1996

Gerybadze, A. (1995), Strategic Alliances and Process Redesign, Effective Management and Restructuing of Cooperative Projects and Networks, Berlin, New York 1995

Gerybadze, A., Meyer-Krahmer, F., Reger, G. (1997), Globales Management von Forschung und Innovation, Stuttgart, Band 1 der Schriftenreihe „Internationales Management und Innovation, Stuttgart 1997

Gerybadze, A., Reger, G. (1997), Globalisation of R&D: Recent Changes in the Management of Innovation in Transnational Corporations, Discussion Paper on International Management and Innovation No. 97-01, Universität Hohenheim, Stuttgart 1997

Gerybadze, A. (1997), Technologie- und Innovationsmanagement, In Vorbereitung zur Veröffentlichung, Wiesbaden 1997

Granstrand, O., Hakanson, L., Sjölander, S. 1993), Internationalisation of R&D: A Survey of some Recent Research, in: Research Policy, Vol. 22 (1993), pp. 413-430

Hedlund, G. (1986), The Hypermodern MNC – A Heterarchy? Human Resource Management, 25, No. 1, 1986

Hedlund, G. (1993), Organization of Transnational Corporations, in: The United Nations' Library on Transnational Corporations, Vol. VIII, London 1993

Hedlund, G., Nonaka, J. (1993), Models of Knowledge Management in the West and Japan, in: Lorange, P., Chakravarthy, B., Ros, J., Van de Veen, A. (eds.), Implementing Strategic Processes: Change Learning and Cooperation, Cambridge, MA. 1993

Heene, A., Sanchez, R. (Eds. 1997), Competence Based Strategic Management, New York 1997

Kuttruff, J. (1995), Der vom Anwender induzierte strategische Prozeß. Eine empirische Längsschnittanalyse zum Innovationsprozeß im Bereich der Medizinaltechnik, Dissertation an der HSG Universität St. Gallen 1995

Kümmerle, W. (1997), Building Effective R&D Capabilities Abroad, Harvard Business Review, March-April 1997, pp. 61-70

Lall, S. (1980), Monopolistic Advantages and Foreign Involvement by U.S. Manufacturing Industry, Oxford Economic Papers 32 (1980), pp. 102-122

Leonard-Barton, D. (1995), Wellsprings of Knowledge, Building and Sustaining the Sources of Innovation, Boston, MA. 1995

Mansfield, E., Teece, D., Romeo, A. (1979), Overseas Research and Development by U.S.-based Firms, Economica 46 (1979), pp. 187-196

Nonaka, I., Takeuchi, H. (1995), The Knowledge-Creating Company. How Japanese Companies Create the Dynamics of Innovation, New York, Oxford 1995

Porter, M.E. (1980), Competitive Strategy: Techniques for Analyzing Industries and Competitors, New York 1980

Porter, M.E. (1985), Competitive Advantage: Creating and Sustaining Superior Performance, New York 1985

Reger, G. (1997), Koordination und strategisches Management internationaler Innovationsprozesse, Dissertation an der HSG Universität St. Gallen 1997

Ronstadt, R. (1977), Research and Development Abroad by U.S. Multinationals, New York 1977

Rumelt, R.P., Schendel, D.E., Teece, D.J. (1994), Fundamental Issues in Strategy. A Research Agenda. Boston, MA. 1994

Sanchez, R., Heene, A., Thomas, H. (Eds. 1996), Dynamics of Competence-Based Competition, Theory and Practice in the New Strategic Management, Oxford, New York 1996

Schumpeter, J.A. (1926), Theorie der wirtschaftlichen Entwicklung, 2. Auflage, München und Leipzig 1926

Utterback, J.M. (1994), Mastering the Dynamics of Innovation. How Companies Can Seize Opportunities in the Face of Technological Change, Boston, MA. 1994

Von Hippel, E.A. (1977), Has a Customer Already Developed Your Next Product?, in: Roberts, E.B. (eds.), Generating Technological Innovation, New York, Oxford 1977

Von Hippel, E.A. (1988), Sources of Innovation, New York, Oxford 1988

Telekooperation –
eine Chance für neue Arbeitsformen
in innovativen Organisationen

Helmut Krcmar, Gerhard Schwabe

1 Einleitung

Da Unternehmen gelernt haben, daß Kostenersparnis alleine nicht ausreicht, um wettbewerbsfähig zu bleiben, tritt zunehmend ihre Innovationsfähigkeit in den Vordergrund: Wie kann ein Unternehmen schneller als die Konkurrenz neuartige Produkte oder Dienstleistungen an den Markt zu bringen? Dieser Artikel zeigt, wie mit Hilfe von Telekooperationstechnologie Unternehmen ihre Arbeit flexibler gestalten können. Hierzu werden zuerst Entwicklungsrichtungen innovativer Organisationen vorgestellt, sodann die Grundfunktionen von Telekooperations- werkzeugen. Anhand von Telekooperationsszenarien wird gezeigt, wie Unternehmen ihre Arbeit durch Telekooperation besser gestalten können.

2 Trends in innovativen Organisationen

Innovative Organisationen gestalten ihre innerbetriebliche Arbeit neu und streben eine Umgestaltung der zwischenbetrieblichen Zusammenarbeit an. Dabei lassen sich folgende Trends ausmachen *(vgl. auch Schwarzer et al., 1995)*:

- **Teamarbeit**: Der Tayloristische Ansatz der Arbeitsteilung wird zunehmend durch die ganzheitliche Teamarbeit ersetzt.
- **Flexibilität**: Die Hierarchien in den Unternehmen werden flacher und die Organisationen dadurch flexibler.
- **Prozeßorientierung**: Die Unternehmen organisieren sich zunehmend nach ihren Produkten oder Prozessen und weniger nach Funktionen. Dies fördert die effiziente Erledigung von Aufgaben.
- **Mitarbeiterorientierung**: Die Unternehmen entdecken den (motivierten) Mitarbeiter als wichtigste Ressource wieder. Soziale Kompetenz insbesondere der Führungskräfte wird wichtiger.

- **Kundenorientierung**: Kunden haben heute in der Regel die Wahl zwischen mehreren Anbietern. Gerade deutsche Unternehmen können nur noch bestehen, wenn sie mit einem passenden Bündel aus qualitativ guten Produkten und den dazugehörigen Dienstleistungen spezifische Kundenbedürfnisse befriedigen.

Diese Trends wurden und werden durch moderne Informations- und Kommunikationstechnologie (IKT) ermöglicht und gefördert. Die gewachsenen Handlungsspielräume bedeuten eine Chance für mehr und schnellere Innovation. Gleichzeitig bedeuten sie ein Herausforderung an Mitarbeiter und Management.

Innovative Unternehmen

- erfordern neue Steuerungs- und Kontrollmechanismen. Ergebnisorientierte Kontrolle tritt in den Vordergrund, Verhaltenskontrolle in den Hintergrund.
- setzen auf Vertrauen als Basis der Zusammenarbeit. Ohne das Vertrauen, daß der Mitarbeiter selbst am besten weiß, wie er seine Arbeit erledigt, kann er seine Aufgaben nicht flexibel und selbständig lösen.
- fördern lebenslanges Lernen. Die Voraussetzung für eine schnelle Innovation am Markt ist die Innovationsfähigkeit der Mitarbeiter.
- schaffen neue Anreizstrukturen. Wenn der schnelle Aufstieg in flacheren Hierarchien nicht mehr möglich ist, sind andere Anreizstrukturen wie z.B. erweiterte Gestaltungsspielräume notwendig.

Für die Unterstützung der zwischenbetrieblichen Kooperation werden von „Wertschöpfungspartnerschaften" bis zu „virtuellen Unternehmen" viele Modelle diskutiert. Ihnen ist gemeinsam, daß über Unternehmensgrenzen hinweg partnerschaftlich und flexibel zusammengearbeitet wird, um eine bestimmte Aufgabe am Markt erfüllen zu können.

Neben Datenbanken als Informationsspeicher für strukturierte Daten, der Verbreitung des PCs bei Sachbearbeitern und im Management tritt in jüngster Zeit die Telekooperationstechnologie für eine verteilte Zusammenarbeit als „Enabler" für Innovationen in den Vordergrund der Diskussion.

3   Grundfunktionen von Telekooperationswerkzeugen

Telekooperationswerkzeuge bieten neue Gestaltungsmöglichkeiten für die Zusammenarbeit: Sie stellen mehreren Personen ein flexibleres Material zur Verfügung, das sie gemeinsam bearbeiten können. Mit ihnen lassen sich bei der Zusammenarbeit Raum und Zeit überbrücken, Prozesse steuern, und sie ermöglichen neue Formen der Zusammenarbeit.

3.1
Gemeinsames Material

Mit Telekooperationswerkzeugen können mehrere Personen Material (Textdokumente, Zeichnungen ...) gemeinsam bearbeiten *(vgl. Schwabe, 1995)*. Dies läßt sich am einfachsten durch den Vergleich mit Gruppenarbeit ohne Computerunterstützung verdeutlichen. Wenn in konventioneller Gruppenarbeit mehrere Personen gemeinsam auf einem Blatt Papier einen Text erstellen wollen, dann kann zu einer Zeit nur ein Gruppenmitglied schreiben. Der Rest der Gruppe kann dem Schreibenden Texte diktieren, aber nicht selbst den Text verändern. Diese Arbeitsweise mag für kleine Gruppen von 2–3 Personen angemessen sein. In größeren Gruppen wird der Schreibende jedoch durch die Menge der aufzuschreibenden Beiträge überfordert und die Gruppenmitglieder werden durch den Engpaß „Schreiber" daran gehindert, alle ihre Beiträge zu Papier zu bringen. Eine „Produktionsblockade" tritt ein. Der Einsatz eines Computers mit herkömmlicher Textverarbeitungssoftware allein trägt daher zur Erhöhung der Gruppenproduktivität nicht viel bei.

Telekooperationswerkzeuge hingegen ermöglichen es, daß mehrere Gruppenteilnehmer gleichzeitig am gleichen Material arbeiten. Jedes Gruppenmitglied bearbeitet seine Kopie des gemeinsamen Materials. Die Produktionsblockade wird aufgehoben, weil die Software die Koordination der Beiträge der einzelnen Teilnehmer übernimmt. Inzwischen ist es möglich, gemeinsam Textdokumente, Gliederungen, Zeichnungen, gemalte Skizzen, Tabellen, SADT-Netzwerke und aus der Moderation bekannte Ideenlandschaften zu erstellen.

Diese gleichzeitige Arbeit an gemeinsamem Material bringt eine Reihe von Koordinationsproblemen für die Gruppe mit sich. Sie kreisen um eine Frage: Wie kann jeder Teilnehmer möglichst umfassende Kenntnis der Arbeit der anderen haben und gleichzeitig möglichst ungestört von den anderen arbeiten? Entwickler von Telekooperationswerkzeugen implementieren eine Reihe von Mechanismen in ihre Werkzeuge, die der Gruppe helfen, mit diesem Problem umzugehen.

3.2
Überbrückung von Raum

Wenn Teams heute gemeinsam etwas erarbeiten wollen, müssen sie sich in einem Raum zu einer Zeit treffen. Das Telefon erlaubt ihnen zwar, über Entfernung zu kommunizieren, aber mangels eines gemeinsamen Materials können sie nichts gemeinsam produzieren, was sich sofort in einem gemeinsamen Ergebnis niederschlägt. Auch ein Faxgerät oder ein Emailprogramm, mit dem sie sich gegenseitig Dokumente zuschicken, hilft ihnen bei der Arbeit nur einen Schritt weiter: Die Koordination der gemeinsamen Arbeit über das Telefon ('Sollen wir auf Seite 7, 3. Absatz, 5. Zeile nach dem 2. Wort ein Komma einfügen?') ist so mühsam, daß man sich auf kleine Änderungen beschränken muß. Zwar kann über Videokanäle

das Bild eines Dokumentes übertragen werden, aber damit können die Gruppenmitglieder das Dokument immer noch nicht gemeinsam bearbeiten. In größeren
Gruppen kommt es erneut schnell zu Produktionsblockaden.

Telekooperationswerkzeuge ermöglichen es Gruppenmitgliedern, auch über
Entfernungen ein Material gemeinsam zu bearbeiten. Bei der entfernten Zusammenarbeit gewinnt die durch das Werkzeug vermittelte Kenntnis der Arbeit der
anderen gegenüber der computerunterstützten Zusammenarbeit in einem Raum
noch an Bedeutung. Während eine Gruppe bei ihrer computerunterstützten Zusammenarbeit in einem Raum noch einen gemeinsamen Arbeitskontext teilt und
breite Kommunikationskänale zur Koordination ihrer Arbeit zur Verfügung hat,
müssen bei der Zusammenarbeit über Entfernung der Arbeitskontext künstlich
hergestellt und elektronische Kommunikationskanäle aufgebaut werden. Über
Werkzeugmechanismen zur Vermittlung von Kenntnis der Arbeit anderer hinaus
versucht man, über Breitband-Audio-Videoverbindungen den Gruppenmitgliedern
das Gefühl von „Telepräsenz" zu vermitteln.

3.3
Überbrückung von Zeit

Sitzungen und Besprechungen zwingen die Beteiligten dazu, sich auf einen Zeitpunkt für die Zusammenarbeit zu einigen. Je größer die Zahl der Beteiligten ist,
desto schwieriger wird dies. Weiterhin müssen die Beteiligten die Bearbeitung der
Aufgabe bis zum Zusammentreffen aufschieben.

Telekooperationswerkzeuge erlauben es, die Arbeit von Gruppen zeitlich zu
entzerren: Die Mitglieder tauschen elektronisch Nachrichten und Dokumente aus.
Dabei schickt sie der Sender ab, wann er will, und der Empfänger bearbeitet sie
dann, wann er wiederum will (asynchrone Zusammenarbeit). Beide gewinnen dadurch an Flexibilität. Weiterhin ist es sehr einfach, Nachrichten an eine Vielzahl
von Empfängern zu verschicken. Asynchrone Zusammenarbeit ist schon mit Hilfe
von einfachen E-Mail-Systemen möglich. In der Forschung werden Verbesserungen von E-Mail durch Werkzeuge für die Konversationsstrukturierung sowie für
das intelligente Filtern und Kategorisieren von Nachrichten diskutiert.

3.4
Steuerung von Abläufen

Strukturierte und semistrukturierte Prozesse sind heute schon meist in feste Formen gegossen. Es kommt aber zu langen Liegezeiten, Abstimmungsschwie-
rigkeiten und zu Doppelarbeit. Workflowsysteme erlauben es, den optimalen Ablauf der Kooperation einmal festzulegen und dann auch komplexe Prozesse zentral
zu koordinieren. Da die zu bearbeitenden Dokumente automatisch von einem Ort
zum anderen weitergeleitet werden, können sich die Liegezeiten deutlich reduzieren. Flexible Workflowsysteme unterstützen sowohl die strukturierte Zusammen-

arbeit als auch unstrukturierte „Inseln" in den Prozessen. Es ist auch möglich, daß der Prozeß für jedes Dokument individuell vorgegeben wird.

3.5
Neue Arbeitsformen

Telekooperationswerkzeuge ermöglichen neue Formen der Zusammenarbeit: Die wichtigsten sind anonymes Arbeiten, paralleles Arbeiten und der Einsatz neuer Problemlösungstechniken.

Anonymes Arbeiten: In mündlichen Diskussionen ist immer bekannt, welcher Beitrag von wem ist. Wenn mehrere Personen an einem gemeinsamen Material arbeiten oder über Computer kommunizieren, kann verborgen bleiben, wer welchen Beitrag geleistet hat. Vor allem in hierarchischen Organisationen führt diese Anonymität zu einer deutlich größeren Offenheit. Auch für Teilnehmer mit einem höheren Status innerhalb der Gruppe kann anonymes Arbeiten vorteilhaft sein.

Paralleles Arbeiten: Paralleles Arbeiten erhöht die Produktivität einer Gruppe deutlich. Während sich in einer mündlichen Diskussion einer Gruppe von 12 Personen im Verlauf einer Stunde im Durchschnitt jeder Teilnehmer 5 Minuten aktiv sprechend beteiligen kann, kann bei schriftlicher parallelen Zusammenarbeit jeder die vollen 60 Minuten für seine Beiträge nutzen. Eine Gruppe kann auch parallel arbeiten, indem sie mehrere Kanäle parallel nutzt. Krcmar et al. berichten von einer Sitzung, bei der einige Gruppenteilnehmer allgemeine Probleme mündlich diskutierten, während die anderen Teilnehmer zuhörten und gleichzeitig schriftliche Kommentare verfaßten *(vgl. Krcmar et al., 1994)*. Arbeit in Untergruppen wird durch Telekooperationswerkzeuge deutlich vereinfacht. Jede Untergruppe kann sich jederzeit über den aktuellen Zwischenstand der Arbeit der anderen informieren, ohne diese zu stören. Dennis et al. berichten über Produktivitätsfortschritte von 500% bei der gemeinsamen Softwarespezifikation durch Anwender und Entwickler *(vgl. Dennis et al., 1994)*.

Problemlösungstechniken: Aus moderierten Sitzungen sind Problemlösungstechniken wie Metaplan und Brainstorming bekannt. Sie verbessern die Zusammenarbeit, indem sie Arbeitsprozeß und Arbeitsergebnis strukturieren, die Kreativität der Sitzungsteilnehmer fördern und zu einem rationaleren Arbeitsablauf führen. Telekooperationswerkzeuge erlauben die Verwendung neuer Problemlösungstechniken oder neuartiger Materialien (z.B. grafische Ideennetzwerke).

4 Szenarien und Nutzenpotentiale der Telekooperation

Um Technologie für Telekooperation gezielt einzuführen, bedarf es einer Vorstellung davon, wie diese Technologie genutzt werden kann. Diese Vorstellung läßt sich gut in Form von Einsatzszenarien darstellen. Im folgenden werden mögliche Einsatzszenarien dargestellt. Sie bauen auf Szenarien der Telekooperation auf, die gemeinsam mit Partnern im Projekt BTÖV erarbeitet wurden *(vgl. BTÖV, 1995; das Projekt BTÖV wurde von der Universität Hohenheim gemeinsam mit Fraunhofer IAO, KPMG Unternehmensberatung und BIFOA im Auftrag der De-TeBerkom, Berlin, bearbeitet).* Die folgende Tabelle gibt einen Überblick über die Szenarien, die computerunterstützten Adressaten, die angestrebte Unterstützungsleistung und das Verbesserungspotential für innovative Unternehmen.

Szenario	Adressaten	Angestrebte Unterstützungsleistung	Bedeutung für innovative Unternehmen
Zweipunktszenarien	Personen	Raum-zeitliche Verteilung der Kommunikation und Zusammenarbeit von zwei Personen	Flexibilität
Multipunktszenarien	Gruppen	Produktivere Gruppenarbeit	Teamarbeit
Gemeinsame virtuelle Räume	Personen und Gruppen	Soziale Präsenz während der verteilten Zusammenarbeit	Mitarbeiterorientierung
Verteilte Geschäftsprozesse	Organisationen	Produktivere und flexiblere Vorgangsbearbeitung; Reaktionsgeschwindigkeit	Prozeßorientierung, Flexibilität
Organisationsorientierte Szenarien	Organisationen	Flächendeckende Zusammenarbeit über Raum-, Zeit- und Organisationsgrenzen hinweg	Prozeßorganisation
On-Demand-Szenarien	Kunden	Verteilung von Sachinformation und Kanalisierung von Anfragen.	Kundenorientierung

Abb. 1: Überblick über die Szenarien

Diese Szenarien werden in den folgenden Abschnitten näher erläutert. Bei der Beschreibung werden Zweipunktszenario, Multipunktszenario und gemeinsame virtuelle Räume zu den „personenbezogenen Szenarien" zusammengefaßt.

4.1
Personenbezogene Szenarien I: Zweipunktszenarien

Zweipunktszenarien verbinden zwei Personen über (meist synchrone) Telekooperationsumgebungen (Abb. 2).

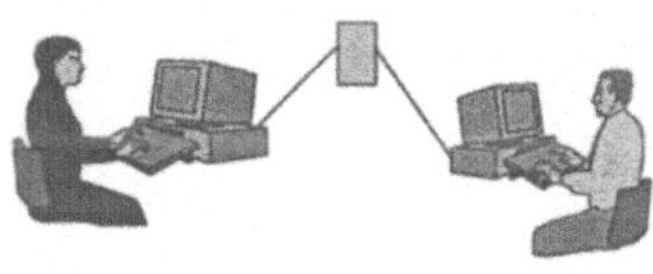

Abb. 2: Zweipunktszenarien

Für Zweipunktszenarien werden eine Basisausstattung für die Telekooperation mit Telefon, Fax, Joint-Editing-Systemen und häufig auch Videoconferencing benötigt. Sinnvoll können weiterhin elektronische Post, Dokumentendatenbanken und Application Sharing sein.

Zweipunktszenarien sind beispielsweise denkbar zwischen Mitarbeitern an verschiedenen Standorten des Unternehmens, zwischen mobilen Mitarbeitern und der Zentrale (z.B. Vertrieb), zwischen einem Manager und seinem Sekretariat sowie zwischen einem Mitarbeiter in einem Betrieb und einem Teleheimarbeiter.

4.2
Personenbezogene Szenarien II: Multipunktszenarien

Im Multipunktszenario werden gleichzeitig zwei und mehr Personen über Telekooperationsumgebungen miteinander verbunden. Sie unterstützen die Kooperation und Kommunikation kleiner und großer Gruppen (Abb. 3). Kleine und große Gruppen können z.B. bei synchronen Aktivitäten, bei der Sitzungsnach- und -vorbereitung (z.B. Protokollerstellung) und bei der gleichzeitigen Darstellung von mehreren Personen am Bildschirm unterstützt werden.

Abb. 3: Multipunktszenario

Bei großen Gruppen (mehr als fünf Personen) kann im Multipunktszenario zudem das Management von Sitzungen unterstützt werden oder in workshopartigen „CATeam-Sitzungen" die Zusammenarbeit produktiver gestaltet werden. Beispielsweise sind Themenworkshops und Sitzungen, Ressourcen- und Terminverwaltung, gemeinsames Archiv, Projektdatenbanken und Diskussionforen denkbar.

4.3
Personenbezogene Szenarien III: virtuelle Büros

Gemeinsame virtuelle Räume dienen der Verbesserung der verteilten Zusammenarbeit. Warum wird heute schon verfügbare Telekooperationstechnologie so wenig in der Praxis genutzt? Ein wesentlicher Grund ist die fehlende soziale Angepaßtheit der Technologie. Wenn zwei Menschen etwas besprechen, achten sie ein gewisses Maß an Distanz und halten sich an ein soziales Protokoll. Sogenannte Desktop-Video-Conferencing-Systeme erlauben es aber merkwürdigerweise, daß sich die Kommunikationspartner quasi auf dem Schreibtisch ins Gesicht springen. Wird das Telefon als Beispiel für Telekooperation genommen, kann man keine Rücksicht darauf nehmen, ob man seinen Gesprächspartner gerade stört, denn man weiß nicht, was er gerade tut. Gemeinsame virtuelle Räume fügen Technologie so in die natürliche Arbeitsumgebung ein, daß die sozialen Protokolle und die Beziehung von Raum und Funktion eingehalten werden. Damit erlauben sie ein wesentlich intuitiveres Zusammenarbeiten (Abb. 4).

Abb. 4: Virtuelles Büro

4.4
Geschäftsprozeßorientierte Szenarien I:
einmalige erfolgskritische Geschäftsprozesse

Einzelne Vorhaben eines Unternehmens sind so bedeutend und eilig (z.B. Plazierung eines neuen Produktes auf einem neuen Markt), daß sich ein spezieller Unterstützungsaufwand lohnt. Hier kann einer Gruppe aus Spezialisten an verschiedenen Standorten eines oder mehrerer Unternehmen für eine begrenzte Zeit eine besondere computerunterstützte Umgebung für die Zusammenarbeit zur Verfügung gestellt werden. Da die betroffenen Mitarbeiter unmittelbar Kontakt zueinander haben, können die Entscheidungen schneller und zugleich fundierter gefällt werden. Die Unterstützung einmaliger erfolgskritischer Geschäftsprozesse folgt also der Kooperationskette des Geschäftsprozesses (Abb. 5).

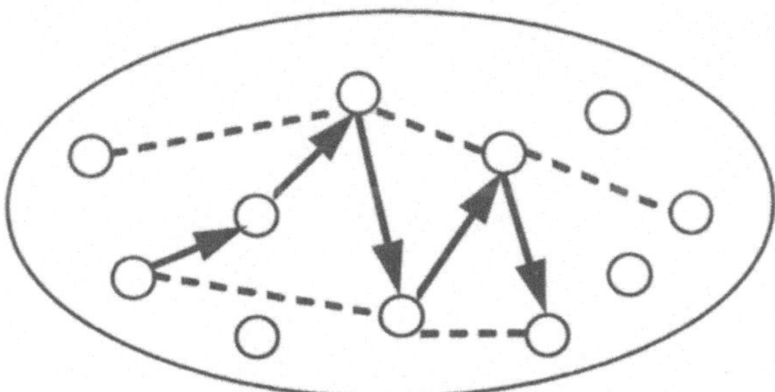

Abb. 5: Kooperationskette eines einmaligen erfolgskritischen Geschäftsprozesses

4.5
Geschäftsprozeßorientierte Szenarien II: Szenarien für wiederholte Geschäftsprozesse

Wiederholte Geschäftsprozesse treten periodisch immer wieder auf, sind teilstandardisiert und haben häufig zeitliche Fristen vorgegeben. Die Unterstützung orientiert sich am Dokumentenfluß durch die Organisation (Abb. 6).

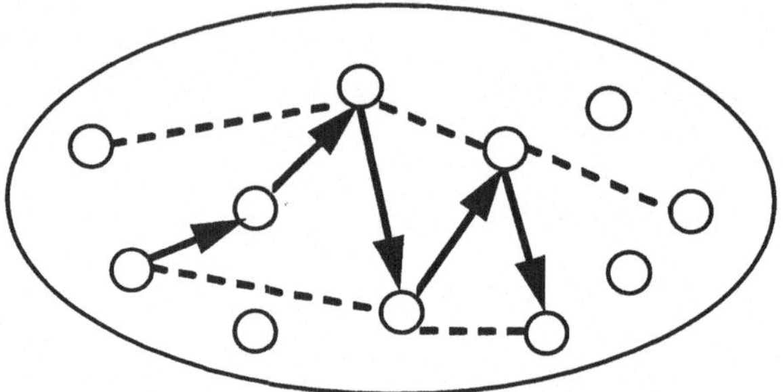

Abb. 6: Dokumentenfluß durch eine Organisation

Wiederholte Geschäftsprozesse werden in ihren standardisierten Teilen durch Workflow-Technologien unterstützt, in ihren nichtstandardisierten Teilen durch Technologien aus dem Multipunktszenario, insbesondere mit Werkzeugen zur gemeinsamen Verarbeitung und Verwaltung von Dokumenten sowie Desktop-Videosystemen.

4.6
Organisationsorientierte Szenarien

Organisationsorientierte Szenarien zielen auf die flächendeckende Einführung von Telekooperation für Organisationen oder über Organisationsgrenzen hinweg zusammenarbeitende Partner ab (Abb. 7).

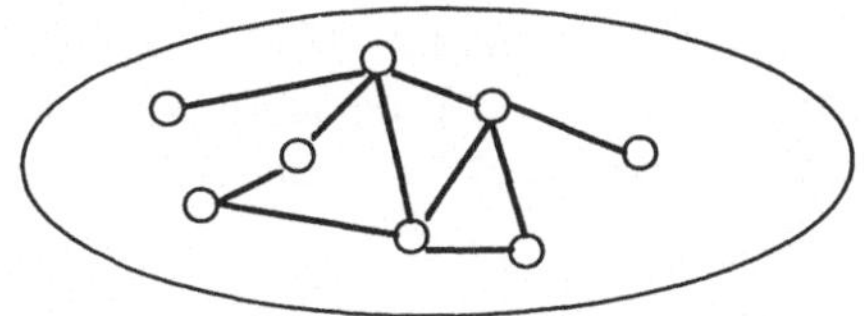

Flächendeckend organisationsweit

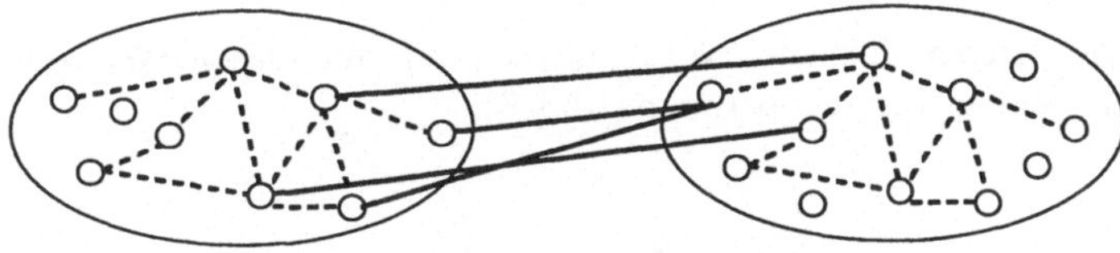

Flächendeckend partnerschaftsweit

Abb. 7: Organisationsorientierte Szenarien

In einem organisationsweit flächendeckenden Szenario wird eine gesamte Organisation flächendeckend mit entsprechender Technologie ausgestattet. Die Umsetzung dieses Szenarios hat für die Organisation große Vorteile, weil so die gesamte Arbeit umgestellt werden kann. Durch die Flächendeckung können

- Medienbrüche vermieden werden (z.B. zwischen Papier- und Computerdokumenten),
- Kommunikationsbrüche vermieden werden (z.B. zwischen den Mitarbeitern, die mit Telekoopersationstechnologie ausgestattet sind und denen, die es nicht sind),
- Kooperationsreibungen vermindert werden (zwischen denen, die neue Kooperationsformen erlernt haben und solchen, die sie noch nicht kennen),
- Informationsungleichgewichte verhindert werden (z.B. zwischen denen, die mit Telekooperationstechnologie ausgestattet sind und denen, die es nicht sind) und
- Konsistenzprobleme abgeschwächt werden (indem die Informationen integriert werden).

Dennoch ist eine flächendeckende Einführung mit erheblichen organisatorischen, technischen und finanziellen Schwierigkeiten verbunden. Einzelne wichtige Personen oder Gruppen können den Erfolg dabei zunichte machen, indem sie sich weigern, die Technologie zu verwenden. Deshalb sollte eine organisationsweit flächendeckende Versorgung mit entsprechender Technologie erst am Ende eines längeren Einführungsprozesses stehen.

Bei partnerschaftsweiten flächendeckenden Szenarien wird in jeder Organisation der gesamte Bereich mit Telekooperation ausgestattet, der für die Kooperation zuständig ist. Beispielsweise können freie Ingenieurbüros mit Automobilfirmen kooperieren. Partnerschaftsweit flächendeckende Szenarien setzen eine Einigung auf eine gemeinsame technologische Plattform voraus. Weiterhin sind rechtliche Probleme wie Copyright und Verbindlichkeit von Unterschriften zu lösen. Wenn die Partner aus unterschiedlichen Arbeitskulturen kommen, müssen sie sich auf gemeinsame Umgangsformen einigen.

4.7
On-Demand-Szenarien

On-Demand-Szenarien stehen für eine Mischung aus Informationsdatenbanken und Zugang zu kompetenten Ansprechpartnern (Abb. 8).

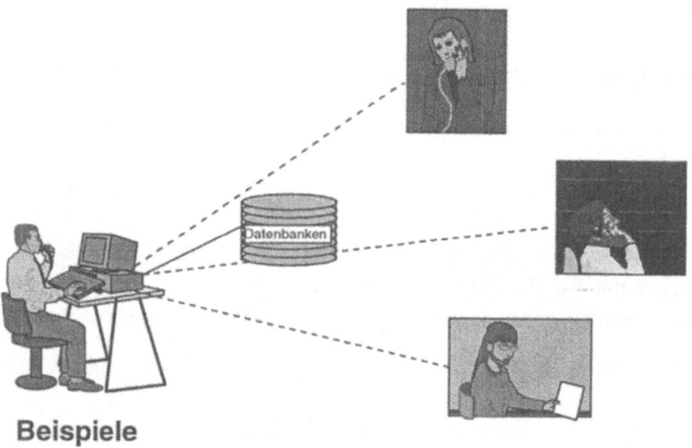

Abb. 8: On-Demand-Szenarien

Ein Informationssuchender navigiert in einer (Hypermedia-)Informationsdatenbank auf der Suche nach einer bestimmten Information. Findet er diese Information nicht, kann er sich über diese Informationsdatenbank an eine allgemeine Auskunftsstelle wenden. Ist die gespeicherte Information nicht ausreichend, besteht die Möglichkiet, über ein Telekooperationssystem direkt mit dem zuständigen Sachbearbeiter Kontakt aufzunehmen. Dieser gibt die gewünschte Auskunft direkt mündlich über Videokonferenz oder hilft bei der Informationssuche im System. Ein solches System könnte Kunden das Angebot im Internet präsentieren. Durch die Mischung von Informationsdatenbanken und Videoconferencing werden Anfragen an die Organisation nach inhaltlichen Kriterien kanalisiert und Sachbearbeiter nur dann angesprochen, wenn die Kunden bei ihrer Informationsrecherche nicht mehr weiterkommen.

5 Literatur

BTÖV-Arbeitsgruppe (Baldi, B.; Brettreich-Teichmann, W.; Gräslund, K.; Hofmann, R.; Konrad, P.; Krcmar, H.; Niemeier, J.; Schwabe, G.; Seibt, D., 1995), Bedarf für Telekooperation in öffentlichen Verwaltungen: Trendszenarien für innovative Anwendungslösungen verteilter Leistungserstellung, Office Management, Vol. 43, 1995, Nr. 3, S. 20–27

Dennis, A.; Hayes, G.; Daniels, R. (1994), Re-Engineering Business Process Modelling, in: Hawaii International Conference on System Science, Vol. IV, 1994, S. 244–253

Krcmar, H.; Lewe, H.; Schwabe, G. (1994), Empirical CATeam Research in Meetings, in: Hawaii International Conference on System Science, Vol. IV, 1994, S. 31–40

Schwabe, G. (1995), Objekte der Gruppenarbeit – Ein Konzept für das Computer Aided Team, Wiesbaden 1995

Schwarzer, B.; Zerbe, S.; Krcmar, H. (1995), Neue Organisationsformen als Untersuchungsgegenstand – Das NOF-Projekt. Arbeitspapier Nr. 78, Lehrstuhl für Wirtschaftsinformatik, Universität Hohenheim, Stuttgart 1995

Teil 2
Wissensmanagement aus instrumentell-operativer Sicht

Organisatorische Flexibilität im intelligenten Unternehmen – Potentiale von Workflow-Management

Heidi Heilmann

1 Workflow-Management-Grundlagen

Nach der Definition von W. Stern [Brockhaus 1989, S. 556] bedeutet Intelligenz „allgemeine geistige Anpassungsfähigkeit an neue Aufgaben und Bedingungen des Lebens". Analog dazu muß sich das intelligente Unternehmen der Zukunft durch hohe Flexibilität auszeichnen. Dieser Beitrag verdeutlicht, wie Workflow-Management im weiteren Sinne – unter Einschluß von Business Process (Re-)Engineering – dabei helfen kann, diese Flexibilität zu erreichen und zu erhalten.

1.1 Definitionen

Workflow-Management ist eine relativ junge Thematik. Zwar gehen die ersten einschlägigen Überlegungen in Theorie und Praxis auf die 80er Jahre *(vgl. Heilmann 1994, S.9)* zurück; aber ins allgemeine Bewußtsein gerückt ist Workflow-Management erst Anfang der 90er Jahre im Zusammenhang mit der Konzentration auf Prozesse als Ausgangspunkt organisatorischer Verbesserungen. Es gibt Bemühungen um eine Vereinheitlichung der Terminologie, vor allem im Hinblick auf Computerunterstützung (vgl. WfMC). Um Mißverständnisse auszuschließen, werden die in der weiteren Folge dieses Beitrags wesentlichen Begriffe knapp erläutert.

Als **Workflow** (Prozeß, Vorgang) wird eine an den Unternehmenszielen orientierte, ganzheitliche und mehrstufige Aufgabenfolge bezeichnet, die von mindestens einem definierten Ereignis ausgelöst wird und ein oder mehrere definierte Ergebnisse erzeugt.

Primäre Prozesse (Kernprozesse, Geschäftsprozesse) tragen unmittelbar zu den Leistungen einer Organisation bei (Beispiel: Angebotserstellung für einen Kunden), **sekundäre Prozesse** (unterstützende Prozesse) schaffen die von den primären benötigten Voraussetzungen und Randbedingungen.

Wichtige **Workflow-Attribute** sind i.d.R. Arbeitsteiligkeit (am Workflow beteiligt sind verschiedene Aufgabenträger), Komplexität (bestimmt durch Anzahl und Variationsbreite von Teilaufgaben, Aufgabenträgern und eingebundenen Ressourcen sowie die Zahl der möglichen Wege in einem Workflowtyp), Strukturierungs- und Detaillierungsgrad, wobei der Strukturierungsgrad ceteris paribus mit zunehmender Detaillierung steigt.

Workflow-Exemplare (Workflow-, Prozeß- oder Vorgangsinstanzen) sind konkrete Vorfälle zu einem bestimmten Workflow- oder Prozeßtyp, also z.B. die Erstellung des Angebots, das dem Kunden Müller am 11. 6. 1997 über bestimmte Produkte zu definierten Konditionen unterbreitet worden ist.

Ein **Workflow-Typ** (Prozeß- oder Vorgangstyp) beschreibt dagegen den grundsätzlichen Ablauf eines bestimmten Workflows (z.B. der Angebotserstellung). Ein Typ schließt alle möglichen Varianten, die von einem Workflow-Exemplar angesprochen sein können, ein. Supertypen verkörpern Schablonen zur Typbildung, aus ihnen können unterschiedliche Typen durch Detaillierung und Spezialisierung abgeleitet werden *(vgl. Kueng/Schrefl)*.

CSCW, Computer Supported Cooperative Work, wurde im Zusammenhang mit computergestützter Gruppenarbeit (Groupware) geprägt; die Computerunterstützung wird dabei von den beteiligten menschlichen Aufgabenträgern aktiv gesteuert. In den 90er Jahren wurde CSCW als Oberbegriff für Groupware und Workflow-Management i.e.S. übernommen; im letzteren Fall steuert die Workflow-Management-Software den Ablauf der Workflow-Exemplare.

Business Process (Re-)Engineering (BPR, Geschäftsprozeßmanagement) befaßt sich mit der Gestaltung und Optimierung von organisatorischen Abläufen (Prozessen).

Unter **Workflow-Management i.e.S.** wird hier die Steuerung von Workflow-Exemplaren im Sinne des zugrundeliegenden Workflow-Typs verstanden. Workflow-Management **i.w.S.** schließt Business Process (Re-)Engineering mit ein. Der Begriff Workflow-Management wird in diesem Beitrag – soweit nicht ausdrücklich anders vermerkt – im weiteren Sinne verstanden und verwendet.

BPR-Tools unterstützen die Modellierung, Analyse und das (Re-)Design von Prozessen.

Workflow-Management-Systeme dienen der Modellierung, Analyse, Animation und Simulation, Steuerung, Protokollierung und Auswertung von Workflows. Dabei beziehen sich Modellierung, aber auch Analyse, Animation und Simulation auf Workflow-Typen, Steuerung und Protokollierung dagegen auf Workflow-Exemplare. Auswertungen sind sowohl auf Typ- als auch auf Exemplarebene möglich.

1.2
Einsatzbreite

In der einschlägigen Literatur *(ein Beispiel von vielen: Stickel/Groffmann/Rau, S.783)* bleibt Workflow-Management (i.e.S.) meist auf hoch strukturierte, arbeitsteilige Prozesse in kaufmännischen Einsatzgebieten, die von Workflow-Management-Software gesteuert werden, beschränkt.

Diese Begrenzung ist schwer nachvollziehbar, weil Prozesse generell mit beliebigem, zweckgerichtetem Handeln verknüpft sind. Dementsprechend wenig eingeschränkt sind auch die Einsatzfelder von Business Process Reengineering. Wenn auch schwach strukturierte Prozesse durch Workflow-Management-Software gesteuert werden sollen, kann dies natürlich nicht auf tief detaillierter und damit genau festgelegter Ebene geschehen. Es spricht aber nichts dagegen, den wenig detaillierten Workflow-Typ eines relativ unstrukturierten Prozesses quasi als Checkliste zu verwenden und Details ad hoc parallel zum Ablauf eines Exemplars von den Aufgabenträgern festlegen zu lassen. Dementsprechend ist mit Ad-hoc-Workflow ein Workflow-Typ gemeint, den die Aufgabenträger parallel zum Ablauf von Exemplaren ergänzen und modifizieren können.

Ein typisches Beispiel dafür sind Prozesse im technischen Bereich, z.B. im Forschungs- und Entwicklungs-Management. Der Prototyp des CONCORD-Systems bspw. *(vgl. Mitschang et al. und Ritter/Mitschang)* unterstützt Entwurfsanwendungen durch (dort so genanntes) Designflow-Management und durch eine Kooperationskontrolle. *(Ritter/Mitschang, S.91)* führen dazu aus: „Der Schwerpunkt einer Systemunterstützung liegt ... auf der Assistenzfunktion, d.h. Entwerfer sollen gemäß einer gewählten Entwurfsmethodik durch ihren Entwurfsauftrag geführt werden, ohne daß sie in ihrer Kreativität eingeschränkt werden".

Ein weiteres Beispiel dieser Art bildet INTESOL, Integrierte Planung solaroptimierter Gebäude *(o.V.: Verbundprojekt INTESOL)*. Dort wird in einem Forschungsprojekt, an dem u.a. Institute der Universitäten Karlsruhe und Stuttgart beteiligt sind, prototypisch untersucht, wie Workflow-Management die organisatorisch und räumlich verteilte Planungsarbeit sinnvoll unterstützen kann.

In *(Morschheuser)* und *(Mertens/Morschheuser/Raufer)* finden sich weitere Beispiele zum Angebotsprozeß eines Maschinenbauunternehmens.

Aber auch die öffentliche Verwaltung macht sich Workflow-Management zunehmend zunutze. Dies geschieht z.B. im Rahmen des „New Public Management", das neben Ergebnisverantwortung öffentlicher Institutionen auch Globalhaushalte, Prozeßmanagement und Benchmarking einschließt *(vgl. Hunziker)*. Die Autorin dieses Beitrags arbeitet mit ihrer Abteilung derzeit selbst an Erhebung, Benchmarking und Neugestaltung universitärer Prozesse im Rahmen einer Fortsetzung des Software-Labors (vgl. Lenkungsgremium) der Universität Stuttgart mit.

Es ist also davon auszugehen, daß sich die Einsatzbreite von Workflow-Management (i.e.S. und i.w.S.) erweitern wird. Dabei spielen auch die unter 2.3 behandelten Fragen der Reichweite von Workflow-Management eine wesentliche Rolle.

1.3
Erfahrungen und Prognosen

Erfahrungen, die mit Workflow-Management (i.w.S.) gemacht wurden, sind wie bei organisatorischen Veränderungen generell üblich sowohl positiv als auch negativ gefärbt.

Zu den negativen Erfahrungen gehört, daß zwischen 50 und 80 Prozent aller Projekte gescheitert sein sollen, wobei u.a. die folgenden Ursachen eine Rolle spielen [vgl. Vogler, Fischer und Gutzwiller]:

- Informationstechnische Probleme, wie sie u.a. *(Vogler, S.352 ff.)* beschreibt, können den Erfolg in Frage stellen. *(Gartner Group 1995)* haben von einem Viertel der befragten Unternehmen „Immaturity of technology and lack of standards" als Hindernisse für einen breiten Einsatz von Workflow-Management genannt bekommen.
- Die Ursache „Fehlen einer Gesamtperspektive und damit einer strategischen Ausrichtung" wird unter 2.3 noch näher angesprochen. Vermutlich ist sie mit einer weiteren Ursache – fehlende oder zu geringer Unterstützung durch das Management – logisch verknüpft.
- Ungenügende Analyse von Kundenbedürfnissen bezieht sich sowohl auf „interne" als auch auf „externe" Kunden, die mit den Prozeßergebnissen weiterarbeiten müssen.
- Wie bei jedem organisatorischen Wandel spielt auch hier eine Rolle, ob das „situativ richtige" Maß an Veränderungen angepeilt worden ist. Kontextabhängig können sowohl zu radikale als auch zu zaghafte Veränderungen zum Scheitern beitragen.
- Die Mitarbeiterpolitik insgesamt ist wesentlich für Erfolg oder Mißerfolg: Falsche Informationspolitik, ungeeignete Projektmitarbeiter oder zu geringe Partizipation von Betroffenen und nicht ausreichende Umstellungsschulung verursachen Akzeptanzprobleme.
- Interessant ist, daß als Grund für das Scheitern von Workflow-Management-Projekten auch die mangelnde Einbeziehung aktueller Informationstechnologien und der IV-Abteilungen genannt wird. Informationstechnologie gilt in diesem Zusammenhang als „Enabler", der eine Voraussetzung für den Erfolg bildet.
- Last not least wird auch fehlendes Prozeßcontrolling als Ursache genannt. Diese wichtige Frage greifen die Abschnitte 2.1 und 3.4 wieder auf.

Wichtig ist auch die vielfach in Literatur und Praxis belegte Feststellung, daß einem Workflow-Management i.e.S. Business Process Reengineering vorausgehen sollte. *(Schönecker)* bspw. führt aus, daß sich Durchlaufzeiten dann um bis zu 90 Prozent verkürzen lassen, während Workflow-Management i.e.S. nur eine Reduktion um bis zu 20 Prozent bewirken könne. Hierbei spielt vermutlich nicht nur eine Rolle, daß durch Business Process Reengineering z.B. unnötige Teilaufgaben eliminiert und zeitraubende Aufgabenfolgen gestrafft werden können, sondern daß bei einer Neugestaltung von Prozessen strategische Überlegungen häufiger angestellt und dabei auch neue Einsatzmöglichkeiten für Informationstechnologien gefunden werden.

Insgesamt ist es also nicht überraschend, daß mit einem beachtlichen Wachstum von Workflow-Produkten und -Diensten in den nächsten Jahren zu rechnen ist. *(Stark/Lachal, S.108)* z.B. prognostizieren, daß die weltweiten Ausgaben dafür von 1,16 Milliarden US-Dollar im Jahr 1995 mit einer jährlichen Wachstumsrate von durchschnittlich 37 Prozent bis zum Jahr 2000 auf 5,5 Milliarden US-Dollar steigen werden. Eine Anwenderbefragung der *(Gartner Group 1996)* hat ergeben, daß Workflow und Imaging (Dokumentenbereitstellung im Computer) an erster Stelle der für die Geschäftsprozeßautomation notwendigen Schlüsseltechnologien stehen.

2 Integrationspotentiale von Workflow-Management

Integration wird in Nachschlagewerken *(vgl. Deutsches Universalwörterbuch, S.633)* als „Wiederherstellung eines Ganzen... (oder) einer Einheit" und als „Eingliederung in ein größeres Ganzes" bezeichnet. In diesem Kapitel wird dargelegt, auf welche Weise Workflow-Management sowohl zur Integration betrieblicher Aufbau- und Ablauforganisation als auch zur Integration ihrer ganzheitlichen Abbildung in Informations- und Kommunikationssystemen beiträgt.

Dies geschieht im wesentlichen in den drei Dimensionen Workflow-Management-Zyklus, Ressourcenintegration und Workflow-Management-Reichweite. Abbildung 1 gibt einen Überblick zu diesen drei Dimensionen, die im folgenden erläutert werden.

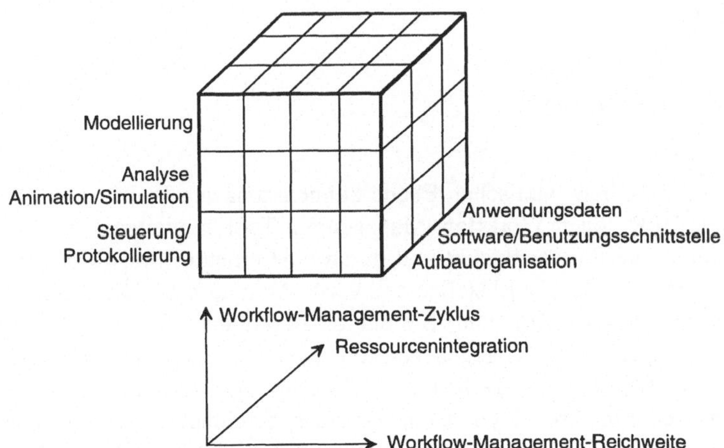

Abb. 1: Integrationsdimensionen von Workflow-Management

2.1
Workflow-Management-Zyklus

Abbildung 2 detailliert die Dimension Workflow-Management-Zyklus.

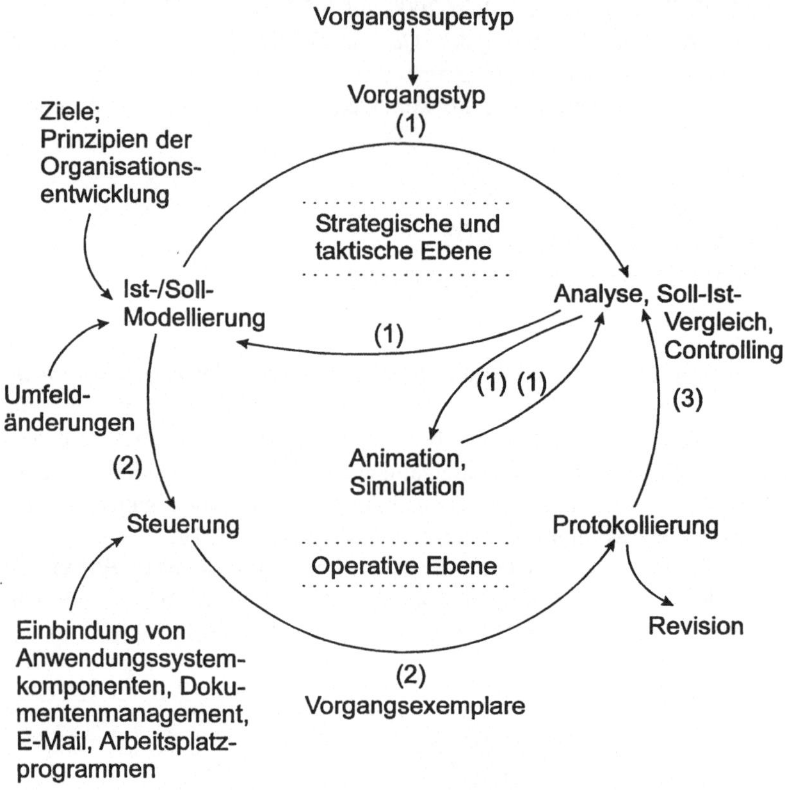

Abb. 2: Workflow-Management-Zyklus

Auf der strategischen bzw. taktischen Ebene können zunächst Ist-Prozesse mit einem geeigneten BPR- oder Workflow-Management-Tool modelliert, im Anschluß daran computergestützt analysiert und durch eine erneute (Soll-)Modellierung verbessert werden. Die Tools stellen teilweise Animations- (Durchspielen von Workflows am Bildschirm) und Simulationsfunktionen (Berechnen des Durchlaufs von Exemplaren mit vorgegebenen Eigenschaften und Parametern) für die Analyse zur Verfügung. Der Teilzyklus „Modellierung eines Prozeßtyps – Analyse – neu modellierter Prozeßtyp" kann mehrfach durchlaufen werden. Vorgegebene Prinzipien der Organisationsentwicklung sind dabei zu beachten. Spätere

Neumodellierungen können sowohl durch Umfeldänderungen bedingt sein als auch eine kontinuierliche Prozeßverbesserung zum Ziel haben.

Wenn ein hinreichend detailliert modellierter Prozeßtyp vorliegt, können Workflow-Exemplare auf der operativen Ebene durch Workflow-Management-Software gesteuert werden. Die Software löst die nötigen Arbeitsschritte bei den Aufgabenträgern (Mensch oder Computer) aus, reicht die erforderlichen Daten bzw. Dokumente von Prozeßschritt zu Prozeßschritt weiter und stellt die angeforderten Anwendungssystemkomponenten bereit. Berechtigte Personen können den Status eines Prozesses abfragen und in den Prozeßablauf eingreifen, z.B. Prioritäten verändern, Aufgaben umverteilen, fallweise auch den Prozeßablauf einem Prozeßexemplar ad hoc anpassen. Parallel zur Steuerung wird der Ablauf jedes Prozeßexemplars protokolliert; ursprünglich diente dies nur Revisionszwecken, inzwischen wurde erkannt, daß die protokollierten Exemplardaten auch für das Prozeßcontrolling verwendet werden können. Sie dienen zur Kennzahlenbildung und können Neumodellierungen von Prozeßtypen auslösen.

Wie häufig der Workflow-Management-Zyklus durchlaufen wird, hängt von verschiedenen Attributen des betreffenden Workflow-Typs ab. Wie oft – evtl. auch nur versuchsweise für Simulationszwecke – neu modelliert wird, ist u.a. bedingt durch den Innovationsgrad der angestrebten Sollmodellierung im Vergleich zum Ist-Ablauf, den Komplexitätsgrad des betreffenden Workflows und die Umweltdynamik, der er ausgesetzt ist. Dabei erhöht ein hoher Strukturierungsgrad die Anpassungshäufigkeit an geänderte Umweltbedingungen, weil diese auch bei der Auswertung der Protokollierungsdaten erkannt werden und Anstöße für Neumodellierungen geben können.

Von der strategischen über die taktische zur operativen Ebene nimmt der Detaillierungsgrad der modellierten Workflows ceteris paribus zu. Die strategische Ebene konzentriert sich insbesondere auf die begrenzte Zahl primärer Prozesse im Unternehmen, die Leistungen für externe Kunden erbringen. Auf der taktischen Ebene können Subprozesse dieser Kernprozesse, aber auch sekundäre Prozesse ausgewählt werden, die besonders dringend einer Verbesserung bedürfen. Auf diesen beiden Ebenen – zunächst noch ohne operative Steuerung – findet Business Process (Re-)Engineering statt.

Wie weiter oben schon dargelegt wurde, kommt nach allgemeinem Verständnis die Steuerung von Workflow-Exemplaren insbesondere für gut strukturierte, arbeitsteilig abgewickelte Prozesse in Betracht. Dies ist nur begrenzt begründbar: Prozesse liegen auf einem Kontinuum zwischen vollständiger Strukturiertheit am einen und reiner Ad-hoc-Gestaltung am anderen Ende. Ad-hoc-Gestaltung kann dabei sowohl neue oder selten ausgeführte Prozeßtypen als auch Modifikationen von Prozeßtypen während der Ausführung einzelner Prozeßexemplare betreffen. Die in der Literatur verbreitete strikte Trennung zwischen strategischer und taktischer Ebene einer- und operativer Ebene andererseits erscheint daher allenfalls historisch begründbar.

Dies wird auch durch die Weiterentwicklung von Workflow-Management gestützt. Zunehmend entstehen Schnittstellen zwischen reinen Modellierungstools und (vorrangig) steuernder Workflow-Management-Software, z.B. zwischen ARIS oder Bonapart und IBM-FlowMark bzw. SNI-WorkParty. *(Bach/Brecht/Österle, S.14)* fordern aus ähnlichen Überlegungen eine Schnittstelle zwischen Modellierungstools und Workflow-Management-Systemen, wie sie auch von der *(WfMC)* angestrebt wird. Typische Problemfelder solcher Schnittstellen beschreiben *(Derungs)* und *(Kurbel/Nenoglu/Schwarz)*. Auch Groupware wird mit Workflow-Management-Paketen verknüpft *(o.V.: IBM und Lotus)*.

2.2
Ressourcenintegration

Ressourcen im Workflow-Management sind Aufgabenträger, also Menschen und Sachmittel, d.h. Daten, Dokumente und Programme, die vollautomatisch oder im Dialog mit menschlichen Aufgabenträgern ablaufen können. Sie sind Voraussetzung für eine Integration zwischen der Steuerungsebene von Workflow-Management und den eingesetzten Informations- und Kommunikationssystemen.

Abbildung 1 unterscheidet zunächst Anwendungs- oder Falldaten, die aus Datenbanken oder Dokumentenarchiven stammen und zur Ausführung von manuell oder maschinell abzuwickelnden Aufgaben benötigt werden. Sie müssen auf Anforderung durch menschliche oder maschinelle Aufgabenträger automatisch und schnell bereitgestellt werden. Anzumerken ist hier, daß auch die Workflow-Management-Software spezifische Daten benötigt (z.B. für die Abfrage von Bedingungen an Verzweigungsstellen des Workflow-Typs) bzw. selbst anlegt (z.B. Daten zum erfolgreichen Abschluß einer Teilaufgabe).

Die Ressource Software bezieht sich auf Programm(modul)e, die direkt oder indirekt zur Abwicklung von Prozeßschritten, vollautomatisch oder im Dialog mit Menschen, herangezogen werden. Dabei kann es sich sowohl um individuell entwickelte Programme als auch um Systemsoftware oder allgemeine Arbeitsplatzsoftware wie Textverarbeitung, Tabellenkalkulation, Dokumentenmanagament, Graphik, E-Mail oder Retrievalsoftware für Informationsdatenbanken handeln. Insbesondere im Falle der Arbeitsplatzsoftware kann dem menschlichen Aufgabenträger bei der Ausführung wenig strukturierter Prozesse auch ein Auswahlangebot gemacht werden.

Ein besonderer Integrationseffekt liegt in der Bereitstellung einer einheitlichen Benutzungsschnittstelle. Soweit die Bearbeitung nicht vollautomatisch erfolgt, kann der Benutzer seine Eingaben unabhängig von der angesprochenen Software in einheitlich standardisierter Form vornehmen. Der Wechsel zwischen verschiedenen Aufgaben wird so schneller und fehlerfreier möglich, die softwareergonomischen Kriterien „Aufgabenangemessenheit" und „Erwartungskonformität" nach *(DIN-Norm 66234)* bzw. *(ISO-Norm 9241)* werden besser erfüllt.

Der Integrationsgrad der Aufbauorganisation drückt aus, inwieweit aufbauorganisatorische Regelungen im Rahmen des Workflow-Managements modelliert und angesprochen werden können. Dazu zählen organisatorische Einheiten und deren

Beziehungen (Organigramme mit Linien-, Stab-, Matrix- und anderen Beziehungen), Stellen und Mitarbeiter, Rollen, räumliche Zuordnungen, Rechte und Pflichten etc. Eine vollständige Integration erfordert, daß diese aufbauorganisatorischen Elemente einbezogen und je nach Bedarf schon im Rahmen der Modellierung oder erst während der Steuerungsphase den Aktivitäten des Workflows zugeordnet werden können.

Workflow-Management bezieht also erstmals seit den Anfängen des Computereinsatzes auch aufbauorganisatorische Aspekte ein. *Reiß (in Mertens/Reiß/Horváth, S.112)* formuliert zu Recht: „Die Prozeßorganisation überwindet ... die unerquickliche Aufbau-Ablauf-Dichotomie."

Wenn man Modellierungs- und Workflow-Management-Software allerdings daraufhin näher untersucht *(z.B.: Bach/Brecht/Österle, S.30)*, stellt man fest, daß oft nur begrenzte Abbildungsmöglichkeiten für die Aufbauorganisation bestehen. Am häufigsten werden einfache Rollenkonzepte vorgesehen. Diese haben zwar den Vorteil, daß sie prinzipiell auch die Zuordnung von Process Owner *(Davenport/Short 1990, S.16)*, Prozeßmanager *(Heinrich/Roithmayr, S.428)* und Case Manager oder Case Team *(Davenport/Nohria 1995)* erlauben, sie reichen aber für eine vollständige und flexible Verknüpfung von Ablauf- und Aufbauorganisation nicht aus. Umfangreichere Konzepte finden sich derzeit noch häufiger bei Werkzeugen für das Business Process Reengineering *(Bach/Brecht/Österle)* als bei Workflow-Management-Software.

2.3
Workflow-Management-Reichweite

Abbildung 1 unterscheidet hinsichtlich der Reichweite des Prozeßmanagements zwischen folgenden Stufen:

- Insellösungen, d.h. es werden nur isolierte Einzelprozesse betrachtet.
- bereichsweit, d.h. die Prozesse eines Unternehmensbereichs werden einschließlich ihrer Schnittstellen modelliert und ggf. auch gesteuert.
- unternehmensweit, d.h. alle betrachteten Prozesse werden aus einem Unternehmensprozeßmodell *(Heilmann 1994)* top down abgeleitet bzw. in einem solchen bottom up zusammengeführt.
- unternehmensübergreifend, d.h. Workflow-Management erstreckt sich über Unternehmensgrenzen hinweg, es entsteht z.B. ein Prozeßmodell für ein virtuelles Unternehmen *(vgl. Heilmann 1995, insbes. Arnold et al. 1995)*.

Diese Stufen schließen sich nicht gegenseitig aus, Kombinationen sind möglich, etwa Insellösungen im einen, bereichsweites Prozeßmanagement in einem anderen Unternehmensbereich.

Schon in *(Davenport/Short 1990, S.18 f.)* wurden ähnliche Unterscheidungen getroffen. *(Hall/Rosenthal/Wade)* haben die Rationalisierungserfolge von Business Process Reengineering in 20 Unternehmen genauer untersucht und festgestellt, daß die Größenordnung dieser Erfolge mit der Reichweite der neu modellierten Prozesse einerseits und mit der Vielseitigkeit der getroffenen organisatorischen Veränderungen (Structure, Skills, IT Systems, Roles, Measurements/Incentives, Shared Values) andererseits deutlich korreliert war. Ähnlich stellen *(Osterloh/Frost, S.221)* fest, Insellösungen seien kein echtes Business (Process) Reengineering.

Eine größere Reichweite des Workflow-Managements ist auch Voraussetzung für die Wiederverwendung von Workflow-Bausteinen, also von (Teil-)Workflows in verschiedenen Prozessen. Diese kann sowohl durch Identifizierung geeigneter Bausteine top down bei der Modellierung als auch bottom up durch computergestützte Erkennung und anschließende Standardisierung ähnlicher Bausteine vorangetrieben werden. Auch die Übernahme von (Teil-)Workflows aus Referenzmodellen ist möglich.

Mit zunehmender Reichweite des Workflow-Managements ist auch damit zu rechnen, daß Prozesse – sowohl im Rahmen der Modellierung als auch der Steuerung – integriert werden müssen, die nach verschiedenen Methoden und mit verschiedenen Tools modelliert worden sind bzw. gesteuert werden. Standardisierte Schnittstellen, wie sie von der Workflow Management Coalition erarbeitet werden *(WfMC)*, sind unverzichtbar.

3   Flexibilitätspotentiale von Workflow-Management

Wenn die im vorangegangenen Kapitel erläuterten Integrationsdimensionen angemessen berücksichtigt werden, eröffnet Workflow-Management beachtliche Flexibilitätspotentiale aus verschiedenen Blickrichtungen.

3.1 Virtuelle Unternehmen

Virtuelle Unternehmen gelten als eine Organisationsform mit wachsender Verbreitung und guten Chancen für zukünftige Markterfolge. *(Arnold et al., S.10)* definieren nach einer kritischen Auseinandersetzung mit der Verwendung des Begriffs „virtuelle Unternehmen" diese als „eine Kooperationsform rechtlich unabhängiger Unternehmen, Institutionen und/oder Einzelpersonen, die eine Leistung auf der Basis eines gemeinsamen Geschäftsverständnisses erbringen"; bei der Leistungserstellung gegenüber Dritten treten die kooperierenden Einheiten wie ein einheitliches Unternehmen auf. Die „Erbringung einer Leistung" schließt ein, daß virtuelle Unternehmen nur auf eine begrenzte Zeitdauer angelegt sind.

Da die zu einem virtuellen Unternehmen verbundenen Geschäftspartner an unterschiedlichen Standorten mit unterschiedlichen Beiträgen zur gemeinsamen Leistung befaßt sind, gewinnt die schnelle und zuverlässige Koordination ihrer Einzelbeiträge eine hohe Bedeutung. Verbindungen über Netzwerke, standardisierter Datenaustausch und die Nutzung gemeinsamer Informations- und Kommunikationssysteme sind unverzichtbar. Die unternehmensübergreifende Gestaltung und Abwicklung gemeinsamer Prozesse in virtuellen Unternehmen mit Workflow-Management erweitert diese technologische Unterstützung, wobei die in Frage kommenden Workflows sowohl hohe Strukturierungsgrade (z.B. im Zusammenhang mit logistischen Planungs- und Abwicklungsaufgaben) als auch Ad-hoc-Workflows (z.B. für die frühe Abstimmung der gemeinsamen Leistung) umfassen können. Da die Zahl der Partner und die bei ihnen eingesetzten Informationstechnologien stark variieren können, sind standardisierte Workflow-Management-Schnittstellen von hoher Bedeutung.

In die Überlegungen zu virtuellen Unternehmen einbezogen wird häufiger auch die sogenannte Telearbeit, die schon in den 80er Jahren diskutiert und in den 90er Jahren erneut aufgegriffen wurde *(zu frühen Überlegungen vgl. Heilmann 1983 und Heilmann 1987; eine aktuelle Sicht bietet Heckl)*. Zunehmend wird darunter, insbesondere im Ausland, nicht nur die temporäre computergestützte Arbeit fest angestellter Mitarbeiter am dezentralen oder häuslichen Arbeitsplatz, sondern auch die Zusammenarbeit mit freiberuflich tätigen Partnern verstanden. Die Einbeziehung von Telearbeitsplätzen in (unternehmensinterne oder – bei freiberuflichen Partnern — unternehmensübergreifende) Workflows steigert die Flexibilität der Unternehmensabläufe bei herkömmlicher Unternehmensorganisation ebenso wie im virtuellen Unternehmen.

3.2
Variabler Strukturierungsgrad

Es wurde schon dargelegt, daß Workflow-Management sinnvollerweise nicht auf Prozesse mit hohem Strukturierungsgrad begrenzt bleiben soll. Aus der Möglichkeit, verschiedene Prozesse unterschiedlich tief zu strukturieren bzw. den Strukturierungsgrad im Zeitablauf zu modifizieren, lassen sich weitere Flexibilitätspotentiale ableiten.

Der Strukturierungsgrad bestimmt sich grundsätzlich nach verschiedenen Attributen eines Prozesses bzw. Workflows, die zusätzlich in verschiedenen Attributkombinationen auftreten können. Abhängigkeiten zwischen den Ausprägungen einzelner Attribute und dem Strukturierungsgrad werden an den folgenden Beispielen verdeutlicht.

Dynamik des Workflow-Umfelds: Wenn sich im Umfeld eines Prozesses in kurzer Folge Veränderungen ergeben, bedeutet das die Notwendigkeit ständiger Anpassungen des Workflow-Typs an diese Umfeldänderungen. Es kann sinnvoller sein, anstatt ständiger Modifikationen einen von vornherein geringeren und damit flexibler ad hoc anpaßbaren Strukturierungsgrad zu wählen. Allerdings müssen dann die menschlichen Aufgabenträger in der Lage sein, diesen gröber vorgegebenen Ablauf auf die richtige Art und Weise umweltangepaßt ergänzt auszuführen, d.h. die Anforderungen an die Qualifikation der Mitarbeiter wachsen.

Flexilitätsbedarf von Workflow-Exemplaren: In komplexen Workflow-Typen bestehen sehr viele alternative Wege, die abhängig von Exemplareigenschaften angesteuert werden müssen. Auch in diesem Fall sollte geprüft werden, ob ein schwächer strukturierter Typ qualifizierten Mitarbeitern nicht die Möglichkeit autonomer Anpassung an die jeweils wechselnden Anforderungen bietet. In der Praxis kann diese Situation auch zur Zerlegung eines Workflow-Typs in zwei neue Typen führen: Einen „Routinetyp", an dem normale Sachbearbeiter mitwirken, und einen „Sonderfalltyp", der qualifizierteren Rollenträgern zugeordnet wird. Dadurch wird der Nachteil vermieden, daß normale Sachbearbeiter Entscheidungsprobleme bei selten vorkommenden Sonderfällen haben können und dadurch Durchlaufzeitverlängerungen entstehen.

Mitarbeiterqualifikationen sind generell von großer Bedeutung für die erzielbare Qualität nicht voll automatisierter Prozesse. Auf der einen Seite werden hochqualifizierte Mitarbeiter sehr detailliert vorgegebene Teilaufgaben – also hoch strukturierte Workflows – als wenig motivierend empfinden. Schwächer strukturierte Workflows erlauben ihnen einen höheren Grad an Handlungsautonomie. Müssen andererseits wenig qualifizierte bzw. noch nicht hinreichend eingearbeitete Mitarbeiter eingesetzt werden, dann kann ein höher strukturierter Prozeß verhindern, daß Fehler gemacht werden. Im Zuge der Einarbeitung, Weiterqualifikation oder auch eines Auswechselns der betreffenden Mitarbeiter kann der Strukturierungsgrad nach und nach zurückgenommen werden.

Verkürzungen der Durchlaufzeit von Workflow-Exemplaren lassen sich auf verschiedene Weise erreichen. Business Process Reengineering trägt auf organisatorischer Ebene zur Straffung von Prozessen, z.B. durch Eliminieren unnötiger Teilaufgaben oder durch Parallelisierung, bei. Der Einsatz von Informationstechnologie, z.B. Imaging und Dokumentenmanagement, verkürzt Transportzeiten: Aktentransport wird durch elektronische Übermittlung ersetzt, parallel geführte Akten mit dem Risiko nicht aktueller Unterlagen gibt es nicht mehr. Auch die Steuerung durch die Workflow-Management-Software sorgt durch die automatische Weiterleitung in den Arbeitskorb der Mitarbeiter oder Rollenträger, die die nächste Teilaufgabe beginnen sollen, für eine Ablaufbeschleunigung. Die kürzesten Durchlaufzeiten lassen sich aber durch Vollautomatisierung erzielen; diese setzt allerdings für die betreffenden (Teil-)Prozesse einen entsprechend hohen Strukturierungsgrad voraus.

Analog zur Variation des Strukturierungsgrads in Abhängigkeit von der Mitarbeiterqualifikation kann auch der Strukturierungsgrad neuer Prozeßtypen im Zeitablauf verändert werden *(vgl. Rathgeb, S.90 ff.).* Es wird mit einer sehr schwachen Strukturierung begonnen. In dem Maße, in dem der betreffende Prozeß besser beherrscht wird, wird der Workflow-Typ verfeinert und schrittweise bis zu einem geeigneten Grad höher strukturiert. Damit kann auch eine zunehmende (Teil-) Automatisierung verbunden sein.

Diese Beispiele haben auch Verflechtungen zwischen den verschiedenen Auslösern eines schwachen bzw. hohen Strukturierungsgrads deutlich gemacht. Die in der Praxis erforderlichen Entscheidungen zum Strukturierungsgrad sind nicht trivial und im strengen Sinne auch nicht punktgenau treffbar. Ergänzende Kosten- und Nutzenüberlegungen sind sicher zweckmäßig.

3.3
Referenzmodelle und Bausteine

Theorie und Praxis versprechen sich von der Wiederverwendbarkeit organisatorischer und informationstechnologischer Komponenten sehr viel. Das zeigt bspw. die zunehmende Verbreitung objektorientierter Entwicklung von Informations- und Kommunikationssystemen, aber ebenso auch die Entwicklung von Referenzmodellen im Bereich der Daten- und Funktionsmodellierung. Nutzenfaktoren der Wiederverwendung bereits vorliegender Komponenten ergeben sich aus schnellerer Umsetzung in die Praxis, niedrigerer Fehlergefahr und dem zusätzlichen Nutzen von Vereinheitlichung.

Es überrascht also nicht, daß der Gedanke der Wiederverwendung auch in das Workflow-Management Eingang gefunden hat und Flexibiltätspotentiale im oben angedeuteten Sinn eröffnet. Dort geht es grundsätzlich um die Wiederverwendung von Workflow-Typen in primären und sekundären Prozessen unterschiedlicher Reichweite. Angewandte methodische Konzepte im Zusammenhang mit Wiederverwendung sind Reichweite sowie Detaillierung und Spezialisierung. Es ist unmittelbar verständlich, daß eine höhere Reichweite des Workflow-Management-Einsatzes im Unternehmen die Chancen für sinnvolle Wiederverwendungen erhöht. Wenn quasi vorgefertigte oder bereits vorhandene Workflow-Typen in neuem Zusammenhang eingesetzt werden, ist häufiger aber auch eine Modifikation nötig. Daraus folgt, daß die Wiederverwendung eher auf der Ebene von Supertypen stattfindet, die dabei detailliert bzw. verfeinert und der neuen Verwendung durch Änderungen, also Spezialisierung, angepaßt werden.

Wiederverwendung ist auf verschiedenen, fließend ineinander übergehenden Ebenen von Workflow-Management möglich. Die beiden Extreme sind Referenzmodelle und Prozeßbausteine.

Referenzmodelle *(vgl. Lenkungsgremium, S.24)* beschreiben Prozesse auf Unternehmens- oder auch Geschäftsbereichsebene, weisen also eine hohe Reichweite und damit verbunden einen niedrigen Strukturierungsgrad auf. Trotzdem erfordern sie eine Ausrichtung an bestimmten Unternehmensattributen und sind deshalb für bestimmte Tätigkeitsbereiche (z.B. Kosten- und Leistungsrechnung) oder Branchen (z.B. Finanzdienstleister) vorgefertigt. Ausgehend von am Markt angebotenen Referenzmodellen bzw. Prozeßhandbüchern *(vgl. Malone et al. 1993)* kann ein Unternehmen oder ein Geschäftsbereich ein individuelles Unternehmensprozeßmodell bzw. Bereichsprozeßmodelle entwickeln und damit Workflow-Management mit hoher Reichweite schneller einführen.

Unter Prozeßbausteinen (auch -schablonen, -mustern) werden Teilprozesse verstanden, die in umfassendere primäre und sekundäre Prozesse wiederholt (ggf. auch hier nach einer Detaillierung und/oder Spezialisierung) eingebunden werden können. Möglich erscheint dies z.B. für Prüfvorgänge oder Entscheidungsabläufe, die nach dem gleichen Grundschema ablaufen sollen. Solche Bausteine können grundsätzlich ebenfalls vom Markt bezogen oder – wie dies auch beim Unternehmensprozeßmodell möglich ist – im eigenen Hause entwickelt werden. Bei Eigenentwicklung stehen zwei, auch kombinierbare, Vorgehensweisen zur Wahl: Top-down-Identifizierung und -Entwicklung von Bausteinkandidaten oder Bottom-Up-Identifizierung durch Ähnlichkeitsanalysen bereits bestehender Teilprozesse. Im letzteren Fall kann über Methoden der Künstlichen Intelligenz eine Teilautomatisierung angestrebt werden.

Referenzmodelle und Bausteine können die prozeßbezogene Flexilität eines Unternehmens vor allem im Hinblick auf schnellere und kostengünstigere Anpassung an veränderte Bedingungen unterstützen. Außerdem erleichtern sie das Prozeß-Benchmarking zwischen vergleichbaren Geschäftsfeldern oder Unternehmen. Dabei ist selbstverständlich immer im Auge zu behalten, daß die Verwendung von am Markt angebotenen Referenzmodellen und Bausteinen eine sinnvolle Integration und damit Detaillierung und/oder Spezialisierung in Geschäftsbereich bzw. Unternehmen erfordert.

3.4
Prozeßcontrolling und -optimierung

Bei der Erläuterung des Workflow-Management-Zyklus ist schon dargelegt worden, welche Vorteile die Rückkopplung von Protokolldaten der abgeschlossenen Workflow-Exemplare bietet. Sie erlauben nicht nur die Revision einzelner Workflow-Exemplare, sondern liefern vor allem auch Erkenntnisse durch Vergleiche auf Typ- und Exemplarebene. Diese Vergleiche können Soll-Ist-Vergleiche sein, Unterschiede zwischen den Ergebnissen verschiedener Perioden aufzeigen, aber auch Benchmarking betreffen.

Beim Soll-Ist-Vergleich werden die Protokolldaten mit der vorgegebenen Zielsetzung für einen bestimmten Workflow, aber auch mit Simulationsergebnissen verglichen. Haben sich z.B. die Annahmen zur Durchlaufzeit, zur Verteilung der Exemplare auf verschiedene Pfade durch den Workflow-Typ oder zur Fehlerhäufigkeit bestätigt oder nicht? Wie lassen sich Abweichungen erklären? Treten sie bei Exemplaren mit bestimmten Attributausprägungen auf? Sind die Attributwerte der realen Exemplare statistisch anders verteilt als bei der Modellierung angenommen, wurden als Folge bestimmte Pfade häufiger oder seltener als erwartet durchlaufen? Ergeben sich Unterschiede aus dem Ressourceneinsatz, z.B. durch die Verwendung verschiedener Informations- und Kommunikationssysteme oder den Einsatz unterschiedlicher Rollen bzw. Mitarbeiter? Im letzteren Fall wäre allerdings das Problem personenbezogener Leistungskontrollen in angemessener Form zu lösen.

Periodenvergleiche zielen auf erkennbare Veränderungen im Zeitablauf ab. Wenn z.B. die Modellierung auf einer bestimmten Attributeausprägung von Workflow-Exemplaren beruhte, so lassen sie Veränderungen und damit Anpassungsbedarf erkennen. Ceteris paribus könnten Periodenvergleiche aber auch belegen, daß bestimmte Maßnahmen – z.B. eine Schulung betroffener Mitarbeiter –, gegriffen haben und sich in den Protokolldaten niederschlagen – z.B. in verkürzten Durchlaufzeiten.

Benchmarking, das schon unter 3.3 angesprochen wurde, schließlich erlaubt den Vergleich ähnlicher Prozesse innerhalb eines Unternehmens oder mit geeigneten anderen Unternehmen mit dem Ziel der Übernahme besserer (Teil-)Prozesse. Hier stützen die unterschiedlichsten Analysen sowohl auf Typ- als auch Exemplarebene die Benchmarking-Ergebnisse und schützen vor voreiligen Prozeßanpassungen.

Die beschriebenen Vergleiche machen Flexibilitätsbedarf frühzeitig erkennbar und zeigen, wo Anpassungsmaßnahmen notwendig erscheinen. Alle drei Vergleichsarten können auf unterschiedlichen Verdichtungsebenen durchgeführt werden. Nicht nur Mengen und Zeiten, sondern auch Kosten sind dabei von großem Interesse. Besonders wertvoll in diesem Zusammenhang sind neben Ist-Kosten und Soll-/Ist-kostenvergleichen auch Kostenprognosen: Wie verändern sich die Kosten eines Prozesses, wenn er in einer bestimmten Weise verändert, also neu modelliert, wird? Dabei ist ein Problem allerdings schwer in den Griff zu bekommen: die Prozeßverflechtung, d.h. Auswirkungen, die eine Prozeßveränderung auf andere, verbundene Prozesse hat. Mertens spricht *[in: Mertens/Reiß/Horváth]* dieses Problem an, wenn er einen „Zielkonflikt zwischen der Ökonomie der Einzelprozesse ... und dem sparsamen Umgang mit Ressourcen" (im allgemeinen, nicht im Workflow-Sinn) konstatiert. Er sieht zu Recht auch eine besondere Gefahr in der sukzessiven Verbesserung einzelner Prozesse ohne Augenmerk auf Integration. Diese Problematik ist zwar mit der Integrationsdimension Workflow-Management-Reichweite (2.3) angesprochen worden, aber das Problem der Abbildbarkeit und angemessenen Berücksichtigung der zahlreichen realen Prozeß- und Ressourcenverflechtungen ist dadurch noch nicht gelöst *(vgl. Lenkungsgremium, S.26, und Heilmann et al. 1997)*. An dieser Stelle besteht noch erheblicher Forschungsbedarf.

4 Realisierung der Potentiale

Workflow-Management bietet nur eine Option unter anderen zur Verbesserung der Flexilität von Unternehmen. Sein Beitrag darf also nicht isoliert vom Potential anderer organisatorischer Maßnahmen gesehen werden. Workflow-Management leistet nach Mertens *(in: Mertens/Reiß/Horváth)* zwar einen wichtigen Beitrag zur

Unternehmensführung als ein Element unter anderen, die gegenwärtige (fallweise) Überhöhung hält er aber für gefährlich.

Innerhalb der Betrachtung des Workflow-Potentials können drei Voraussetzungen für Erfolge unterschieden werden: der Einsatz der Informationstechnologie als Enabler, das richtige Maß organisatorischen Wandels und last not least der Erfolgsfaktor Mensch.

4.1
Informationstechnologie als Enabler

In der Geschichte der Informationsverarbeitung kam es lange Zeit immer wieder vor, daß vorhandene bzw. ohne Berücksichtigung der Informationstechnologie neu organisierte Abläufe in Informations- und Kommunikationssystemen abgebildet wurden.

Erst in der heutigen Zeit der Globalisierung über Internet und WWW, der massiv parallelen Rechner und des Neurocomputing, wird mehr oder weniger anerkannt, daß auch von der Informationstechnologie Impulse für organisatorische Veränderungen ausgehen können. Unternehmen sind gut beraten, diese in ihre Überlegungen einzubeziehen.

Erkennbar ist dieser Trend u.a. daran, daß Anbieter von Standardanwendungssoftware Workflow-Management in ihre Softwarepakete integrieren, wie dies die SAP AG (vgl. SAP) – übrigens mit Integration zur Prozeßkostenrechnung und einschließlich der Bereitstellung einer Workflow-Muster-Bibliothek – realisiert bzw. angekündigt hat. Groupware, BPR-Tools und Workflow-Management-Systeme wachsen zusammen. Das Extranet, ein gegenüber der Öffentlichkeit geschlossenes, auf Internettechnologien beruhendes Netz, das im Gegensatz zum Intranet aber Geschäftspartner einbezieht, bietet sich zur Abwicklung überbetrieblicher Workflows an.

In diesem Zusammenhang ist auch nochmals auf die Bedeutung hinzuweisen, die der Standardisierung im Workflow-Management zukommt. Dies ist nicht zuletzt auch durch die historisch unterschiedliche Herkunft des Workflow-Managements – vom Business Process Reengineering, von Dokumentenmanagement-Systemen bzw. von der Steuerung hochstrukturierter Workflows – zurückzuführen. Die Aktivitäten der *(WfMC)* wurden bereits erwähnt. Sie hat sich, was bei der Zusammensetzung ihrer Mitglieder nicht überrascht, zwar zunächst auf Schnittstellen innerhalb des Workflow-Managements im engeren Sinne konzentriert, ihre Pläne und Konzeptionen gehen aber darüber hinaus.

4.2
Organisatorischer Wandel

Organisatorischer Wandel muß situationsangepaßt erfolgen. Identitätserhaltung und Adaption (und Flexibilität als deren Voraussetzung) sind nach *(Sachs, S.98)* grundsätzlich parallel wirksam und berücksichtigen in besonderem Maße die geltenden Kernwerte (Core Values) eines Unternehmens.

Deshalb hat die anfangs vor allem von *(Hammer/Champy)* geforderte revolutionäre Veränderung betrieblicher Prozesse häufig nicht zum erwarteten Erfolg geführt. In Deutschland ist sie von vornherein auf Mißtrauen gestoßen, einer eher evolutionären Vorgehensweise wurden höhere Erfolgschancen zugestanden. Auslöser dieser kritischen Einstellung dürften sowohl Mentalitätsunterschiede als auch die im Vergleich zu den USA anderen Gegebenheiten des deutschen Arbeitsrechts gewesen sein.

(Osterloh/Frost, S.221 ff.) weisen darauf hin, daß die zukunftsgerichtete Entwicklung von Kernkompetenzen Vorrang vor kurzfristiger Erfolgsorientierung haben muß, und daß die sogenannte „Bombenwurfstrategie" zu den „Stolpersteinen beim Business Reengineering" zu zählen ist.

Ein Unternehmensprozeßmodell und ein darauf aufbauendes Rahmenkonzept zur schrittweisen Umstellung der darin enthaltenen Prozesse kann dabei helfen, das richtige Augenmaß für die Prozeßveränderungen zu behalten. Es verdeutlicht Prozeßverflechtungen und -schnittstellen und schützt auch vor der einseitigen Konzentration auf primäre Prozesse *(vgl. Mertens/Reiß/Horváth, S.111)*.

4.3
Erfolgsfaktor Mensch

Kernwerte eines Unternehmens *(Sachs, S.99 f.)* sind humanorientierte Grundelemente sozialer Systeme, deren (langsamer) Wandel nur durch individuelles und organisationales Lernen, die Besetzung von Schlüsselpositionen durch Personen mit abweichenden Kernwerten und durch geeignete Anreizsysteme bewirkt werden kann.

Wer betroffene Mitarbeiter und die von ihnen vertretenen Kernwerte bei der Neugestaltung von Prozessen ignoriert, hat also nur geringe Erfolgschancen. Inzwischen räumt auch Hammer *(vgl. o.V.: Re-Engineering à la Hammer)* ein, daß er „den Faktor Mensch vernachlässigt" habe, und diskutiert die für den dauerhaften Reengineering-Erfolg erforderlichen Maßnahmen in seinem neuen Buch *(Hammer 1997)*.

Betroffene Mitarbeiter müssen an der Neumodellierung von Prozessen angemessen beteiligt *(vgl. Vogler, S.359 f.)* und auf ihre veränderten Rollen als Process Owner, Prozeßmanager (verantwortlich für den Workflow-Typ) und Leiter bzw. Mitglieder von Case Teams (Bearbeiter von Workflow-Exemplaren) vorbereitet werden. Auch das höhere Maß an Autonomie und Selbstorganisation, das wenig strukturierte Prozesse erlauben, kann nicht erzwungen werden. Sichtbares aktives Engagement des höheren Managements bildet ebenso einen Erfolgsfaktor für Workflow-Management wie die richtige Arbeitsteilung zwischen Fachbereichen (Verantwortung für die Prozeßgestaltung) und IV-Abteilungen (Verantwortung für die zweckmäßige Einbeziehung von Informationstechnologie).

Dabei darf kein falscher Glaube an die vermeintlich „magische Macht der Informationstechnik" aufkommen, sondern es muß nach *(Markus/Benjamin)* immer bewußt bleiben: „... sollen IT-gestützte betriebliche Veränderungen gelingen, müssen ... die betroffenen Menschen dafür gewonnen werden, sich voll einzusetzen ... (und) ihre Einstellungen und Verhaltensweisen (zu) ändern".

5 Literatur

Arnold, O. et al. (1995), Virtuelle Unternehmen als Unternehmenstyp der Zukunft? in: Heilmann (Hrsg., 1995), S.8-23

Bach, V.; Brecht, L.; Österle, H. (1995), Software-Tools für das Business Process Redesign, Marktstudie FBO-Verlag, Wiesbaden 1995

Becker, M. (1996), Workflow-Management – Szenarien und Potentiale, in: Österle/Vogler (Hrsg., 1996), S.319-341

Brockhaus Enzyklopädie in 24 Bänden. 19.A., zehnter Band, Mannheim 1989

Davenport, T. H.; Short, J. E. (1990), The New Industrial Engineering, Information Technology and Business Process Redesign, in: Sloan Management Review, Summer 1990, S.11-27

Davenport, T. H.; Nohria, N. (1995), Der Geschäftsvorfall ganz in einer Hand – Case Management., in: Harvard Business Manager, 1/1995, S.81-90

Derungs, M. (1996), Vom Geschäftsprozess zum Workflow, in: Österle/Vogler (Hrsg., 1996), S.123-146

Deutsches Universalwörterbuch, hrsg. und bearbeitet vom wiss. Rat und den Mitarbeitern der Dudenredaktion unter Leitung von G. Drosdowski, Mannheim et al. 1983

DIN-Norm 66234, Teil 8: Grundsätze ergonomischer Dialoggestaltung, 1988

Fischer, L. (Ed., 1994), Why do BPR Initiatives fail? WARIA (Workflow and Reengineering International Association) Newsletter, Nov. 1994

Gartner Group (1995), Administrative Application Strategies, Research Note, Results of a Survey on Workflow, Nov. 10, 1995

Gartner Group (1996), Rationalisierer hoffen auf Workflow-Technik, in: Computerzeitung 15/1996

Gutzwiller, T. A. (1995), Business Process Redesign und Standardanwendungssoftware: Ein Widerspruch? Manuskript, IMG St. Gallen 1995

Hall, E. A.; Rosenthal, J.; Wade, J. (1994) How to make reengineering really work, in: The McKinsey Quarterly, No. 2/1994, S.107-128. In deutscher Fassung in: Harvard Business Manager, 2/1995, S.95-103

Hammer, M.; Champy, J. (1993), Reengineering the Corporation. A Manifesto for Business Revolution, New York 1993

Hammer, M. (1997), Beyond Reengineering. London 1997. Deutsche Übersetzung: Das prozessorientierte Unternehmen. Die Arbeitswelt nach dem Reengineering. Frankfurt 1997

Heckl, H. (1995), Telearbeit aus Sicht der IT-Industrie, in: Heilmann (Hrsg., 1995), S.47-58

Heilmann, H. und W. (1993), Softwareentwicklung am Telearbeitsplatz – Erfahrungen und Trends aus den USA., in: HMD, Handbuch der modernen Datenverarbeitung, Heft 110, Wiesbaden, März 1983

Heilmann, W. (1987), Teleprogrammierung. Die Organisation der dezentralen Software-Produktion, Wiesbaden 1987

Heilmann, H. (1994), Workflow Management: Integration von Organisation und Informationsverarbeitung, in: HMD, Theorie und Praxis der Wirtschaftsinformatik, Heft 176, März 1994, S.8-21

Heilmann, H. (Hrsg., 1995), Virtuelle Organisation. Schwerpunktthema in HMD, Theorie und Praxis der Wirtschaftsinformatik, Heft 185, September 1995

Heilmann, H.; Heinrich, L. J.; Roithmayr, F. (Hrsg., 1996), Information Engineering. Wirtschaftsinformatik im Schnittpunkt von Wirtschafts-, Sozial- und Ingenieurwissenschaften, Oldenbourg, München und Wien 1996

Heilmann, H. (1996), Die Integration der Aufbauorganisation in Workflow-Management-Systeme, in: Heilmann/Heinrich/Roithmayr 1996, S.147-165

Heilmann, H.; Bauder, P.; Knoll, M.; Merten, S.; Stapf, W. (1997), Business Process Analyst – Konzeption, Prototyp und Weiterentwicklung, Stuttgart 1997 (in Vorbereitung)

Heinrich, L. J.; Roithmayr, F.: Wirtschaftsinformatik-Lexikon. 4. Auflage, München und Wien 1992

Hunziker, A. W. (1997), Den Staat besser managen – mit NPM, in: Harvard Business Manager, 3/1997, S.121 ff.

ISO-Norm 9241 bzw. EN 29241, Detaillierung der Richtlinie 90/270/EWG, 1992

Kueng, P.; Schrefl, M. (1995), Spezialisierung von Geschäftsprozessen am Beispiel der Bearbeitung von Kreditanträgen, in: HMD, Theorie und Praxis der Wirtschaftsinformatik, Heft 185, Sept. 1995

Lenkungsgremium des Software-Labors (Hrsg., 1996), Das Software-Labor. Zweiter Bericht. Universität Stuttgart, September 1996

Malone, T. W.; Crouston, K. G.; Lee, J.; Pentland, B. (1993) Tools for Inventing Organizations: Toward a Handbook of Organizational Processes, Technical Report # 141, MIT, Cambridge/Mass. 1993

Markus, M. L.; Benjamin, R. I. (1997), Heilsbringer Informationstechnik? In: Harvard Business Manager, 3/1997, S. 87 ff.

Mertens, P.; Morschheuser, S.; Raufer, H. (1996), Integriertes Dokumenten- und Workflow-Management im Angebotsprozeß eines Maschinenbauunternehmens, in: Heilmann/Heinrich/Roithmayr 1996, S.193-213

Mertens, P.; Reiß, M.; Horváth, P. (1997), Controlling-Dialog. Perspektiven der Prozeßorientierung, in: Controlling, Heft 2, März/April 1997, S.110-115

Mitschang, B.; Härder, T.; Ritter, N. (1996), Design Management in CONCORD: Combining Transaction Management, Workflow Management and Cooperation Control, in: 6th Int. Workshop on Research Issues in Data Engineering, RIDE-NDS'96, New Orleans, Febr. 1996, pp.160-168

Morschheuser, S. (1997), Integriertes Dokumenten- und Workflow-Management: dargestellt am Angebotsprozeß von Maschinenbauunternehmen, Deutscher Universitäts-Verlag, Wiesbaden 1997

Österle, H. (1996), Business Engineering: Geschäftsstrategie, Prozeß und Informationssystem, in: Heilmann/Heinrich/Roithmayr (Hrsg., 1996), S.215-233

Österle, H.; Vogler, P. (Hrsg., 1996): Praxis des Workflow-Managements, Vieweg, Braunschweig und Wiesbaden 1996 o.V. (1995), IBM und Lotus legen Strategie für ihre Workgroup-Produkte vor, in: Computerwoche Nr. 30, München 28. 7. 1995, S.2

o.V. (1996), Verbundprojekt INTESOL. Integrale Planung solaroptimierter Gebäude, Arbeitsplan, Manuskript des Instituts für Industrielle Bauproduktion, Universität Karlsruhe, 23. 4. 1996

o.V. (1996), Re-Engineering à la Hammer: Rechnung ohne Mitarbeiter gemacht, in: Computerwoche, 6.12.1996, S.6

Osterloh, M.; Frost, J. (1996), Prozeßmanagement als Kernkompetenz, Wiesbaden 1996

Rathgeb, M. (1996), Verfahren zur Gestaltung rechnergestützter Büroprozesse, Berlin et al. 1996

Ritter, N.; Mitschang, B. (1997), Die Assistenzfunktion kooperativer Designflows – verdeutlicht am Beispiel von CONCORD, in: Informatik – Forschung und Entwicklung, 12(2), 1997, S.91-100

Sachs, S. (1997), Evolutionäre Organisationstheorie, in: Die Unternehmung 2/97, S. 91-104

SAP AG (Hrsg., 1996),: SAP Business Workflow. System R/3. Release 3.0, Walldorf, Februar 1996

Schönecker, H. G. (1994), Wenn sich die Unternehmensumwelt ändert., in: Office Management, 7-8/1994, S. 22 ff.

Stark, H.; Lachal, L. (1995), Ovum Evaluates Workflow, London 1995

Stickel, E.; Groffmann, H.-D.; Rau, K.-H. (1997), Gabler Wirtschaftsinformatik Lexikon, Wiesbaden 1997

Vogler, P. (1996), Chancen und Risiken von Workflow-Management, in: Österle/Vogler (Hrsg., 1996), S. 343-362

WfMC (Workflow Management Coalition), International Organization for the Development and Promotion of Workflow Standards, Brussels o. J. Aktuelle Informationen im WWW unter: http://www.aiai.ed.ac.uk/WfMC/

Wissensbasis quantitativer Management-Instrumente

Ernst Troßmann

1 Gestiegene Bedeutung quantitativer Management-Instrumente

Die Entwicklungen Möglichkeiten in der Informations- und Kommunikationstechnik haben in den vergangenen Jahren die Möglichkeiten zum Einsatz quantitativer Instrumente deutlich erweitert. Dies betrifft zunächst die mehr **abrechnungsorientierten Systeme der Massendatenverarbeitung,** die vor allem in den Anfängen der betrieblichen Computernutzung im Vordergrund standen. Dazu gehören Fakturierungssysteme, Lohn- und Gehalts-Abrechnungssysteme, das gesamte Buchhaltungssystem, das innerbetriebliche Rechnungswesen sowie eine Reihe verschiedener betrieblicher Statistiken und Auswertungsrechnungen. Diese meist routineartig durchgeführten Rechnungen haben trotz ihrer Vergangenheitsorientierung eine nicht zu unterschätzende Management-Bedeutung: Sie machen inhaltlich einen Großteil des betrieblichen Berichtswesens aus, und sie werden auch zur Bestückung von Planungsrechnungen herangezogen.

Daneben ist der Blick aber auch auf die dezidiert planungs- und entscheidungsorientierten EDV-Systeme zu richten. Dies sind zum einen Standardplanungssysteme, die ebenfalls routineartig Massendaten verarbeiten, im Gegensatz zu den Abrechnungssystemen aber zukunftsgerichtet sind. Beispiele sind Materialdispositionssysteme, umfassende Produktionsplanungs- und -steuerungssysteme sowie Systeme des Cash-Managements oder darüber hinausgehend der gesamten Finanzplanung. Zum anderen sind dies Entscheidungsunterstützungssysteme, deren Bedeutung gegenwärtig noch steigt. Im Gegensatz zu den Standardplanungssystemen befassen sie sich nicht mit programmierbaren Standardentscheidungen, sondern dienen der Computerunterstützung einer Einzelfallentscheidung, für die ein standardisiertes Programm nicht vorliegt. Immerhin kann ein solcher Entscheidungsprozeß aber durch Instrumente der Problemanalyse, der Prognose einzelner Bewertungsrechnungen durch What-if-Analysen u. ä. quantitativ unterstützt werden.

Die in den vergangenen Jahren deutlich gestiegenen technischen Möglichkeiten erlauben nicht nur eine sehr schnelle und präzise Bereitstellung von vergan-

genheitsbezogenen oder planungsorientierten Rechnungsergebnissen aller Art, die
überbetriebliche informationstechnologische Vernetzung gestattet auch den unproblematischen und schnellen Zugriff auf relevante Daten verschiedenster Quellen.
Auch komplizietere Rechnungen, Auswertungen mit hohem Speicherbedarf,
Analyseinstrumente mit umfassendem Dateninput unterschiedlicher Herkunft oder
Methodenanwendungen, deren Ergebnisse nur sinnvoll nutzbar sind, wenn sie sehr
schnell vorliegen – alle derartigen Rechnungen scheitern heute nicht schon prinzipiell an den technischen Möglichkeiten.

Damit bieten sich aber deutlich mehr Alternativen für die Auswahl und Gestaltung solcher quantitativer Management-Instrumente. Kenntnisse über die sinnvolle
Anwendung, über die Interpretation von Ergebnissen sowie die führungspolitische
Bedeutung von Management-Instrumenten sind erforderlich. In diesem Beitrag soll
ein Blick auf die verschiedenen Komponenten einer derartigen Wissensbasis
quantitativer Management-Instrumente geworfen werden.

2   Anwendungsproblematik quantitativer Management-Instrumente

2.1 Arten quantitativer Management-Instrumente

Management-Instrumente sind Methoden, die den betrieblichen Führungsprozeß
zumindest in Teilbereichen unterstützen. Dazu zählen unter anderem eine Reihe
von Personalführungsinstrumenten, Motivations- und Anreizsystemen, Organisationstechniken, Planungs- und Überwachungsprinzipien usw. Eine besondere
Stellung nehmen quantitative Management-Instrumente ein; dies nicht nur wegen
ihrer unmittelbaren Umsetzbarkeit in computergestützte Lösungen, sondern vor
allem auch wegen der tatsächlichen oder vermeintlichen Präzision, die eine Kommunikation mit Zahlen mit sich bringt.

Nach ihrer Verwendung lassen sich quantitative Management-Instrumente grob
in drei Gruppen einteilen. Zum einen handelt es sich um allgemeine quantitative
Informationsinstrumente. Dies sind vor allem Methoden des Rechnungswesens.
Mit ihnen werden entweder periodisch oder fallweise Zahleninformationen bereitgestellt. Die periodischen Rechnungen umfassen hauptsächlich die Bilanz-, Finanz- sowie Kosten- und Leistungsrechnungen, ferner zusätzliche externe oder
interne Rechnungen, z.B Kapitalflußrechnungen oder bestimmte Material-, Auftragseingangs-, Bestände- oder Umsatzstatistiken. In fallweisen Rechnungen werden etwa Sonderbilanzen, spezielle Finanzierungsrechnungen oder allgemein Projektrechnungen erstellt. Diese Gruppe der allgemeinen quantitativen Informationsinstrumente umfaßt damit den gesamten Katalog gesetzlich vorgeschriebener

oder traditionell gewachsener Rechnungen, die in vielen Fällen auch ohne besondere Analyse ihrer weitergehenden Rechnungszwecksetzung erstellt werden.

Eine zweite Gruppe quantitativer Management-Instrumente kann speziell dem sachlichen Führungsprozeß zugeordnet werden. Dabei handelt es sich um Instrumente der Zielbildung, der Planung und Kontrolle. Hierzu zählen spezielle quantitative Methoden, mit denen die einzelnen Schritte eines rationalen Führungsprozesses quantitativ unterstützt werden können. Beispielsweise lassen sich Ziele durch Quantifizierung präziser fassen; quantitative Frühwarnsysteme dienen einer gezielten Problemwahrnehmung. Mit Hilfe spezieller Kennzahlen lassen sich Probleme genauer analysieren sowie Problemverbunde strukturieren *(vgl. Troßmann 1994, S. 524)*. Im weiteren Planungsprozeß spielen quantitative Prognosen sowie eine zieladäquate Bewertung von Entscheidungsalternativen eine Rolle. Schließlich werden quantitative Instrumente zur Kontrolle und Abweichungsanalyse gebraucht.

Bei der dritten Gruppe der quantitativen Management-Instrumente kommt der Aspekt unterschiedlicher hierarchischer Ebenen hinzu. Bei diesen Instrumenten der organisatorischen Führung geht es um eine Zielvorgabe, Motivation und Leistungsbeurteilung mit Hilfe passender Berechnungskonzepte. Quantitative Instrumente hierzu sind vor allem Kennzahlen, Budgets und Lenkpreise. Je nach Führungssystem spielen sie eine mehr oder weniger weitreichende Rolle in der hierarchischen Steuerung. Sie kann sich von der Vorgabe einer eher unverbindlichen Orientierungsgröße bis hin zu einem umfassenden System einer Lenkung durch exakte Zahlenvorgabe und anschließender Leistungsmessung erstrecken.

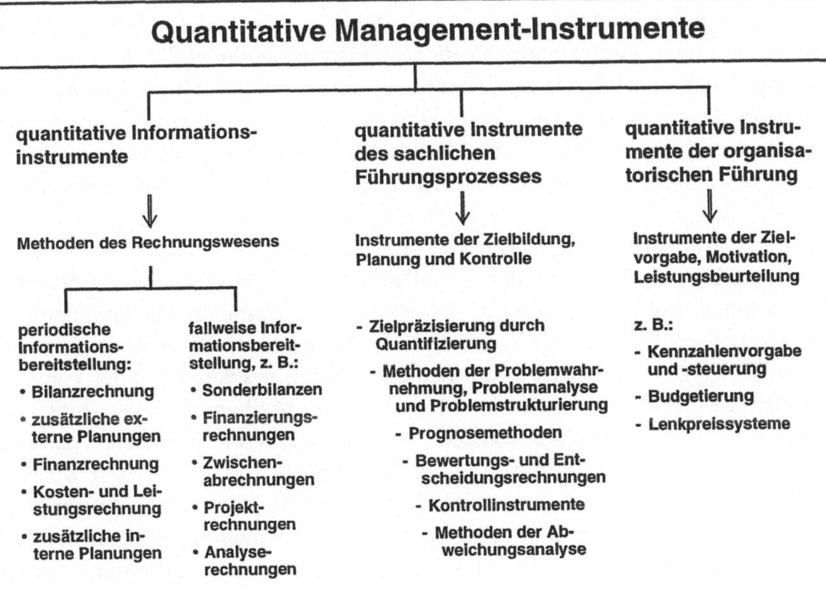

Abb. 1: Arten quantitativer Management-Instrumente

Abbildung 1 gibt einen schematischen Überblick über die drei unterschiedenen Gruppen quantitativer Management-Instrumente. Während die praktizierten allgemeinen quantitativen Informationsinstrumente häufig durch gesetzliche Vorgaben und Tradition bestimmt sind, tritt bei den anderen beiden Gruppen stärker das Problem der Auswahl der adäquaten quantitativen Instrumente hervor. Die erhebliche Wirkung, die durch ein gewähltes quantitatives Management-Instrument hervorgerufen werden kann, sei es als Informationsbasis, als Entscheidungsgrundlage oder als allgemeines Führungsinstrument, zeigt die Bedeutung von Wissen über Einsatz und Anwendung quantitativer Management-Instrumente.

2.2
Wissen über Management-Instrumente

Das erforderliche Wissen über quantitative Management-Instrumente läßt sich durch folgende drei Hauptaspekte charakterisieren:

1. Methodenkenntnis,
2. Anwendungsbereich der Methoden,
3. Beeinflussung des Führungsprozesses.

Grundlegend ist die Methodenkenntnis. Hier geht es um die Frage, welchen Berechnungszweck eine Methode erfüllt, welche Input-Informationen sie benötigt und welche Output-Informationen sie liefert. Hierauf basiert z.B. die passende Bestückung solcher Rechnungen mit Eingangsdaten, da der angestrebte Rechnungszweck für die zu verwendenden Eingangsinformationen maßgeblich ist. Für die praktische betriebliche Anwendung ist dabei von besonderer Bedeutung, daß erforderliche Eingangsinformationen für eine Planungsrechnung in der Regel nicht durch Neuerhebung erfaßt werden, sondern durch eine Sekundärausnutzung bereits vorhandener Daten zu gewinnen sind. Dies bedeutet u.a. daß im praktischen Fall nicht vom Rechnungszweck auf die erforderliche Zahl geschlossen wird, sondern vorhandene Zahlen auf die mit ihnen erfüllbaren Rechenzwecke hin zu analysieren sind.

Mit dem zweiten Problemkreis wird der Anwendungsbereich der Methoden angesprochen. Hier geht es um den Problembezug der Methoden. Die Vorstrukturierung eines Problems bestimmt, inwieweit die Anwendungsbedingungen einzelner Methoden überhaupt zum gestellten Problem passen. Dies ist im Einzelfall eine schwierigere Aufgabe, als es auf den ersten Blick erscheint. Weder von externen Software-Lieferanten noch bei der internen Methodenbereitstellung kann nämlich exakt vorhergesehen werden, welche konkreten Einzelentscheidungsfragen später auftreten, für die eine Methodenanwendung zumindest diskutiert wird. Die Anwendungsproblematik hängt eng mit einer korrekten Interpretation errechneter Resultate zusammen. Hier droht in der Anwendung besondere Gefahr. Gerade Management-Instrumente, die komplexe Sachverhalte auf wenige, griffige Zahlen zurückführen, erfüllen ihre Managementunterstützungsaufgabe gut. Damit verbunden ist freilich die besondere Gefahr einer unbewußt ‚ oberflächlichen Fehlinterpretation solcher Ergebnisse.

Auf eine weiterreichende Wirkung des Einsatzes quantitativer Management-Instrumente hebt der dritte genannte Aspekt ab. Die Resultate vieler Management-Rechnungen beeinflussen direkt oder indirekt den Führungsprozeß. Dies kann auf zweierlei Arten geschehen. Zum einen werden durch die Resultate von Management-Rechnungen u.U. Management-Entscheidungen inhaltlich in eine bestimmte Richtung gelenkt. Zum anderen bestimmen quantitative Informationen in einem gewissen Maße, was überhaupt als Management-Problem angesehen wird.

Das Wissen über die drei aufgeführten Fragenkreise bestimmt die Auswahl, die Anwendung und die Ausgestaltung von quantitativen Management-Instrumenten im einzelnen. Derartiges Wissen ließe sich bei entsprechender Strukturierung in eine Reihe von Anwendungs- und Interpretationsregeln fassen. Sie würden für ein gegebenes Problem, für die vorhandene Datenstruktur sowie für die gewünschte führungspolitische Wirkung angeben, welche Methode in welcher Ausgestaltung anzuwenden und welche Zusatzinterpretation zweckmäßig ist. Damit könnte man sich derartige Regeln durchaus als Wissenskomponente eines Expertensystems für die Wahl und Anwendung quantitativer Management-Instrumente vorstellen.

Freilich reicht das tatsächlich vorhandene Wissen über den Einsatz quantitativer Management-Instrumente für die Konstruktion eines umfassenden derartigen Expertensystems nicht aus. Immerhin aber liegt uns für Teilbereiche derartiges Wissen durchaus vor. Im weiteren werden einige Beispiele zu den drei aufgeworfenen Fragen vorgestellt.

3 Koordination von Bereitstellung und Verwendung quantitativer Management-Informationen

3.1 Allgemeine Problematik der Informationsbedarfsanalyse

Als harmloseste der drei Fragenkomplexe, die im vorherigen Abschnitt formuliert wurden, erscheint die Methodenkenntnis selbst und das Wissen über den adäquaten Daten-Input. Tatsächlich allerdings setzt eine adäquate Lösung derartiger Fragen eine **Informationsbedarfsanalyse** für jede betriebliche Entscheidungsstelle voraus. Welche Information zur Lösung einer bestimmten Aufgabe erforderlich ist, läßt sich indessen eindeutig nur auf eine einzige Art beantworten: nämlich indem man diese Aufgabe strukturiert und letztlich ein Konzept zu ihrer Lösung selbst entwirft.

Diese sogenannte aufgabenlogische Informationsbedarfsanalyse ist in der Regel nicht praktikabel, setzt sie doch voraus, daß die Arbeit des Managers, der durch ein quantitatives Instrument unterstützt werden soll, von einem anderen – es wäre ein „Informationsmanager" oder ein entsprechender Controller – prinzipiell übernommen wird. Deshalb beruht die Bereitstellung entscheidungsbezogener Informationen immer einerseits auf Vermutungen hinsichtlich sinnvoller Entscheidungsprozesse sowie andererseits auf Erfahrungen über entscheidungsbezogenen Informationsbedarf der Vergangenheit.

Immerhin ist für viele betriebliche Entscheidungen die Relevanz bestimmter Grundinformationen unstrittig, insbesondere wenn es um Prozesse des laufenden Betriebs geht. Auf dieser Grundlage stellen die Instrumente des Rechnungswesens eine breite Palette von Informationen bereit. Freilich kann die Planungsorientierung solcher Informationsbereitstellung in betrieblichen Datenbanken durch einfache entscheidungslogische Grundüberlegungen deutlich verbessert werden *(vgl. vor allem Troßmann 1996).*

3.2
Informationsversorgung von Planungsrechnungen

Wegen der prinzipiellen Schwierigkeiten einer fundierten Informationsbedarfsanalyse ergibt sich, daß die Informationsbereitstellung für Management-Aufgaben zumindest teilweise auf mehr oder weniger plausiblen **Vermutungen** basiert. Daher ist davon auszugehen, daß zwar eine Vielzahl möglicherweise entscheidungsrelevanter Informationen in Datenbanken vorgehalten werden, daß sie aber andererseits nicht unmittelbar in der bereitgehaltenen Definition oder Aufbereitung auf Planungsrechnungen passen. Dieses Problem zeigt sich insbesondere dann, wenn eine Planungsrechnung neu konzipiert oder in einem bestimmten Anwendungsbereich erstmals angewendet wird. Die erforderlichen Eingangsdaten wird man dann nicht unmittelbar neu erfassen, sondern zunächst durch Sekundärauswertung vorhandener Größen zu generieren versuchen. An dieser Stelle entsteht ein nicht unerhebliches **Schnittstellenproblem,** durch das insbesondere die tägliche Arbeit des Controlling gekennzeichnet ist.

Dieses Schnittstellenproblem sei an einem typischen Beispiel gekennzeichnet. Ausgangspunkt ist die vielerorts übliche Trennung von Informationsbereitstellung durch das Rechnungswesen und Informationsverwendung in der Planung. Es wird angenommen, daß im Planungsbereich irgendein Konzept zur Planung von Bestellmengen neu angewendet werden soll. Um die Vorteilhaftigkeit unterschiedlicher Bestellmengen quantitativ zu beurteilen, müssen u.a. Zinskosten und Lagerhaltungskosten berechnet und den ggf. möglichen Mengenrabatten und ersparten bestellfixen Anlieferungs- und Qualitätsprüfungskosten gegenübergestellt werden. Neben anderen Parametern wird also beispielsweise ein Lagerkostensatz benötigt. Im Zusammenhang der Beschaffungs- und Lagermengenplanung ist es üblich, die Kosten für die Lagerung in einem Lagerkostensatz l auszudrücken, der beispielsweise wert- oder mengenbezogen sein kann. Für das weitere soll angenommen werden, daß es sich um einen wertbezogenen Lagerkostensatz l handelt. Er soll angeben, was das Lagern einer Menge mit dem Wert von 100,- DM über ein Jahr hinweg an Lagerkosten verursacht. Abbildung 2 zeigt in ihrem rechten Teil schematisch diesen Ansatz.

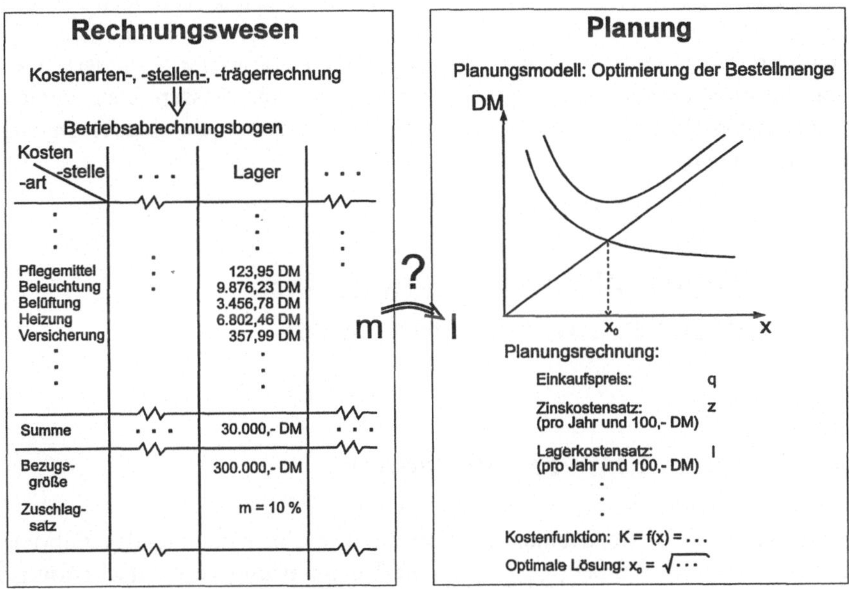

Abb. 2: Koordinationsproblem zwischen Informationsbereitstellung und -verwendung

Zur Bestückung eines solchen Bestellmengenmodells mit den entsprechenden Eingangsdaten wird man davon ausgehen, daß die Kostengrößen aus dem betrieblichen Rechnungswesen entnommen werden können. Allerdings findet sich im gesamten Kostenrechnungssystem üblicherweise keine Zahl mit der Bezeichnung „Lagerkostensatz". Vielmehr wird man möglicherweise in der betrieblichen Kostenstellenrechnung das Lager, um dessen Kostensatz es geht, als Kostenstelle vorfinden. Zu dieser Kostenstelle gibt es dann die üblichen Kostenrechnungsauswertungen also etwa die Gemeinkosten abgelaufener Perioden, möglicherweise auch einen prognostizierten **Lagergemeinkostenzuschlag**.

Bei der Verwendung dieser Zahlen für den beabsichtigten Zweck in der Bestellmengenplanung gibt es zahlreiche Detailfragen zu klären: So muß z.B. sichergestellt werden, daß die ausgewiesenen Lagerkosten tatsächlich nur beeinflußbare mengenvariable Komponenten enthalten. Ferner ist bei der Übertragung zu berücksichtigen, daß die erfaßten und prognostizierten Zahlen aus der Kostenrechnung letztlich für Kalkulationszwecke bereitgehalten werden. Dort ist aber die durchschnittliche realisierte bzw. prognostizierte Lagerzeit zu verwenden. Dies ist

bei der üblichen Kostenrechnungssystematik implizit ohnehin der Fall. Andererseits ist bei der Verwendung in einem Planungsmodell der Lagerkostensatz für
eine einjährige Lagerung zu definieren, um die Lagerkosten für alternative Lagerdauern kalkulieren zu können. Bei der Umrechnung von einem Gemeinkostenzuschlagsatz in einen Lagerkostensatz ist also zumindest mit dem implizit
unterstellten Lagerumschlag zu multiplizieren.

Das Beispiel zeigt, daß für die Bestückung von Planungsmethoden selbst bei
vorhandenen Grundinformationen intensive Detailkenntnis erforderlich ist. Es gibt
gleichzeitig einen häufig vorkommenden Schwachpunkt an der Schnittstelle zwischen Informationsbereitstellung und -verwendung an. Wissen über derartige
Schnittstellenprobleme erleichtert den adäquaten Einsatz quantitativer Management-Instrumente.

4 Operationalisierung von Zielen in Entscheidungsrechnungen

4.1 Zur Wahl quantitativer Zielkriterien

Soweit quantitative Management-Instrumente zur Unterstützung des Führungsprozesses eingesetzt werden, geht es um die **Vorbereitung von Entscheidungen**.
Eine Reihe von Rechnungen dienen den Planungsphasen der Problemwahrnehmung, der Problemstrukturierung, der Prognose oder der Alternativensuche.
Für diese Rechnungen ist die konkrete Formulierung von Zielen zwar nicht völlig
unerheblich, ihre Rolle ist aber nicht so zentral wie bei den Bewertungs- und Entscheidungrechnungen im engeren Sinne.

Gerade im letztgenannten Fall sind quantitative Instrumente ein wertvolles
Hilfsmittel. Die Alternativenbewertung verlangt jedoch auch eine eindeutige
quantitative Zielformulierung. Die sich dabei ergebenden Probleme weisen mehrere Aspekte auf. Ein eher harmlos scheinender und insgesamt einfacher Fall liegt
dann vor, wenn der Zielinhalt bereits von vornherein prinzipiell quantitativ formuliert ist. Dennoch muß man davon ausgehen, daß die Bewertung einzelner Alternativen in einer Entscheidungssituation nicht unmittelbar anhand eines solchen formulierten Oberziels möglich ist, weil beispielsweise das Oberziel durch die in
Frage stehenden Alternativen nur mittelbar beeinflußt wird oder das Fehlen einzelner Berechnungskomponenten verhindert, unmittelbar die Wirkung auf das Oberziel zu ermitteln. Dann geht es also darum, geeignete Unterziele zu formulieren,
anhand derer eine Entscheidung im Sinne des Oberziels möglich ist.

Ein typisches Beispiel ergibt sich aus der in jüngster Zeit viel diskutierten Orientierung am Shareholder Value. Der Shareholder Value soll den Wert des Anteils eines Eigenkapitalgebers in der Unternehmung ausdrücken. Nun kann man zunächst danach fragen, durch welche Zahl ein derartiger Anteilswert adäquat ausgedrückt wird. Bei börsennotierten Aktiengesellschaften beispielsweise stehen sich hier die externe Bewertung anhand aktueller und prognostizierter Börsenkurse und Dividendenausschüttungen sowie die interne Bewertung anhand aktueller und prognostizierter Cash Flows gegenüber. Es liegt auf der Hand, daß beide Berechnungsarten zu unterschiedlichen Lösungen führen müssen, da von einer Äquivalenz nicht ausgegangen werden kann. Aber auch bei Festlegung auf eine dieser Shareholder-Value-Varianten ergibt sich dadurch nicht zwangsläufig eine bestimmte Formulierung präziser Entscheidungskriterien für die konkreten Management-Entscheidungen. Nach welcher Maßgröße z.B. Investitionsentscheidungen beurteilt werden sollen, ist damit, abgesehen von der vorgegebenen Dominanz einer finanziellen Zielwirkung, durchaus noch offen.

Bei der Wahl quantitativer Entscheidungskriterien als Unterziele eines prinzipiell gegebenen quantitativen Oberziels stellen sich damit zumindest die beiden folgenden Probleme:

– Zum einen sind Spielräume für die alternative Formulierung untergeordneter Entscheidungskriterien durch Hypothesen sowie geeignete, präzisierende Prioritätensetzung auszufüllen;
– zum anderen sind entscheidungslogische Überlegungen für den Zusammenhang zwischen Unter- und Oberzielen heranzuziehen.

Während der erste Problemkreis schwieriger allgemein zu lösen ist und teilweise von der Präferenzstruktur der Entscheidungsträger abhängt, könnte man zum zweiten Problemkreis auf eine Fülle von Einzelerkenntnissen insbesondere aus dem entscheidungsorientierten betrieblichen Rechnungswesen zurückgreifen. Die Problematik liegt hier in einer geeigneten Umsetzung auf den jeweiligen Anwendungsfall. Diese ist allerdings oft erschwert. Einerseits sind manche Entscheidungskriterien für den einen Anwendungsfall geeignet, während sie für einen nur unwesentlich anders erscheinenden Anwendungsfall zu falschen Ergebnissen führen. Andererseits wird auch bisweilen in der einschlägigen Literatur nicht hinreichend deutlich auf unterschiedliche Anwendungen hin differenziert, oder es werden in der betrieblichen Anwendungspraxis eingeübte und erprobte Rechenkonzepte ohne Vorprüfung auf ähnlich scheinende neue Anwendungsfälle übertragen.

Typische Beispiele zur Problematik von verbreiteten Kriterien für Projektentscheidungen zeigen Abb. 3 und 4. In Abb. 3 ist die Zahlenstruktur einer Verfahrenswahlentscheidung skizziert. Es geht um die typische Wahl zwischen einer Alternative A mit kleineren Fixkosten, jedoch höheren variablen Kosten und einer Alternative B mit umgekehrter Kostenstruktur. Der eigentlich interessierende finanzielle Gesamteffekt kann wegen des fehlenden Absatzpreises der Endprodukte nicht explizit berechnet werden. Allerdings kann vorausgesetzt werden, daß der Verkaufspreis unabhängig von der gewählten Alternative ist. Darüber hinaus ist die jeweilige Produktionsmenge bei beiden Alternativen bekannt, wenn auch un-

terschiedlich. Soweit es sich um die zusätzliche Herstellung und Lieferung einzelner Produktstücke handelt, mag die Berechnung von Stückkosten naheliegen. Für
den hier betrachteten Fall zeigt das Beispiel in Abb. 3, daß die Orientierung an
dieser Größe keine geeignete Entscheidungsgrundlage bieten kann. Passender wäre
die Berechnung eines Break-even-Preises, der die Grenze für die Vorteilhaftigkeit
der einen zur anderen Alternative angibt.

Projektvergleich

Alternative Herstellungsmöglichkeiten des gleichen Produkts:

	Projekt A	Projekt B
fixe Kosten	100.000,– DM	135.000,– DM
variable Kosten pro Stück	15,– DM	11,– DM
Kapazität	20.000 Stk.	18.000 Stk.

Der Absatz ist gesichert, allerdings bei unbekanntem Preis

Berechnung:

Gesamtkosten bei maximaler

	Projekt A	Projekt B
Menge	400.000,– DM	333.000,– DM
Stückkosten:	20,– DM	18,50 DM

Beispiel für einen Preis von 70,-- DM/Stück:

	Projekt A	Projekt B
Erlös	1.400.000,– DM	1.260.000,– DM
Gesamtkosten	400.000,– DM	333.000,– DM
Gewinn	1.000.000,– DM	927.000,– DM

Break-even-Preis: 33,50 DM

Abb. 3: Problematik einheitsbezogener Größen bei Investitionsentscheidungen

Das einfache Beispiel in Abb. 3 weist auf die generelle Problematik hin, ein-
heitsbezogene Größen für die Entscheidung über ein Gesamtprojekt heranzuziehen. Dies trifft für die Stückkosten zu, wenn die Menge feststeht, also gar nicht
über das einzelne Stück entschieden wird. Dies trifft in gleicher Weise aber auch
für Rentabilitäten zu, soweit der zu investierende Betrag nicht beliebig variiert
werden kann, wie es z.B. bei Realinvestitionen der Fall ist.

Zwei weitere Beispiele problematischer Entscheidungskriterien zeigt Abb. 4.

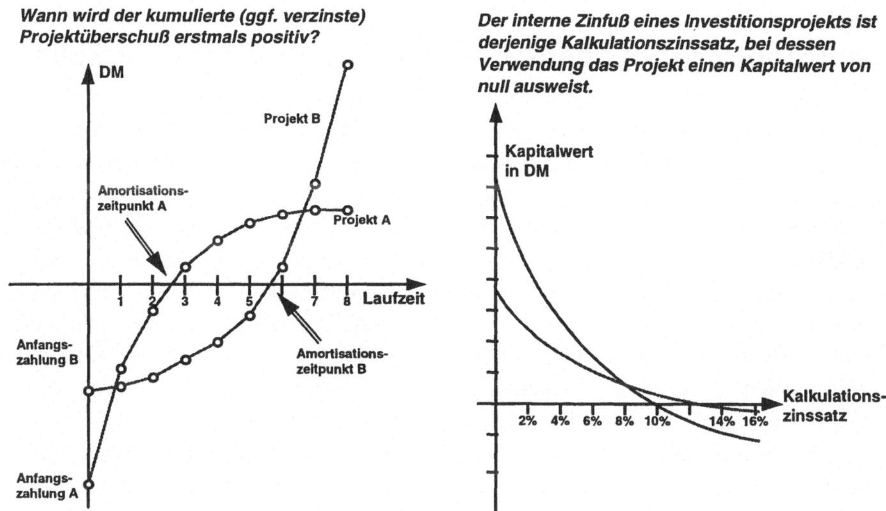

Abb. 4: Problematik isolierter Break-even-Punkte für Projektvergleiche

Hier ist einmal die **Amortisationsdauer,** zum anderen ein **interner Zins** zu je zwei Projekten berechnet. Beide Größen sind methodisch als isolierte Break-even-Punkte anzusehen. Schon deshalb geben sie kein absolutes Vorteilhaftigkeitskriterium an, sondern lediglich einen Grenzwert, bei dem irgendein projektbezogener Wert gleich null wird. Bei der Amortisationsdauer ist es der kumulierte Restkapitaleinsatz; beim internen Zins ist es der Kapitalwert. Für eine isolierte Projektbeurteilung mögen die beiden genannten Grenzwerte tatsächlich eine gewisse Orientierungshilfe geben. So könnte man die Amortisationsdauer in manchen Fällen als erforderliche Mindestlaufzeit für die Vorteilhaftigkeit des Projekts ansehen (für eine Nutzungsdaueroptimierung freilich wäre ein anderes Rechenkonzept besser angebracht). Mit der Berechnung interner Zinssätze kann man Intervalle für den Kalkulationszins abstecken, in denen ein Projekt einen positiven Kapitalwert hat. Wie die Beispiele in Abb. 4 zeigen, eignen sich jedoch beide Größen nicht für den Vergleich zwischen mehreren Projekten. Nach dem Muster der beiden Fälle in Abb. 4 kann man ohne Schwierigkeiten für jeden Anwendungsfall ein Beispiel konstruieren, in dem eine Entscheidung nach der Höhe isolierter Break-even-Punkte zu nicht optimalen Gesamtergebnissen führt.

Allgemein ist die entscheidungslogisch korrekte Herleitung und Begründung operationaler Einzelziele aus vorgegebenen Oberzielen nicht ganz einfach. Sie ist das Anliegen derjenigen, die sich mit Investitionsrechnungen und entscheidungsorientierter Kostenrechnung beschäftigen. Weitere typische Beispiele dieser Kategorie sind die entscheidungslogisch korrekte Aufgliederung mehrstufiger Deckungsbeitragsrechnungen, die Interpretation von Cost-Driver-Raten aus der Prozeßkostenrechnung und darauf basierende Kalkulationen sowie die Ableitung von Kostenrechnungszahlen aus längerfristig orientierten Investitionsrechnungen.

4.2
Anwendungsbezogene Präzisierung quantitativer Ziele

Über rein quantitative entscheidungslogische Zusammenhänge hinaus sind dort präzisierende Überlegungen notwendig, wo Ziele nur ungenau vorgegeben sind. Hier geht es nicht nur um eine entscheidungslogisch passende Formulierung geeigneter Unterziele, sondern vor allem um **eine präzisierende Festlegung des Zielinhalts.** Dies trifft naturgemäß dort zu, wo nur verbal oder grob qualitativ formulierte Ziele quantitativ exakt definiert werden sollen. Beispiele dafür sind die Kundenzufriedenheit, die Produktqualität, das Betriebsklima, der Werbeerfolg usw. Solche Zielgrößen in passenden Kennzahlen zu messen, kann immer dann erforderlich sein, wenn Entscheidungen zu treffen sind, mit denen derartige (Zwischen-)Ziele beeinflußt werden *(vgl. Troßmann 1994, S. 531 ff.).*

Aber auch dann, wenn die quantitative Meßgröße prinzipiell bereits feststeht, sind entsprechende Quantifizierungsüberlegungen anzustellen. Dies zeigen der Lieferbereitschaftsgrad, die Reklamationsquote, der Krankenstand, die Fluktuationsrate und weitere Beispiele. Für den Lieferbereitschaftsgrad sind unterschiedliche Zielpräzisierungen in Abb. 5 beispielhaft dargestellt (zu einem Überblick über die gesamte Controlling-Problematik im Beschaffungsbereich *vgl. Friedl 1990).*

Lieferbereitschaftsgrad

(a) positionenbezogen:

$$\frac{\text{Anzahl korrekt erfüllter Positionen}}{\text{Anzahl angeforderter Positionen}}$$

(b) wertbezogen:

$$\frac{\sum_i \text{korrekt gelieferte Menge in Position } i \cdot \text{Preis } i}{\sum_i \text{angeforderte Menge in Position } i \cdot \text{Preis } i}$$

(c) Indexdefinition:

Index: Menge \ Zeit	Verspätung bis zu ...					
	0 Std.	6 Std.	10 Std.	1 Tag	2 Tage	...
einwandfrei erfüllter Anteil mindestens 100 %	1,00	0,98	0,95	0,90	0,75	...
90 %	0,90	0,88	0,86	0,81	0,68	...
80 %	0,80	0,78	0,76	0,72	0,60	...
70 %	0,70	0,69	0,67	0,63	0,53	...
60 %	0,60	0,59	0,57	0,54	0,45	...
50 %	0,50	0,49	0,48	0,45	0,38	...
⋮	⋮	⋮	⋮	⋮	⋮	

Reduktionsfaktor für abweichende Materialart:

korrektes oder problemlos verwendbares anderes Material	nahezu gleichwertiges Material	· · ·	unbrauchbares Material
1,00	0,90	· · ·	0,00

Abb. 5: Zielpräzisierung im Lieferbereitschaftsgrad

In allen diesen Fällen kommt es darauf an, die Wirkung unterschiedlicher Definitionen auf ein Oberziel hin zu beurteilen, ohne daß sowohl Oberziel als auch Zielzusammenhang quantitativ analysierbar sind. Am Beispiel des **Lieferbereitschaftsgrades** etwa wird deutlich, daß eine automatisierte Alternativenbeurteilung stark von den Details der Definition abhängt. Soll etwa beurteilt werden, wie unterschiedliche Bestellpolitiken auf die Lieferbereitschaft des Lagers wirken, stellt sich möglicherweise heraus, daß es bei einer **positionenbezogenen Definition** zum Erreichen eines hohen Lieferbereitschaftsgrades günstig ist, von einem zwar nur sporadisch, dann aber in großen Mengen gebrauchten Materials keinerlei Vorratsbestand zu halten. Die Wahrscheinlichkeit, eine Anforderung dieses Materials exakt erfüllen zu können, ist nur bei sehr großer Lagermenge hinreichend hoch. Wenn aber, wie bei der positionenbezogenen Definition des Lieferbereitschaftsgrades, Teillieferungen überhaupt nicht im Lieferbereitschaftsgrad honoriert werden, erscheint es im quantitativen Modell als sinnvoll, eine Lieferfähigkeit solcher Positionen erst gar nicht anzustreben. Demgegenüber ergibt sich mit der gleichen Begründung, daß von Materialien, die häufig in relativ kleinen Mengen gebraucht werden, ein vergleichsweise großer Bestand gehalten wird, um damit häufig eine Positivposition im Lieferbereitschaftsgrad zu erhalten.

Die zweite Definitionsvariante des Lieferbereitschaftsgrads in Abb. 5 hebt deutlicher auf die Mengenrelationen ab, die mit dem jeweiligen Preis gewichtet werden. Hier verbleibt als Problem die teilweise, die verspätete oder in der Materialart nicht ganz zutreffende Lieferung. Bei dieser Definition werden Anstrengungen zu einer möglichst raschen Nachlieferung oder zur Lieferung eines geeigneten Ersatzmaterials nicht honoriert. Will man dies zusätzlich berücksichtigen, kommt man möglicherweise zu einer Indexdefinition des Lieferbereitschaftsgrads, wie sie im Teil c der Abb. 5 angedeutet ist.

Die Präzisierung quantitativer Ziele ist zum einen dort wichtig, wo mit quantitativen Management-Instrumenten Entscheidungen vorbereitet oder sogar über entsprechende Computersoftware automatisiert umgesetzt werden. Hier spielt das vorherige Analysieren der Wirkung unterschiedlicher Definitionsmöglichkeiten eine besonders große Rolle, da in einer routinehaften Massenanwendung (z. B. über alle Einzelteile, Zwischenprodukte und Endprodukte einer Unternehmung) eine manuelle Einzelüberwachung nicht mehr möglich ist und unerwünschte Wirkungen ansonsten erst nachträglich festgestellt werden könnten. Soweit in der organisatorischen Steuerung im Betrieb etwa im Verhältnis zwischen der Zentrale und einzelnen Profit-Centern mit Zielvorgaben und entsprechenden Ergebnismessungen gearbeitet wird, ist die beschriebene Problematik auch in diesem Zusammenhang relevant. Je mehr die über Ziele pauschal gesteuerten Einheiten sich gemäß diesem Lenkungskonzept verhalten, desto stärker wirken sich Schwachstellen bei der Präzisierung quantifizierter Ziele nachträglich aus.

4.3
Festlegung der adäquaten Vorgabehöhe

Für die organisatorische Steuerung ist nicht nur eine gesamtzielentsprechende Definition der Vorgabeziele erforderlich, sondern in vielen Fällen auch eine Konkretisierung einer **Vorgabehöhe.** Dies trifft insbesondere dort zu, wo eine kombinierte Steuerung über Vorgabeziele sachlicher und formaler Art erfolgt. Beispielsweise kann für einen Bereich der Materialbereitstellung die möglichst kostengünstige Erreichung eines Lieferbereitschaftsgrades von 96% als Ziel vorgegeben werden. Ein anderes Beispiel wäre die Vorgabe an die Filiale einer Supermarktkette, bei gegebenem Personal- und Sachmittelbestand einen Monatsumsatz pro Quadratmeter in Höhe von mindestens 6.000,- DM zu erzielen.

Sollen Ziele solcher Art konkret in einer absoluten Höhe vorgegeben werden, kommt es darauf an, die adäquate Zahl dafür festzulegen. Die Vorgabe muß sein:

- beeinflußbar,
- realistisch erreichbar
- und erstrebenswert.

Beeinflußbar ist eine Zielgröße dann, wenn der betroffene Bereich durch geeignete Maßnahmen die Zielhöhe variieren kann. Dabei ist zwischen direkt und indirekt beeinflußbaren Zielgrößen zu unterscheiden. Direkt beeinflußbare Zielgrößen können unmittelbar durch Ausgleichsmaßnahmen auf das gewünschte Niveau gebracht werden. Sie kommen in Form von Generalanweisungen vor und eignen sich daher zur Selbststeuerung untergeordneter Einheiten weniger. Bei indirekt beeinflußbaren Zielgrößen ist zwar bekannt, daß der untergeordnete Bereich die Zielgröße prinzipiell beeinflussen kann; mit welchen Maßnahmen er dies im einzelnen tun kann, ist aber der vorgebenden Einheit nicht bekannt. Vielmehr besteht gerade der Zweck der Delegation darin, die fallbezogenen Einzelentscheidungen dezentral treffen zu lassen. Die oben angeführten Beispiele des Lieferbereitschaftsgrades und des Quadratmeterumsatzes im Einzelhandel fallen in diese Kategorie. Wird einer Einheit eine nur unzureichend beeinflußbare Größe als Ziel vorgegeben, scheitert das beabsichtigte Steuerungskonzept bereits hieran.

Die anderen beiden Merkmale haben vorwiegend motivierenden Charakter. Ist die Vorgabe sehr niedrig, wird nur ein Teil des Möglichkeitenpotentials ausgeschöpft, wenn es auch durchaus vorstellbar ist, daß das vorgegebene (harmlose) Ziel übererfüllt wird. Ist dagegen die Vorgabe sehr hoch, kann bereits diese Vorgabehöhe als unrealistisch angesehen werden und dadurch ein demotivierender Fatalismus bei der gesteuerten Einheit eintreten, der zu einer weit hinter der Vorgabe zurückbleibenden Untererfüllung führen kann.

Vorgegebene Ziele sind dann für die Betroffenen **erstrebenswert,** wenn die Zielerfüllung mit motivierenden Maßnahmen verknüpft ist. Eine Koppelung der Zielerfüllung an das Gehaltssystem, z.B. in Form einer Auszahlung von Gratifikation, Boni oder verschiedenen anderen Formen der Gewinn- oder Kapitalbeteiligung, stellt hierzu eine denkbare Möglichkeit dar.

5 Quantitative Entscheidungsstrukturierung mit Management-Instrumenten

5.1 Vorstrukturierung von Entscheidungsproblemen

Quantitative Management-Instrumente dienen nicht nur unmittelbar dem Auffinden möglichst guter Planalternativen, sondern unterstützen auch den Weg dorthin, dienen also einzelnen Teilschritten der Planung. Besonders interessant in diesem Zusammenhang sind solche Methoden, die den Planungsprozeß insgesamt **strukturieren.** Dies kann der Fall sein durch ein Planungsinstrument, das auftretende Entscheidungsprobleme in vorgebildete Kategorien einordnet und dadurch den weiteren Planungsprozeß in bestimmte Richtungen lenkt. Implizit wird dadurch auch die Management-Kapazität gelenkt, da je nach Problemkategorie ein unterschiedlich hoher Planungs- und Entscheidungsaufwand entsteht. Eine zweite Art der Vorstrukturierung lenkt explizit durch eine entsprechende Gestaltung von Koordinationsparametern. Sie wird in Abschnitt 5.2 betrachtet.

Die implizite Lenkung der Management-Kapazität geschieht durch Methoden der Problemstrukturierung. Sie weisen in ihrer Anwendung regelmäßig einen gewissen Freiheitsgrad auf, der entweder unbewußt oder in bewußter Abwägung der führungspolitischen Konsequenzen auszufüllen ist. Als Beispiel seien zwei verbreitete Methoden dieser Kategorie betrachtet: die Portfolio-Analyse und die ABC-Analyse.

Ziel der bekannten Portfolio-Analyse *(vgl. z.B. Nieschlag/Dichtl/Hörschgen 1997, S. 909 ff.)* ist es, bestimmte betriebliche Aktivitäten in einer zweidimensionalen Darstellung zu positionieren. Die eine Dimension beschreibt eigene Stärken und Schwächen, die andere Dimension Chancen und Risiken der Unternehmungsumwelt. Die Aktivitäten, die sich auf eine derartige Weise anordnen lassen, können z.B. eigene Produkte, die bearbeiteten strategischen Geschäftsfelder, Produktionstechnologien oder Kundengruppen sein.

In Abb. 6 ist die ursprüngliche Form einer Portfolio-Matrix wiedergegeben. Hier geht es um die Positionierung eigener Produkte – oder in weiterer Fassung um strategische Geschäftseinheiten. Die Abszisse erfaßt, wie bei allen derartigen Portfolio-Matrizen, die eigene Stärke. Hier ist es die Stärke auf dem Absatzmarkt. Zu ihrer Messung eignet sich der relative Marktanteil, z.B. definiert als Quotient des eigenen Marktanteils zum Marktanteil des größten Konkurrenten. Die Ordinate ist für eine typische Umweltvariable vorgesehen. Im hier betrachteten Fall empfiehlt sich beispielsweise, die Marktwachstumsrate als Maßgröße heranzuziehen. In das entstehende Koordinatensystem sind die Produkte und Produktgruppen der betrachteten Unternehmung einzutragen, um so einen auch visuell eingängigen Einblick in die gegenwärtige strategische Situation des Produktionsprogramms und auch möglicher Entwicklungspotentiale zu bekommen. Hierzu teilt man üblicherweise das Koordinatensystem in vier Felder ein, wie es das Beispiel in Abb. 6 zeigt.

Abb. 6: Grundform der Marktanteils-Marktwachstums-Portfolio-Matrix

Der besondere Nutzen einer Portfolio-Analyse zeigt sich darin, daß man mit diesem Instrument nicht nur die gegenwärtige Situation analysieren, sondern gleichzeitig mehrere Phasen des Planungsprozesses vorwegnehmen kann. Beispielsweise kann man aus einer Positionierung des Produkts im linken unteren Eck der Portfolio-Matrix entnehmen, daß die Situation derzeit (wegen des hohen relativen Marktanteils) relativ gut ist und sie sich (wegen des geringen Marktwachstums) in Zukunft nicht prinzipiell ändern wird. Damit verbindet sich die Einordnung des Produkts mit einer Standardprognose seiner weiteren Entwicklung. Dies kann man darüber hinaus mit einem Vorschlag zur weiteren Behandlung eines derartigen Produkts verbinden: Da die Marktposition sehr stark ist, kann versucht werden, hohe Deckungsbeiträge aus dem Produkt zu realisieren. Wegen des nur geringen Marktwachstums sind weder Investitionen zur Ausweitung der Produktionskapazität noch zum Erschließen neuer Marktpotentiale sinnvoll. Deshalb mögen kleinere Erhaltungsinvestitionen zum Sichern der bestehenden Position genügen. Diese gesamten Konsequenzen der Positionierung im linken unteren Feld der Portfolio-Matrix werden in plakativer Weise erfaßt, wenn die dort positionierten Produkte als „Cash Cows" bezeichnet werden. Eine entsprechende Argumentationskette führt zur Klassifikation der Produkte in den anderen drei Feldern als „Poor Dogs", „Stars" bzw. „Question-Marks".

Die Einordnung eines Produkts oder einer Produktgruppe in eines der vier Felder einer solchen Portfolio-Matrix hat also nicht nur die Wirkung einer Klassifizierung und Problemstrukturierung, sondern verbindet sich mit einer Standardprognose und dem Vorschlag einer Standardstrategie für die jeweiligen Produkte. Dies verkürzt einen ansonsten möglicherweise sehr aufwendigen und mühevollen Planungsprozeß, der sich bei weniger starker Vorstrukturierung auf weitere mögliche Entwicklungen und eine Vielzahl unterschiedlicher Alternativen erstrecken müßte. Die geschickte Vorstrukturierung des gesamten Planungsprozesses kann als eigentlicher Vorteil der Portfolio-Analyse angesehen werden und erklärt zweifellos ihre Beliebtheit.

Allerdings zeigt ein genauerer Blick auf die Skalierung der beiden Achsen in Portfolio-Darstellungen, daß die Positionierung der Elemente in den vier Feldern eines Koordinatensystems keineswegs objektiv und zwangsläufig ist. So kann beispielsweise die Größe „relativer Marktanteil" Werte zwischen null und unendlich annehmen. Für die Darstellung muß also ein geeigneter Umrechnungsmaßstab gefunden werden. Zudem ordnet man üblicherweise auf der Abszisse links starke, rechts schwache eigene Positionen an, woraus sich eine umgekehrte Skalenrichtung ergibt. Auch für die Ordinate hat man mehrere Möglichkeiten der Messung. Dies entsteht schon daraus, daß das Marktwachstum regelmäßig als Prozentzahl oder Indexgröße gemessen wird. Vor allem aber ist auf beiden Achsen die Grenze zwischen „groß" und „klein" nicht absolut fixierbar. Daraus resultiert insgesamt ein großer Freiheitsgrad bei der Gestaltung von Portfolio-Darstellungen. Abbildung 7 zeigt einige Darstellungsvarianten des Beispiels aus Abb. 6. Je nach Maßstab und Grenzziehung werden die gleichen Produkte dabei fallweise als Cash Cows, als Poor Dogs oder als Question-Marks eingeordnet.

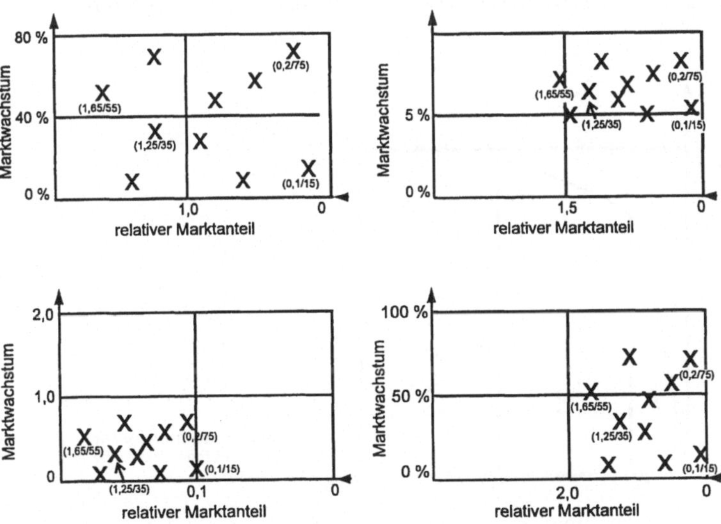

Abb. 7: Führungspolitischer Spielraum in einer Portfolio-Matrix

Welche Konsequenzen hat der geschilderte Spielraum für die Verwendung dieses Management-Instruments? Zunächst ist vor allem festzustellen, daß durch diesen Freiheitsgrad das Management-Instrument der Portfolio-Analyse keineswegs unbrauchbar oder nur eingeschränkt nutzbar wird. Vielmehr zeigt er nur an, welche Strukturierungsaufgabe dieses Instrument im sachlichen Führungsprozeß übernimmt: Es lenkt die Management-Überlegungen in eine bestimmte Richtung. Diese Lenkung aber bedarf einer Vorbereitung. Sie besteht darin, die noch offenen Freiheitsgrade bei dieser Vorstrukturierung auszufüllen.

Trotz des Eindrucks, den man aus Darstellungen wie in Abb. 7 gewinnen mag, sind die Möglichkeiten dieser vorbereitenden Strukturgebung aber ebenfalls begrenzt. Insbesondere kann die Anordnungsreihenfolge der in Portfolio-Matrizen eingeordneten Elemente in beiden Dimensionen nicht geändert werden. Sie ist durch die gewählten Maßgrößen auf Abszisse und Ordinate gegeben. Für eine sinnvolle Anwendung der Portfolio-Analyse verbleibt also die Aufgabe, alternative Grenzziehungen zwischen den Feldern daraufhin zu untersuchen, ob die Elemente, die gerade noch oder erstmals schon einem Matrixfeld zugeordnet werden, die Bedingungen erfüllen, die für die Standardinterpretation im jeweiligen Feld gelten.

Die einfache Anwendung der späteren Strukturierungsergebnisse verlangt also eine entsprechende Vorarbeit. Sie wird jedoch dadurch erleichtert, daß die Anordnung in der Portfolio-Matrix durch die Auswahl der beiden Maßgrößen auf Abszisse und Ordinate bereits gegeben ist. Sollte diese Anordnung keine zutreffende Standardinterpretation erlauben, ist das Instrument der Portfolio-Analyse mit den gewählten Maßgrößen im betrachteten Fall überhaupt nicht mit Vorteil anwendbar.

. Ein zweites Beispiel der gleichen Kategorie bietet die ABC-Analyse *(vgl. Troßmann 1997).* In Abb. 8 ist das Beispiel einer ABC-Analyse für den verbreiteten Anwendungsfall der Klassifizierung von Einkaufsmaterialien dargestellt.

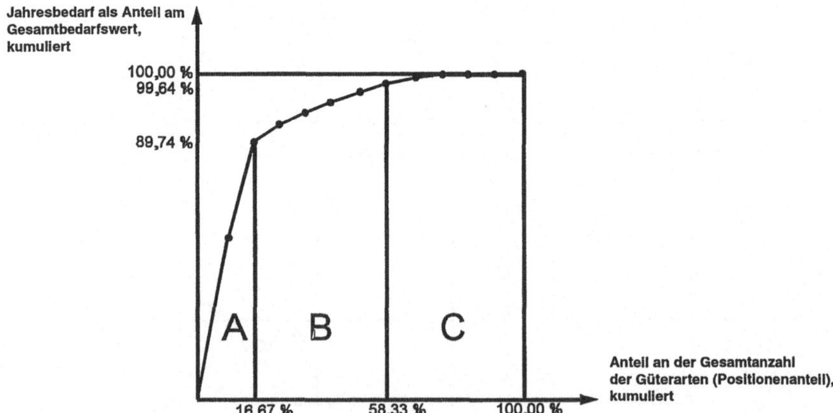

Abb. 8: Entscheidungsstrukturierung mit der ABC-Analyse

Bei der ABC-Analyse werden generell betrachtete Objekte nach nur einem Merkmal geordnet. Dies können Einkaufsmaterialien, Verkaufsartikel, aber auch Kunden, Lieferanten oder Belegschaftsmitglieder sein. Im typischen Fall der Anwendung im Beschaffungsbereich werden, wie in Abb. 8 dargestellt, die eingekauften Materialarten nach ihrem relativen Einkaufsumsatz geordnet. Dadurch ergibt sich eine Lorenzkurve. Je stärker sich große Umsätze auf wenige Artikel konzentrieren, desto weiter weicht die Lorenzkurve von der Geraden zwischen dem Nullprozent- und dem Hundertprozentpunkt ab. Diese Gerade würde eine gleichmäßige Durchschnittsverteilung bedeuten.

Zweck der Ermittlung einer solchen Konzentrationskurve ist die Einteilung in A-Güter, B-Güter und C-Güter. Sie ist so vorzunehmen, daß die A-Güter relativ wenige Positionen umfassen, auf die sich jedoch ein sehr großer Teil des Umsatzes konzentriert. Demgegenüber sollen als C-Güter diejenigen identifiziert werden, die jeweils nur sehr wenig zum Einkaufsumsatz beitragen, so daß auch eine große Zahl von ihnen insgesamt nur einen kleineren Umsatzanteil bestreitet. Die B-Güter liegen in der Mitte.

Wie die Darstellung in Abb. 8 zeigt, ist die Einteilung in A-, B- und C-Güter durchaus willkürlich. Darüber hinaus könnte man durchaus statt in drei auch in eine größere Anzahl von Güterklassen einteilen. Ähnlich wie im Fall der Portfolio-Analyse besteht also auch hier ein Freiheitsgrad in der Grenzziehung zwischen den einzelnen Klassen. Aber auch in diesem Fall kann die Reihenfolge der Positionen nicht verändert werden, es sei denn, man geht auf einen anderen Maßstab als den Einkaufsumsatz über. So verbleibt die Frage, nach welchen Kriterien die Grenzziehung vorgenommen werden kann. Wieder kann die Antwort nur lauten, die Konsequenzen dieser Grenzziehung zu durchdenken und die Strukturentscheidung daran auszurichten.

Die Konsequenz einer Einordnung in die A-, B- oder C-Klasse ist eine unterschiedliche Behandlung im weiteren Planungsprozeß. Beispielsweise werden A-Güter der Beschaffung im Materialplanungsprozeß sorgfältiger behandelt. Für sie erstellt man beispielsweise programmorientierte Bedarfsprognosen, führt genauere Bestellmengenoptimierungsrechnungen durch und versucht insgesamt, eine präzisere Planung aufzubauen. Dies rechtfertigt sich durch den vergleichsweise hohen Wertanteil, der dadurch beeinflußt wird. Demgegenüber werden für C-Güter oft nur pauschale vergangenheitsorientierte Prognosen gestellt und eine verbrauchsorientierte Vorratsbereitstellung realisiert. Die Einordnung in die ABC-Klassifizierung hat also eine unterschiedliche Planungsqualität zur Folge. Hieran muß sich die Grenzziehung in dieser Entscheidungs-vorstrukturierung ausrichten.

5.2
Steuerung der Management-Kapazität

Die bisher besprochenen Instrumente lenken die Management-Kapazität implizit in eine bestimmte Richtung. Daneben gibt es eine Reihe von Controlling-Instrumenten, die eine Arbeitsaufteilung und eine Lenkung der Management-Kapazität zum eigentlichen Gegenstand haben. Zentrales Beispiel sind alle Konzepte des **Management by Exception.** Hier sind vorab Grenzen für die **hierarchische Arbeitsteilung** festzulegen. Beispielsweise wird finanzielle Verfügungskompetenz in der Regel nur innerhalb eines bestimmten Rahmens delegiert. Üblich ist etwa, Investitionen, die einen gewissen Anschaffungsausgabenbetrag X überschreiten, der Entscheidung der vorgesetzten Einheit vorzubehalten. Die konkrete Festlegung des Betrages X auf 5.000, 20.000, 50.000 oder 100.000,- DM steuert damit die Aufgabenmenge, die auf die übergeordnete Managementeinheit zukommt. Mit der Annahme, daß durch übergeordnete Entscheidungen eine bessere betriebliche Zielerreichung möglich ist, wird damit auch die Entscheidungsqualität gesteuert. Die Parameterfestlegung bewegt sich so im Spannungsfeld zwischen Management-Entlastung, Konzentration auf wichtige Entscheidungen sowie der Entscheidungsqualität.

Die gleiche Problematik entsteht bei der Gestaltung von Berichtssystemen. Die ursprüngliche Form der periodischen Erstattung umfangreicher, undifferenzierter Komplettberichte über bestimmte betriebliche Sachverhalte ist bei den heutigen informations- und kommunikationstechnischen Möglichkeiten nicht mehr sinnvoll *(vgl. z.B. Gluchowski/Gabriel/Chamoni 1997).* Eine kurzzyklische Erstattung solcher Großberichte würde zu einer Informationsüberflutung des Managements führen, die eine sinnvolle Berichtsauswertung und darauf aufbauende Umsetzung in Entscheidungskonsequenzen nicht erlaubt. Deshalb haben sich eine Reihe von Berichtsformen herausgebildet, die einen Teil einer Berichtsauswertung bereits vorwegnehmen und damit die Management-Aktivitäten vorstrukturieren. Beispielsweise werden in Berichten Ausnahmen besonders hervorgehoben, lediglich Ausnahmen berichtet oder sogar nur bei Erreichen eines bestimmten Ausnahmezustandes überhaupt ein Bericht ausgelöst. Damit wird die Management-Kapazität unmittelbar auf bestimmte Problemfelder gelenkt – und damit auch von den anderen Positionen, den sogenannten Normalfällen, abgezogen. Abbildung 9 zeigt, welche Steuerungskomponenten dieser Art in einem Berichtssystem enthalten sein können.

Berichtssysteme

Berichte stellen eine organisierte Form der Informationsübermittlung dar. Sie sind vorstrukturiert.

Berichtsumfang:

- undifferenzierter Komplettbericht
- Komplettbericht mit Ausnahmepositionen
- Abweichungsbericht

Berichtsinterpretation:

- unkommentierte Inhalte
- implizite Kommentierung durch die Berichtsgliederung (z. B. Bestseller-, Ladenhüterlisten)
- Expertiseberichte

Berichtsauslösung:

- periodisch
- bei Abweichungen
- auf Anforderung

Abb. 9: Steuerungskomponenten in Berichtssystemen

Nach der Einteilung in dieser Abbildung kann man Steuerungskomponenten im Umfang, in der Interpretation sowie in der Auslösung von Berichten finden. Zentral für die Gestaltung des Berichtsumfangs und seiner Klassifikation ist die Unterscheidung von Normalfall und Ausnahmefall. Es gibt zwei Prinzipien, nach denen Ausnahmefälle definiert werden können:

— Entweder definiert man **Toleranzintervalle.** Ausnahmen liegen dann vor, wenn die Ergebnisse außerhalb dieses Intervalls liegen.
— Oder man definiert voher eine gewünschte **Anzahl** von Ausnahmemeldungen. Bei jeder Berichterstattung wird dann die gleiche Menge von Ausnahmen gemeldet. Die jeweiligen Grenzfälle, die bei einer Berichterstattung gerade noch als Ausnahmen gemeldet werden, unterscheiden sich jedoch in der Stärke ihrer Abweichung. Diese Art der Ausnahmendefinition wird auch als „**Tagesschauprinzip**" bezeichnet.

Der Steuerungseffekt der Berichtsklassifikation wird durch eine entsprechende Interpretation verstärkt. So kann man beispielsweise Ausnahmen in Bestseller- bzw. Ladenhüterlisten zusammenfassen. In sogenannten Expertiseberichten werden bestimmte Datenkonstellationen definiert, bei deren Vorliegen dann vorgefertigte Standardinterpretationen als verbale Zusatzerläuterungen ausgegeben werden. Schließlich ergibt sich auch durch die Art der Auslösung von Berichten eine weitere Art der Steuerungsmöglichkeit.

6 Die Wissensbasis quantitativer Management-Instrumente als Controlling-Problem

Die Überlegungen in diesem Beitrag zeigen, daß mit der Auswahl, dem Einsatz und der Interpretation quantitativer Management-Instrumente und ihrer Ergebnisse der Führungsprozeß sowohl inhaltlich als auch strukturell deutlich beeinflußt wird. Bei entsprechendem Wissen über die führungspolitische Wirkung quantitativer Management-Instrumente können somit **Koordinationsaufgaben** im betrieblichen Führungssystem zielgerichtet erfüllt werden. Damit trifft das Wissen über quantitative Management-Instrumente in das Kerngebiet des **Controlling** *(vgl. Küpper 1997)*. Abbildung 10 zeigt, wie die Führungsfunktion des Controlling allgemein gekennzeichnet werden kann *(vgl. Troßmann 1995):* Es handelt sich um die Aufgabe der Koordination im betrieblichen Führungsbereich.

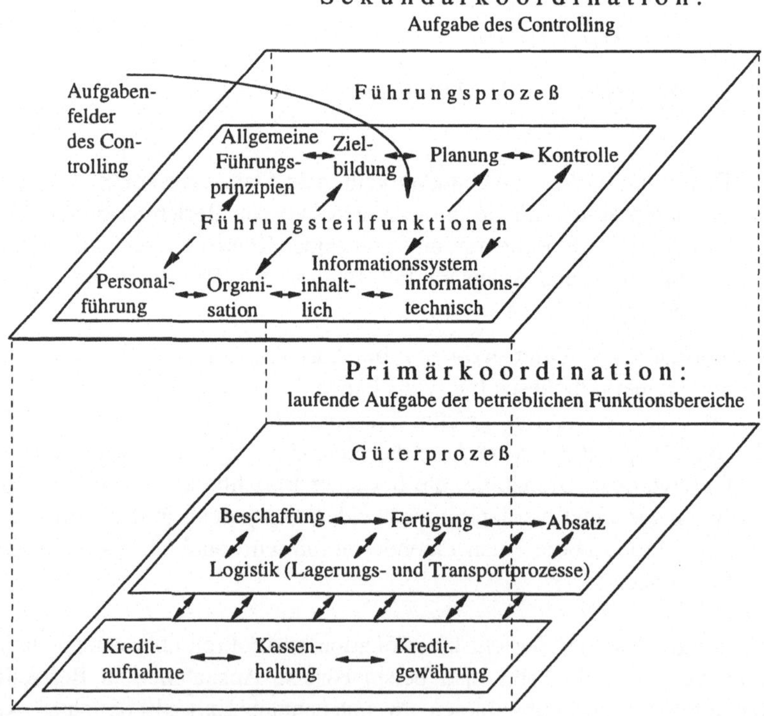

Abb. 10: Koordinationsaufgabe des Controlling

Somit fallen die in diesem Beitrag behandelte Aufgaben zentral in den Bereich des Controlling: die Koordination der Informationsbereitstellung und -verwendung, die quantitative Zieloperationalisierung und ihre Umsetzung in entsprechende Kennzahlenanwendungen sowie insbesondere auch die Vorstrukturierung von Entscheidungsprozessen und die Steuerung der Management-Kapazität. Die Wissensbasis zu quantitativen Management-Instrumenten ist somit ein wichtiger Teil des Controlling-Wissens überhaupt. Sie ist Voraussetzung für eine effiziente Controlling-Arbeit.

7 Literatur

Friedl, B. (1990), Grundlagen des Beschaffungscontrolling, Berlin 1990

Gluchowski, P., Gabriel, R. Chamoni, P. (1997), Management Support Systeme. Computergestützte Informationssysteme für Führungskräfte und Entscheidungsträger, Berlin u. a. 1997

Küpper, H.-U. (1997), Controlling, 2. Aufl., Stuttgart 1997

Nieschlag, R., Dichtl, E. und Hörschgen, H. (1997), Marketing, 18. Aufl., Berlin 1997

Troßmann, E. (1994), Kennzahlen als Instrument des Produktionscontrolling, in: Corstens (Hrsg., 1994), Handbuch Produktionsmanagement, Wiesbaden 1994, S. 517-536

Troßmann, E. (1995), Controlling, in: Corstens (Hrsg., 1995), Lexikon der Betriebswirtschaftslehre, 3. Aufl., München, Wien 1995, S. 175-177

Troßmann, E. (1996), Aufbauprinzipien betrieblicher Datenbanken aus Controlling-Sicht, Arbeitsbericht 1996/2 des Lehrstuhls Controlling an der Universität Hohenheim, Stuttgart 1996

Troßmann, E, (1997), Beschaffung und Logistik, in: Bea, F.X., Dichtl, E. und Schweitzer, M. (Hrsg., 1997), Allgemeine Betriebswirtschaftslehre, Band 3: Leistungsprozeß, 7. Aufl., Stuttgart 1997, S. 9-75

Wissensmanagement mit Balanced Scorecard

Péter Horváth

1 Der Führungsprozeß als Wissensmanagement

Die Aufgaben von Management und Organisation erfahren gegenwärtig eine neue Interpretation. Peter Drucker spricht in diesem Zusammenhang vom Manager als „knowledge worker". Für ihn steht für die Zukunft fest: „Ziel und Funktion einer jeden Organisation, ob im geschäftlichen oder im privaten Bereich, ist die Integration spezialisierten Wissens in eine gemeinsame Aufgabe." *(Drucker 1996, S. 81)*. Um diese Aufgabe zu meistern, benötigen wir Wissensmanagement. „Wissensmanagement als zielgerichtete Gestaltung organisationaler Lernprozesse basiert darauf, erfolgsrelevantes Wissen zu identifizieren, zu erzeugen bzw. zu entwickeln, in Verhalten umzusetzen ..." *(Pawlowsky, Reinhardt 1997, S. 146)*. Wissensmanagement ist als die „pragmatische Weiterentwicklung" der Gedanken des organisationalen Lernens *(vgl. Senge 1990)* zu verstehen *(vgl. hierzu Probst, Romhardt 1997, S. 130)*. Das Thema „Wissensmanagement" ist heute Gegenstand zahlreicher Publikationen *(vgl. z.B. Schröder 1996, Dr. Wieselhuber & Partner 1997)*. Was hierbei m.E. zu kurz kommt, ist die Einbeziehung „klassischer" betriebswirtschaftlicher Erkenntnisse. Im Grunde kann der Managementzyklus *(vgl. z.B. Wild 1982, S. 37)* als Modell des fokussierten Wissensmanagements gesehen werden (vgl. Abb. 1). Die Bausteine des Wissensmanagements *(vgl. Probst, Romhardt 1997, S. 132 f. und Abb. 2)* lassen sich mühelos zu einer neuen Deutung des Managementprozesses verwenden.

Die Aufgaben des Controllers hat *Konrad Mellerowicz* bereits *1976* als Wissensmanagement formuliert: „Wenn man mit Schumpeter im Unternehmer jene Persönlichkeit erblickt, die neue Faktorkombinationen festzusetzen hat, dann obliegt dem Controller eine der wichtigsten unternehmerischen Aufgaben. Er hat die notwendige Verbindung von Wissen und Wirken vorzubereiten. Der in die Tat umsetzbare unternehmerische Plan ist aufzustellen; die Möglichkeiten seiner Durchsetzung sind an Hand zahlenmäßiger Unterlagen aufzuzeigen. Der Vollzug des Gestaltens soll dem verantwortlichen Leiter des Unternehmens erleichtert werden." *(Mellerowicz, 1976, S. 342)*

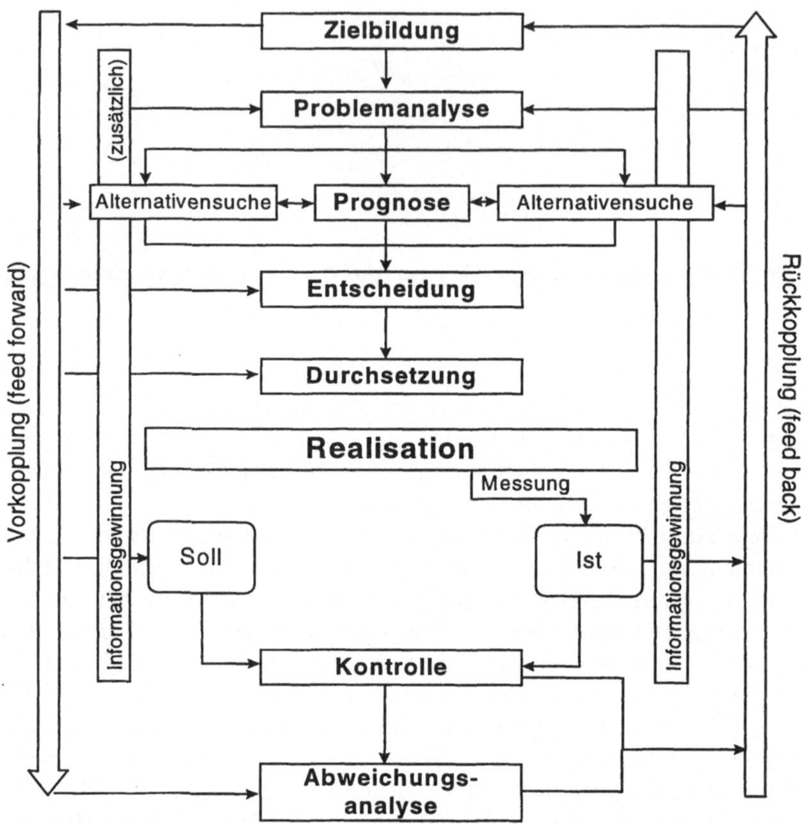

Abb. 1: Der Managementzyklus als Grundmodell des Wissensmanagements *(Wild, 1982)*

Erforderlich zur wirksamen Wahrnehmung dieser Aufgabenperspektive ist allerdings, das Instrumentarium des Controllers im Sinne von Wissensmanagementbausteinen weiterzuentwickeln.

Ein hervorragendes Beispiel für eine solche Weiterentwicklung bietet der Ansatz der Balanced Scorecard *(vgl. Kaplan, Norton, 1996a)*, mit dem sich dieser Beitrag im folgenden auseinandersetzt.

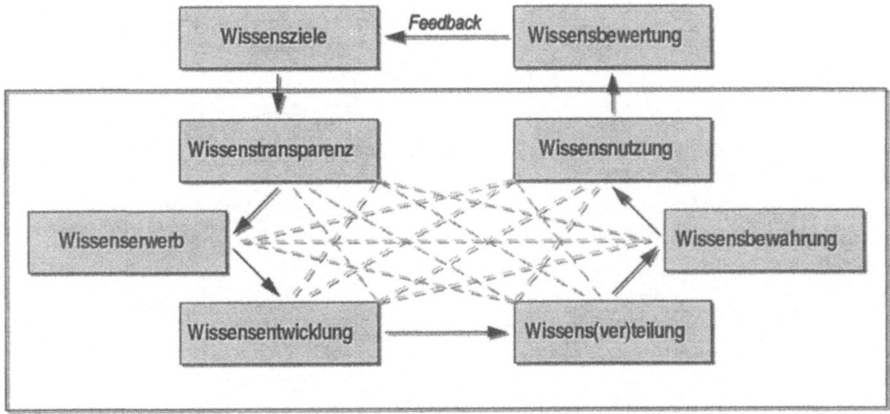

Abb. 2: Bausteine des Wissensmanagements *(Probst, Romhardt, 1997)*

2 Der Balanced-Scorecard-Ansatz als Baustein des Wissensmanagements

2.1 Die Unzulänglichkeiten klassischer Kennzahlensysteme

Die „Urform" klassischer Kennzahlensysteme ist das DuPont-Kennzahlensystem (vgl. Abb. 3). In diesem lassen sich die Unzulänglichkeiten klassischer Kennzahlensysteme gut verdeutlichen:

- Sie sind ausschließlich operativ und damit vergangenheitsorientiert ausgerichtet. Die Verbindung zur Unternehmensstrategie fehlt;
- im Mittelpunkt stehen nur Zahlen der Bilanz und der Gewinn-und-Verlust-Rechnung, nichtmonetäre Leistungsgrößen werden nicht einbezogen;
- sie ermöglichen keine Steuerung des Unternehmens, weil sie an Symptomen und nicht an Ursachen anknüpfen;
- Fragen der Erarbeitung, Verfolgung und Rückkopplung der Kennzahlen werden nicht problematisiert, d.h. ihre Einbindung ins Managementsystem bleibt ungeklärt.

In der Wettbewerbssituation der Gegenwart können „klassische" Kennzahlensysteme das Management nicht ausreichend unterstützen.

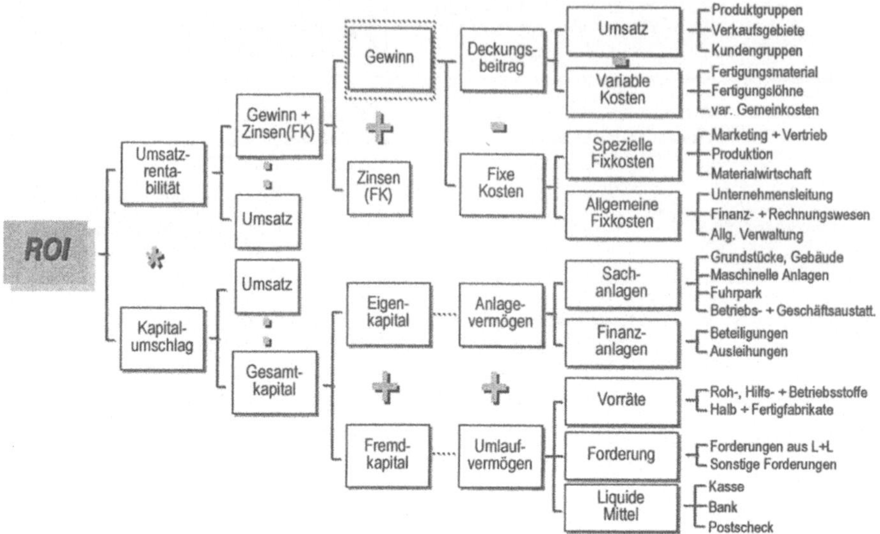

Abb.3: Das ROI-Kennzahlensystem (Return on Investment)

2.2
Grundgedanke und Aufbau
des Balanced Scorecard-Ansatzes

Der Balanced-Scorecard-Ansatz *(vgl. Kaplan, Norton 1996a)* ist der Vorschlag
eines Managementsystems, der die Unzulänglichkeiten „klassischer" Kennzahlensysteme beseitigen und eine umfassende an der Unternehmensstrategie ausgerich-
tete Steuerung ermöglichen soll. „The Balanced Scorecard complements financial
measures of past performance with measures of the drivers of future performance."
(Kaplan, Norton 1996a, S. 8) Die Grundidee ist, daß die finanziellen Zielsetzungen
mit den Leistungsperspektiven hinsichtlich Kunden, interner Prozesse sowie des
„Lernens" strategie- und visionsfokussiert verbunden werden. Die Leistung einer
Organisation wird als Gleichgewicht „Balance" aus den vier Perspektiven gesehen,
daher der Name „Balanced Scorecard" (vgl. Abb. 4).

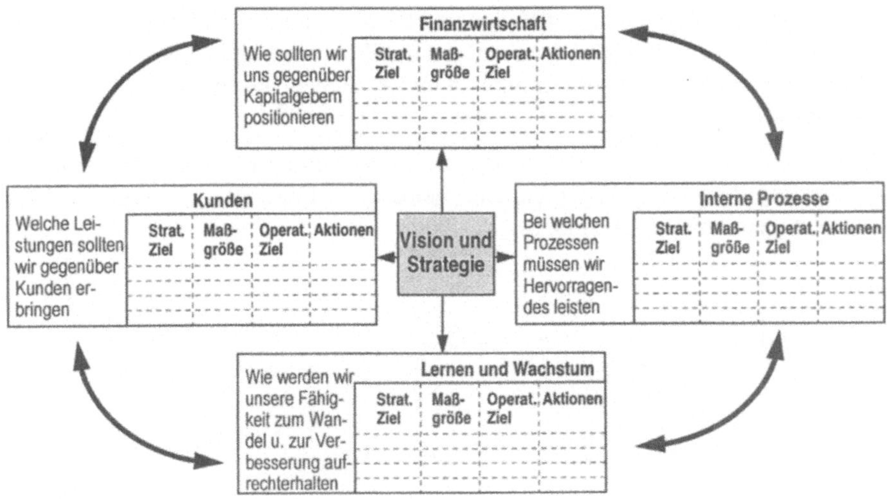

Abb. 4: Übersetzung von Vision und Strategie in vier Perspektiven *(Kaplan, Norton 1996b, S. 76)*

Die Balanced Scorecard ist mehr als ein neues Kennzahlensystem. Sie ist ein strategisches Managementsystem *(vgl. Kaplan, Norton 1996b)*. Ausgehend von den Kennzahlen der Balanced Scorecard werden vier kritische Managementteil- prozesse zu einer Einheit verknüpft (vgl. Abb. 5):

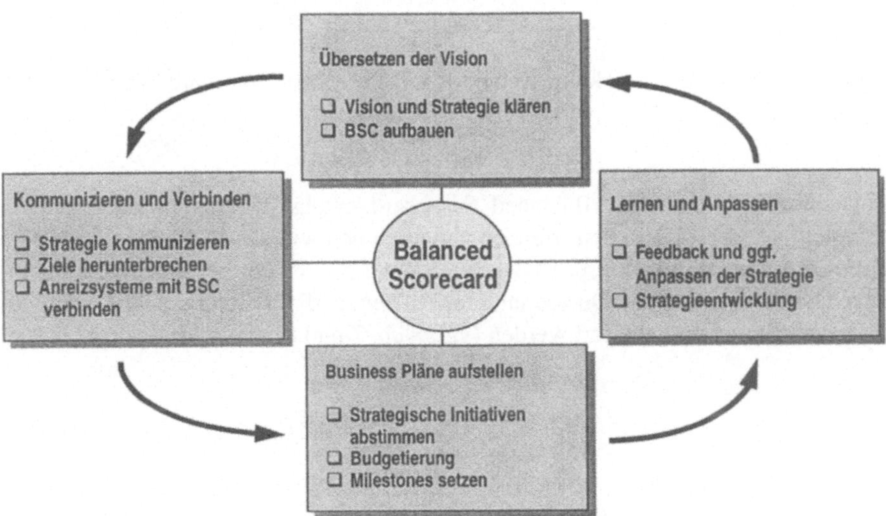

Abb. 5: Die Balanced Scorecard als der Rahmen für den Managementprozeß *(Kaplan, Norton 1996b, S. 77)*

- Klärung und Übersetzung von Vision und Strategie in konkrete Aktionen,
- Kommunizieren und Verbinden strategischer Ziele mit Maßnahmen,
- Pläne aufstellen, Vorgaben formulieren und Initiativen abstimmen,
- Verbessern des Feedbacks und Lernens.

Zwischen den vier Perspektiven der Balanced Scorecard wird eine Ursache-und-Wirkung-Beziehung angenommen, wobei die finanzielle Perspektive den ersten Rang einnimmt (vgl. Abb. 6).

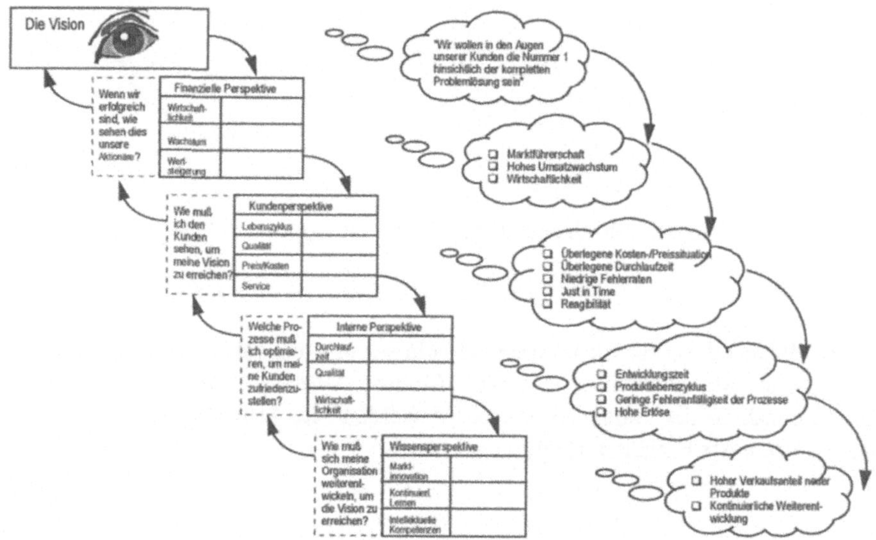

Abb. 6: Ursache-und-Wirkung-Kette in der Balanced Scorecard *(Maisel 1992, S. 50)*

Die Entwicklung einer Balanced Scorecard erfolgt unternehmensindividuell, abgestellt auf den in dem betreffenden Unternehmen wirksamen Kontext. In einem Top-down-Kommunikationsprozeß können dann Scorecards für einzelne strategische Geschäftseinheiten, Querschnittsfunktionen und für Teams sowie auch für einzelne Mitarbeiter generiert werden (vgl. Abb. 7 und 8).

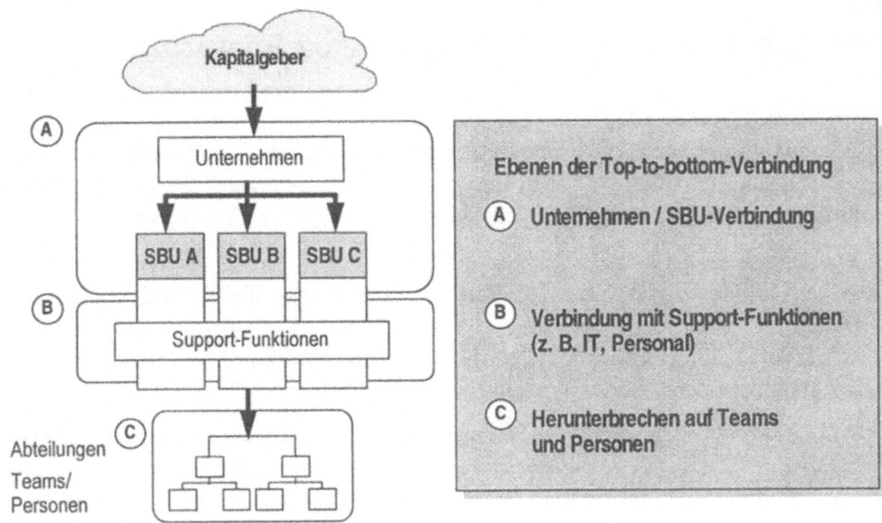

Abb. 7: Top-down-Generierung von Balanced Scorecards *(Kaplan, Norton, 1996a)*

Corporate Objectives
- Double our corporate value in seven years
- Increase our earnings by an average of 20% per year
- Achieve an internal rate of return 2% above the cost of capital
- Increase both production and reserves by 20% in the next decade

Business Unit Targets	Scorecard Measures	Corporate Targets	Team/Individual Objectives and Initiatives
1995 1996 1997 1998 1999		1995 1996 1997 1998 1999	1.
	Financial		
	Earnings (in millions of dollars)		
	Net cash flow		2.
	Overhead and operating expenses		
	Operating		
	Production costs per barrel		3.
	Development costs per barrel		
	Total annual production		
Team / Individual Measures		**Targets**	4.
1.			
2.			
3.			5.
4.			
5.			
Name:	Location:		

Abb.8: Die „persönliche" Scorecard *(Kaplan, Norton, 1996b, S. 81)*

2.3
Strategisches Lernen mit der Balanced Scorecard

Die Balanced Scorecard ist weniger ein „fertiges" System, sondern vielmehr ein Kommunikationsprozeß zur Strategieformulierung und zur Übersetzung von Strategien in konkrete Aktivitäten. Mit ihr sollen vier Haupthindernisse bei der Strategieumsetzung beseitigt werden *(vgl. Kaplan, Norton 1996a, S. 193 ff.):*

– Vision und Strategie sind nicht operational,
– keine Verknüpfung der Strategie mit den Abteilungs-, Team- und Mitarbeiterzielen,
– keine Verbindung der Strategie zur Ressourcenallokation,
– lediglich operative und keine strategischen Kontrollen.

Wesentlich ist, daß klassische Planungs- und Steuerungssysteme ein „single-loop-learning" im Sinne von *Argyris (vgl. 1991)* praktizieren: „Improving existing operations to achieve prespecified strategic goals" *(Kaplan, Norton 1996a, S. 252).* Mit Hilfe des Balanced-Scorecard-Ansatzes wird ein „double-loop-learning" ermöglicht: Die strategischen Ziele werden auf ihre Plausibilität hin geprüft, Strategie-prämissen werden auf ihre Gültigkeit hin getestet *(vgl. hierzu Simons 1995).* Möglicherweise folgt hierauf eine Zielrevision. Die Balanced Scorecard realisiert Wissensmanagement, weil hier dem operativen und dem strategischen Lernen ein klar definierter Managementrahmen gegeben wird *(vgl. Kaplan, Norton 1996a, S. 252):*

– Es existiert ein gemeinsamer Rahmen, der die Strategie vermittelt und jedem Mitarbeiter ermöglicht zu erkennen, wie seine Handlungen zur Erreichung der Gesamtstrategie beitragen.
– Es ist ein Feedbackprozeß da, der die Informationen über die Zielerreichung der Strategie sammelt und die Überprüfung der Hypothesen über die Wirksamkeit der Aktivitäten zur strategischen Zielerreichung ermöglicht.
– Ein teamorientierter Problemlösungsansatz wird praktiziert, der aus der Analyse der Leistungsinformationen gegebenenfalls die Adaption der Strategie an sich geänderte Bedingungen in die Wege leitet.

Ein wichtiges Beispiel des strategischen Lernens mit Hilfe der Balanced Scorecard demonstriert das „Echo Engineering" (vgl. Abb. 9).

Die in die Strategie eingebetteten Hypothesen über die Ursache-Wirkungsketten lassen sich in der Realität testen. Zum Beispiel läßt sich der vermutete Zusammenhang

– verbesserte Mitarbeiterzufriedenheit,
– verbesserte Kundenzufriedenheit,
– niedrigere Forderungsausfälle,
– höhere Kapitalrendite

durchaus messen und in der zeitlichen Entwicklung kontrollieren.

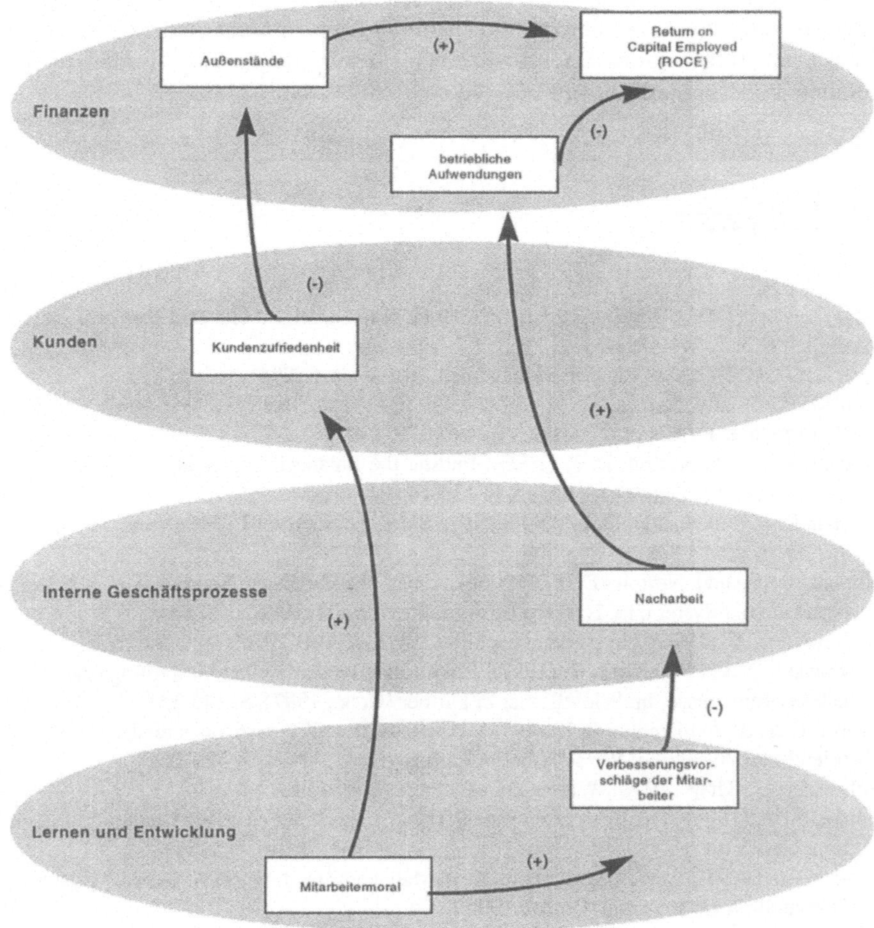

Abb. 9: „Echo Engineering" *(Kaplan, Norton 1996a, S. 83)*

3 Die Zukunft der Informationsversorgung

Peter Drucker beklagt, daß in der Informationsversorgung der Führung immer noch die buchhalterischen Vergangenheitsaspekte dominieren und verlangt: „Schluß mit der Erbsenzählerei!" *(vgl. Drucker 1995, S. 113)*

Die Balanced Scorecard tut dies und liefert ein hervorragendes Instrumentarium, um das Management in der Strategiefindung zu unterstützen und die Strategie in der Dimension von vier Perspektiven in Form von Kenngrößen zu definieren, die eine Auslösung von Aktivitäten und deren Steuerung ermöglichen. Anstelle der Unterstützung mit ausschließlich monetären Größen tritt eine integrative, mehrdimensionale Informationsversorgung, die nicht nur „single-loop"-, sondern auch „double-loop"-Lerneffekte bewirkt.

4 Literatur

Argyris, Chr. (1991), Teaching Smart People How to Learn, in: Harvard Business Review, 69, 1991, 3, S. 99-109

Drucker, P. (1996), Umbruch im Management, Düsseldorf 1996

Kaplan, R. S. und Norton, D. P. (1992), The Balanced Scorecard: Measures that Drive Performance, in: Harvard Business Review, 70, 1992, 1, S. 71-79

Kaplan, R. S. und Norton, D. P. (1993), Putting the Balanced Scorecard to Work, in: Harvard Business Review, 71, 1993, 5, S. 134-147

Kaplan, R. S. und Norton, D. P. (1996a), The Balanced Scorecard: Translating Strategy into Action, Boston 1996

Kaplan, R. S. und Norton, D. P. (1996b), Using the Balanced Scorecard as a Strategic Management System, in: Harvard Business Review, 74, 1996, 1, S. 75-85

Mellerowicz, K. (1996), Unternehmenspolitik Bd. 1, 2. Aufl., Freiburg i. Br. 1976

Pawlowski, P. und Reinhardt, R. (1997), Ein integrierter Ansatz zur Gestaltung organisationaler Lernprozesse, in: Wieselhuber & Partner (Hrsg., 1997), S. 145-155

Probst, G. J. B. und Romhardt, K. (1997), Bausteine des Wissensmanagements – ein praxisorientierter Ansatz; in: Wieselhuber & Partner (Hrsg., 1997), S. 129-143

Schneider, U. (Hrsg., 1996), Wissensmanagement, Frankfurt a. M. 1996

Senge, P. M. (1990), The Fifth Discipline – The Art and Practice of the Learning Organization, New York 1990

Simons, R. (1995), Levers of Control: How Managers use Innovative Control Systems to Derive Strategic Renewal, Boston 1995

Dr. Wieselhuber & Partner (Hrsg., 1997), Handbuch Lernende Organisation, Wiesbaden 1997

Wild, J. (1982), Grundlagen der Unternehmensplanung, 4. Aufl., Reinbek bei Hamburg 1982

Interaktive Entscheidungsunterstützungssysteme für Mehrzielprobleme

Walter Habenicht

1 Mehrzielentscheidungsprobleme

Reale Entscheidungsprobleme sind häufig charakterisiert durch die Existenz mehrerer konfliktärer Ziele. Da wir uns im Rahmen dieses Beitrags auf die Aspekte der Mehrzielproblematik konzentrieren wollen, legen wir unseren Ausführungen ein Mehrzielentscheidungsproblem bei Sicherheit zugrunde, das sich durch das folgende Grundmodell der Mehrzielentscheidung (Abb. 1) charakterisieren läßt.

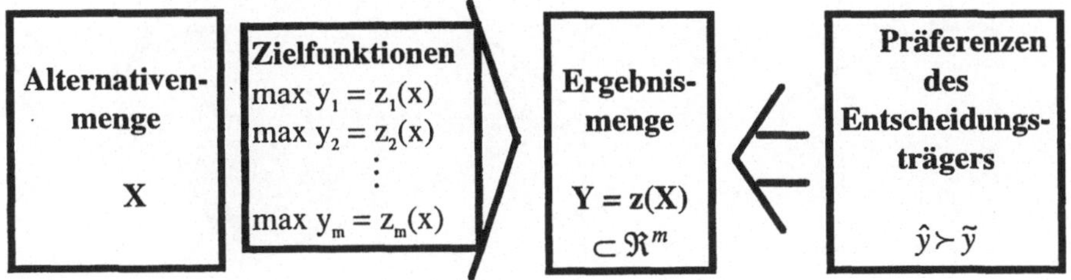

Abb. 1: Grundmodell der Mehrzielentscheidung

Wir betrachten damit eine Entscheidungsproblematik, in der ein Entscheidungsträger aus einer gegebenen Alternativenmenge **X** eine beste Alternative wählen möchte. Die Bewertung der Alternativen erfolge durch ein Zielsystem mit m Zielen $Z_1, Z_2,..., Z_m$, die durch die (reellwertigen) Zielfunktionen $z_1(x), z_2(x),...,$ $z_m(x)$ operationalisiert seien. Die Zielfunktionen seien so definiert, daß die Präferenzen des Entscheidungsträgers mit steigendem Zielfunktionswert $y_i = z_i(x)$ des i-ten Ziels (bei festen Zielfunktionswerten der übrigen Ziele) wachsen (Maximierungsziele).

Der Vektor der Zielfunktionen $z(x) = (z_1(x), z_2(x),...,z_m(x))$ ordnet jeder Alternative einen Ergebnisvektor $y = (y_1, y_2,...,y_m) \in \Re^m$ zu und bildet damit die Alternativenmenge in den Ergebnisraum ab. Da sich die Präferenzvorstellungen des Entscheidungsträgers an den Ergebnisvektoren orientieren, können wir uns bei der grundsätzlichen Erörterung der Entscheidungsproblematik auf die Betrachtung des Ergebnisraums beschränken. Hierzu bezeichnen wir als Ergebnismenge die Menge $Y = \{\ y=z(x) \mid x \in X\ \}$ der realisierbaren Ergebnisse.

Betrachten wir zur Erläuterung ein Beispiel der Produktionsprogrammplanung eines 2-Produktunternehmens, das neben dem Erfolgsziel der Deckungsbeitragsmaximierung das Wachstumsziel der Umsatzmaximierung verfolgt. Die realisierbaren Produktionsprogramme (x_1,x_2) müssen den drei folgenden Kapazitätsrestriktionen genügen:

$$5x_1 +\ x_2 \leq 2500$$
$$3x_1 + 2x_2 \leq 1850$$
$$x_1 + 3x_2 \leq 1800$$

Es gelte die Deckungsbeitragsfunktion $DB = 2x_1 - x_2$ und die Umsatzfunktion $U = 5x_1 + 5x_2$. Abbildung 2 zeigt die Alternativen- und Ergebnismenge im Alternativen- bzw. Ergebnisraum:

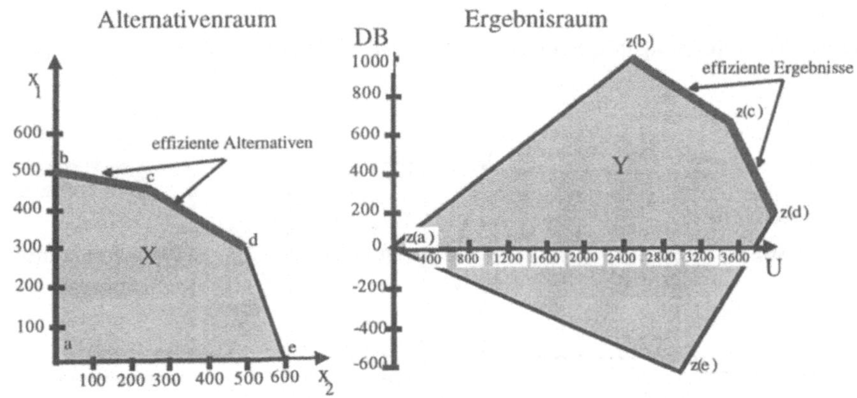

Abb. 2: Alternativen- und Ergebnismenge

Wegen der Maximierungsvorraussetzung hinsichtlich der betrachteteten Ziele kommen als potentielle Lösungen des Entscheidungsproblems nur Alternativen mit effizienten Ergebnissen in Betracht. Ein zulässiges Ergebnis $y \in Y$ ist genau dann effizient, wenn kein anderes zulässiges Ergebnis $y' \in Y$ existiert, für das gilt: $y' \geq y$, wobei in mindestens einer Komponente die strikte Ungleichheit gilt. Die Menge effizienter Ergebnisse $\mathbf{eff(Y)} = \{y \in Y \mid y' \geq y \Rightarrow y' \notin Y\}$ ist offenbar anschaulich gegeben durch den „rechten oberen" Rand der Ergebnismenge. Im Beispiel aus Abb. 2 ist dies der Linienzug $\mathbf{z(b)}$-$\mathbf{z(c)}$-$\mathbf{z(d)}$, dem die effizienten Alternativen auf dem Linienzug $\mathbf{b}$-$\mathbf{c}$-$\mathbf{d}$ im Alternativenraum zugeordnet sind.

Mit der Bestimmung der effizienten Ergebnisse ist das Entscheidungsproblem, abgesehen von dem Spezialfall der Existenz eines einzigen effizienten Ergebnisses, noch nicht gelöst. Es muß vielmehr eine Auswahl unter den effizienten Ergebnissen erfolgen, die sich an den Präferenzen des Entscheidungsträgers orientiert. Interaktive Konzepte realisieren dies durch die Implementierung eines strukturierten Suchprozesses, den der Entscheidungsträger durch partielle Präferenzinformationen steuert.

2 Konzeption interaktiver Mehrzielunterstützungssysteme

Interaktive Mehrzielunterstützungssysteme realisieren einen iterativen Lösungsprozeß abwechselnder Berechnungs- und Bewertungsphasen. Gegenstand der Berechnungsphase ist die Identifizierung effizienter Ergebnisse auf der Basis vorhandener Präferenzinformationen. Diese werden dem Entscheidungsträger, ggf. ergänzt um zusätzliche Informationen über die Ergebnismenge, präsentiert. Wird in der anschließenden Bewertungsphase ein Ergebnis vom Entscheidungsträger als Lösung akzeptiert, endet das Verfahren, ansonsten muß der Entscheidungsträger zusätzliche Präferenzinformationen zur Verfügung stellen, die in der nachfolgenden Berechnungsphase ggf. zu neuen Ergebnissen führen. Abbildung 3 faßt die Elemente eines Mehrzielunterstützungssystems nochmals zusammen.

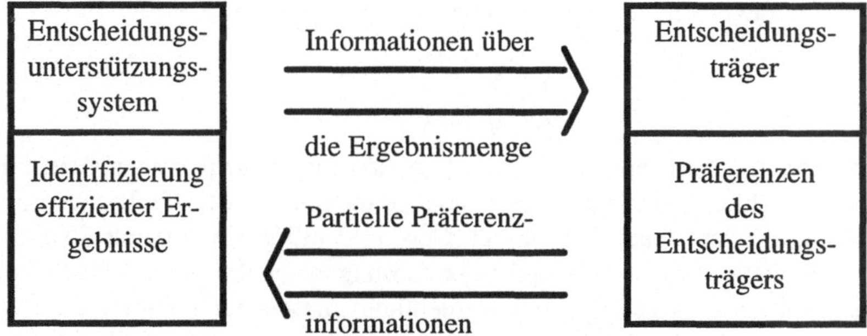

Abb. 3: Elemente eines Mehrzielunterstützungssystems

Damit sind die wesentlichen Gestaltungselemente eines Mehrzielunterstützungssystems die Identifizierung effizienter Ergebnisse, die Informationsversorgung des Entscheidungsträgers sowie die Informationsanforderungen an den Entscheidungsträger. Wegen seiner grundsätzlichen Bedeutung für die Gestaltung von Mehrzielunterstützungssystemen werden wir zunächst gesondert den Identifizierungsaspekt behandeln. Fragen der Informationsversorgung und -anforderungen werden wir bei der Darstellung konkreter Unterstützungssysteme behandeln.

2.1
Identifizierung effizienter Ergebnisse

Mehrzielentscheidungsunterstützungssysteme setzen zur Identifizierung effizienter Ergebnisse parametrische Optimierungsprobleme als Ersatzprobleme ein. Damit ein parametrisches Optimierungsproblem als Ersatzproblem sinnvoll eingesetzt werden kann, sollte es insbesondere zwei Forderungen erfüllen. Zum ersten sollte jede optimale Lösung des Ersatzproblems ein effizientes Ergebnis des Mehrzielproblems sein. In diesem Fall nennen wir das Ersatzproblem valid. Zum andern sollte jedes effiziente Ergebnis als optimale Lösung des Ersatzproblems identifizierbar sein. Ein Ersatzproblem mit dieser Eigenschaft nennen wir nichtdiskriminierend. Während die Validitätseigenschaft sicherstellt, daß dem Entscheidungsträger nur effiziente Ergebnisse präsentiert werden, würden bei Fehlen der Nicht-Diskriminierungseigenschaft ggf. einzelne effiziente Ergebnisse von der Betrachtung ausgeschlossen. (Zur Diskussion weiterer Eigenschaften von Ersatzproblemen vgl. Habenicht (1984, S.60 ff.))

2.1.1
Gewichtungsansatz

Die naheliegendste Art der Überführung des Mehrzielproblems in ein parametrisches Optimierungsproblem besteht in der Zielgewichtung. Diese führt zu dem Ersatzproblem

$$PG_g(\mathbf{Y}): \qquad \text{maximiere } v_g(\mathbf{y}) = \sum_i g_i \cdot y_i$$

$$\mathbf{y} \in \mathbf{Y}$$
$$g_i > 0 \quad \text{für } i = 1,...,m$$

Da der Gewichtungsansatz eine lineare Funktion mit strikt positiven Koeffizienten (den Gewichten g_i) auf der Ergebnismenge maximiert, ist offenbar jede optimale Lösung effizient (zum Beweis vgl. Geoffrion (1968)) und damit Validität gegeben. Abbildung 4, in der die optimalen Lösungen für drei unterschiedlichen Gewichtungsvektoren dargestellt sind, verdeutlicht diesen Sachverhalt. Es zeigt sich damit, daß durch die Wahl der Zielgewichte der Auswahlprozeß gesteuert werden kann.

Gleichzeitig macht das Beispiel aber auch deutlich, daß die Nicht-Diskriminierungseigenschaft i. allg. nicht gegeben ist. Die optimalen Lösungen des Gewichtungsansatzes beschränken sich auf den dunkel getönten Bereich der effizienten Lösungen. Offenbar lassen sich nur solche effizienten Lösungen identifizieren, die auf dem Rand der konvexen Hülle der Ergebnismenge liegen. Damit ist ein sinnvoller Einsatz des Gewichtungsansatzes im wesentlichen auf Mehrzielprobleme mit konvexer Ergebnismenge beschränkt.

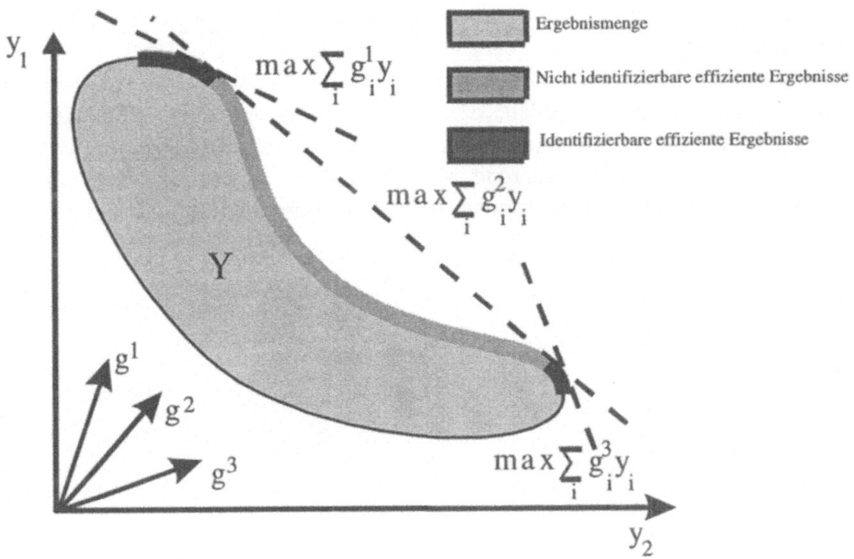

Abb. 4: Gewichtungsansatz

2.1.2
Referenzpunktansatz

Ein zweiter Ansatz, der für interaktive Mehrzielunterstützungssysteme erhebliche
Bedeutung erlangt hat, ist der auf Wierzbicki (1986) zurückgehende Referenzpunktansatz. Hier wird die Überführung des Mehrzielproblems in ein (parametrisches) Optimierungsproblem dadurch erreicht, daß man die Abweichung der
zulässigen Ergebnisvektoren von einem vorzugebenden Punkt des Ergebnisraums,
dem Referenzpunkt r, minimiert. Als Abweichungsmaß eines Ergebnisvektors
wird die gewichtete maximale Differenz der Komponenten des Referenzpunkts
und des Ergebnisvektors benutzt. Dies führt auf das folgende Ersatzmodell:

$$PR_{gr}(Y): \quad \text{minimiere } v_{gr}(y) = \max_i \{g_i \cdot (r_i - y_i)\} - \varepsilon \cdot \sum_i yi$$

$$y \in Y, \; g_i > 0 \text{ für } i = 1, ..., m, \; r \in \Re^m, \; \varepsilon > 0, \text{ sehr klein}$$

Abbildung 5 veranschaulicht den Referenzpunktansatz im Ergebnisraum. Wie
Abbildung 5 zeigt, liegen alle Ergebnisse gleichen Abstands vom Referenzpunkt r
auf einem Kegel, dessen Spitze auf einem Strahl durch den Referenzpunkt liegt.
Die Richtung dieses Strahls wird bestimmt durch den Gewichtungsvektor g. Die
Minimierung des Abstands bewirkt damit eine Projektion des Referenzpunkts auf
die Menge effizienter Ergebnisse. Der Referenzpunktansatz erfüllt damit die Forderung der Validität. Die Nicht-Diskriminierungseigenschaft folgt unmittelbar aus

der Tatsache, daß jedes effiziente Ergebnis dadurch identifizierbar ist, daß es als Referenzpunkt vorgegeben wird (zum Beweis vgl. Wierzbicki (1986)).

Offenbar können die beiden Parameter **r** und **g** auch einzeln zur Steuerung des Suchprozesses eingesetzt werden, denn einerseits lassen sich unterschiedliche effiziente Ergebnisse bei gegebenem Referenzpunkt durch Variation des Gewichtungsvektors identifizieren, während andererseits bei gegebenem Gewichtungsvektor unterschiedliche Ergebnisse durch die Variation des Referenzpunktes identifizierbar sind.

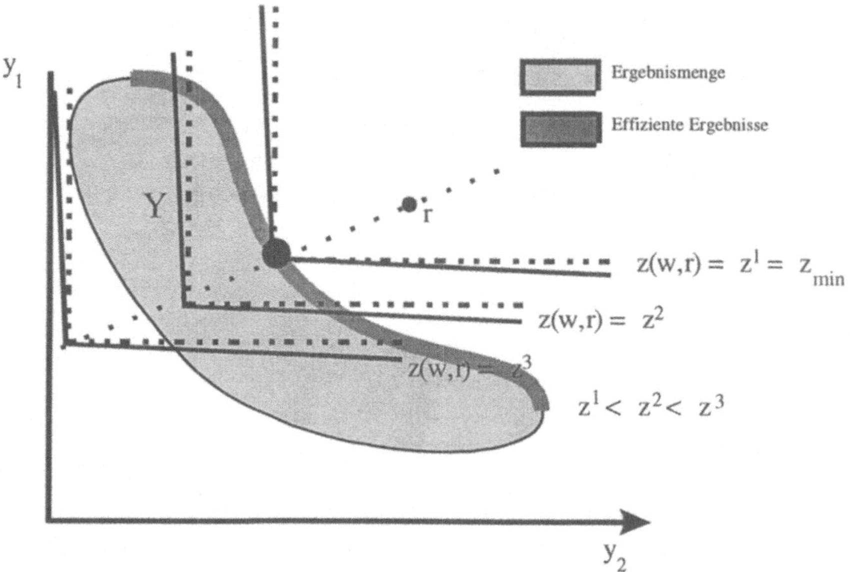

Abb. 5: Referenzpunktansatz

3 Ausgewählte interaktive Mehrzielunterstützungssysteme

Im Rahmen der Mehrzielentscheidungsforschung ist in den zurückliegenden Jahren eine Vielzahl von interaktiven Mehrzielunterstützungssystemen entwickelt worden. Einen Überblick findet man z.B. in Steuer (1986) und Vincke (1992). Wir wollen uns hier auf die Darstellung dreier Systeme beschränken, die erhebliche Beachtung erfahren haben und die auf Grund der realisierten Lösungskonzepte als repräsentativ für eine größere Zahl von Systemen gelten können. Dies ist das Verfahren von Zionts & Wallenius (1976, 1983), das STEM-Verfahren von Benayoun et al. (1971) sowie die Methode VIG von Korhonen & Laakso (1986). Das Verfahren von Zionts & Wallenius ist speziell für lineare Mehrzielentscheidungsprobleme konzipiert und verwendet als Ersatzproblem den Gewichtungsansatz. Dagegen benutzt das STEM-Verfahren den Referenzpunktansatz, sein Einsatz ist nicht auf lineare Probleme beschränkt. Beide Verfahren verfolgen eine reduktionistische Strategie, die sich in einer sukzessiven Eingrenzung des Suchbereichs niederschlägt. Hierdurch wird die Konvergenz der Verfahren sichergestellt, doch setzt dies stabile Präferenzstrukturen des Entscheidungsträgers voraus. Lernprozesse während des interaktiven Prozesses können diese Verfahren nicht berücksichtigen.

Dagegen ist die Methode VIG als exploratives Verfahren zu bezeichnen, das Veränderungen der Präferenzstrukturen des Entscheidungsträgers zuläßt. Es benutzt ebenfalls den Referenzpunktansatz und zeichnet sich dadurch aus, daß es Computergraphiken zur Informationsversorgung nutzt. Wir werden uns im folgenden auf eine allgemeine, anschauliche Darstellung der Konzepte beschränken. Für eine detaillierte algorithmische Beschreibung sei auf die Originalliteratur verwiesen.

3.1
Das Verfahren von Zionts & Wallenius

Das Verfahren von Zionts & Wallenius (1976, 1983) ist für lineare Mehrzielprobleme konzipiert. In diesem Fall ist die Ergebnismenge ein Polyeder. Das Verfahren beschränkt sich auf die Betrachtung der effizienten Ecklösungen dieses Polyeders. Es benutzt den Gewichtungsansatz und interpretiert die gewichtete Summe der Ergebnisvektoren als lineare Approximation einer impliziten pseudokonkaven Nutzenfunktion des Entscheidungsträgers.

Wir wollen die grundsätzliche Vorgehensweise des Verfahrens anhand eines Beispiels erläutern. Dazu betrachten wir Abbildung 6. Das Verfahren startet mit einem Gewichtungsvektor $\mathbf{g}^0$ aus dem Gewichtungsraum $G^0 = \{\ \mathbf{g} \in \mathfrak{R}^m \mid g_i \geq \varepsilon\ ,$ $\sum\ g_i = 1\ \}$ (ε sei eine hinreichend kleine positive Zahl), d.h. mit einem beliebigen positiven Gewichtungsvektor, dessen Komponentensumme auf 1 normiert ist. Die Anwendung des Gewichtungsansatzes führt auf eine effiziente Ecke der Ergebnismenge. Im Beispiel der Abb. 6 ist dies die Ecke c. Diese wird dem Entscheidungsträger als aktuelle Lösung präsentiert. Zusätzlich zur aktuellen Lösung werden deren benachbarte effiziente Ecken ermittelt. In unserem Beispiel wären dies die Ecken b und d. Diese werden ebenfalls dem Entscheidungsträger präsentiert, der sie daraufhin überprüft, ob sie der aktuellen Lösung vorzuziehen sind. Ist dies für keine der benachbarten Ecken der Fall, endet das Verfahren mit der aktuellen Lösung als endgültiger Lösung des Problems.

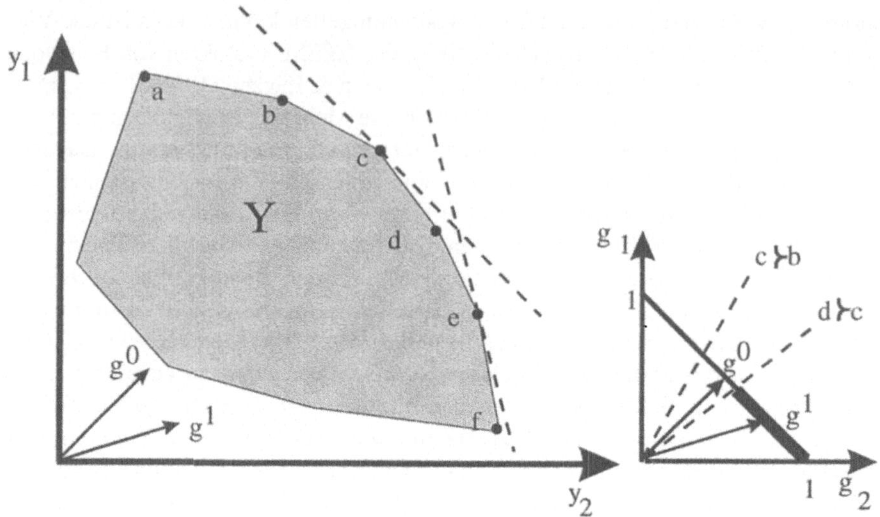

Abb. 6: Verfahren von Zionts & Wallenius

Wird mindestens eine der benachbarten Ecken der aktuellen Lösung vorgezogen, so wird aus jedem Paarvergleich eine Restriktion im Gewichtungsraum abgeleitet. Zieht in unserem Beispiel der Entscheidungsträger zwar die aktuelle Lösung c dem Nachbarn b, aber den Nachbarn d der aktuellen Lösung vor, so ergibt sich daraus die im rechten Teil von Abb. 6 dargestellte Einschränkung des Gewichtungsraums. Hieraus ist für die nächste Iteration ein neuer Gewichtungsvektor zu wählen, der zur Identifizierung einer neuen aktuellen Lösung führt.

Zur Bewertung des Verfahrens kann zunächst angemerkt werden, daß die vom Entscheidungsträger zu erbringenden Präferenzinformationen in Form von Paarvergleichen der Ergebnisvektoren i.d.R. keine großen Probleme bereiten. Allerdings kann in realen Problemstellungen die Zahl der Ecken der Ergebnismenge und damit auch die Zahl der durchzuführenden Paarvergleiche einen erheblichen Umfang annehmen.

Darüber hinaus basiert das Verfahren auf der strengen Annahme, daß der Entscheidungsträger sich konsistent zu seiner existierenden pseudokonkaven Nutzenfunktion verhält.

Schließlich ist darauf hinzuweisen, daß die Beschränkung auf die Betrachtung von Ecklösungen der Ergebnismenge zu suboptimalen Lösungen führen kann.

3.2
Das STEM-Verfahren

Das STEM-Verfahren (Benayoun et al. 1971) ist insbesondere dadurch charakterisiert, daß es die Konvergenz durch die sukzessive Verkleinerung der Ergebnismenge erzwingt. Als Ersatzproblem wird der Referenzpunktansatz eingesetzt, bei dem sowohl der Referenzpunkt als auch der Gewichtungsvektor zur Steuerung des Identifizierungsprozesses eingesetzt werden. Die Festlegung von Referenzpunkt und Gewichtungsvektor basiert auf den Konzepten des Ideal- und des Nadirpunktes. Der Idealpunkt $\mathbf{y}^*$ eines Mehrzielproblems ist der Vektor der individuellen Maxima der Ergebniskomponenten über alle zulässigen Ergebnisse, während der Nadirpunkt $\underline{\mathbf{y}}$ die individuellen Minima der Ergebniskomponenten über alle effizienten Ergebnisse enthält. Idealpunkt und Nadirpunkt beschreiben damit den Wertebereich effizienter Ergebnisse.

Wir wollen das STEM-Verfahren ebenfalls an einem Beispiel erläutern und betrachten dazu Abb. 7. Zunächst werden Ideal- und Nadirpunkt bestimmt. Diese sind in Abb. 7 mit y^{*1} und $\underline{y}^1$ bezeichnet. Dann wird als Ersatzmodell der Referenzpunktansatz eingesetzt. Dabei wird als Referenzpunkt der Idealpunkt gewählt. Der Gewichtungsvektor wird so gewählt, daß er den Idealpunkt in Richtung des Nadirpunkts projiziert. Dies führt zur Identifizierung der Lösung y^1. Diese wird dem Entscheidungsträger gemeinsam mit dem Idealpunkt vorgelegt. Wird die Lösung akzeptiert, endet das Verfahren. Akzeptiert der Entscheidungsträger die Lösung nicht, dann muß er eine Ergebniskomponente angeben, hinsichtlich derer er eine Verschlechterung um einen zu benennenden Betrag Δ akzeptiert, um Verbesserungen bei anderen Ergebnissen zu ermöglichen.

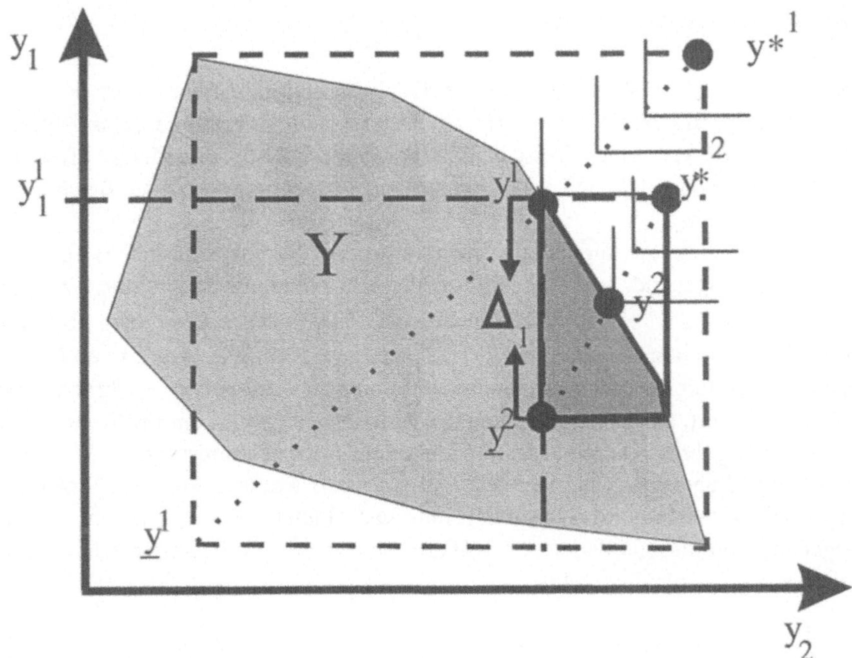

Abb. 7: STEM-Verfahren

Im Beispiel der Abb. 7 habe der Entscheidungsträger die Lösung y^1 nicht akzeptiert und sei bereit, eine Verschlechterung im ersten Ziel um den Betrag Δ_1 zu akzeptieren. Dann wird die Ergebnismenge in der folgenden Weise eingeschränkt. Für die ausgewählte Ergebniskomponente y_1 werden nur noch solche Werte zugelassen, die die durch Δ_1 bestimmte Schranke nicht unterschreiten. Für alle übrigen Ergebniskomponenten wird als untere Schranke der aktuelle Wert festgelegt. Dies führt in unserem Beispiel zu der dunkel schraffierten eingegrenzten Ergebnismenge. Für diese werden wieder Ideal- und Nadirpunkt bestimmt und eine weitere Iteration des Verfahrens durchgeführt.

Zunächst zeichnet sich das STEM-Verfahren durch einen einfach strukturierten Aufbau und moderate Informationsanforderungen an den Entscheidungsträger in qualitativer und quantitativer Sicht aus.

In Hinblick auf das Verfahren von Zionts & Wallenius ist hervorzuheben, daß sich das STEM-Verfahren bei linearen Problemen, für die es von den Autoren konzipiert wurde, nicht auf die Betrachtung von Ecklösungen der Ergebnismenge beschränkt. Darüber hinaus läßt sich das Verfahren auf andere (nichtlineare, diskrete) Modellstrukturen anwenden.

Eine wesentliche Schwäche des Verfahrens liegt in der strikten Monotonität des Verfahrens, die eine Revision einmal getroffener Präferenzaussagen nicht zuläßt.

3.3
Die Methode VIG

Die Methode VIG (Visual Interactive Goalprogramming, Korhonen & Laakso 1986) verfolgt, im Gegensatz zu den zuvor dargestellten Verfahren, das Ziel, dem Entscheidungsträger einen frei gestaltbaren Suchprozeß in der Menge effizienter Ergebnisse zu ermöglichen. Zur Erläuterung betrachten wir das Beispiel der Abb. 8.
Das Verfahren startet mit einem (nicht notwendigerweise zulässigen) Ergebnisvektor y^0. Ausgehend von y^0 bestimmt der Entscheidungsträger eine Verbesserungsrichtung $d \in \Re^m$. Das Verfahren benutzt als Ersatzproblem den Referenzpunktansatz, mit dem Referenzpunkt $y^0 + t \cdot d$, den es für alle Werte t von 0 bis ∞ berechnet. Dadurch werden die Punkte auf dem von y^0 ausgehenden Strahl, wie in Abb. 8a skizziert, auf die Ergebnismenge projiziert und damit ein Profil der Menge effizienter Ergebnisse erzeugt. Dieses kann dem Entscheidungsträger z.B. in Form eines Liniendiagramms, wie in Abb. 8b, präsentiert werden. Aus dem Profil kann der Entscheidungsträger das beste Ergebnis auswählen (z.B. y^1 wie in Abb. 8b) und ausgehend von dieser Lösung durch Wahl einer neuen Verbesserungsrichtung ein weiteres Ergebnisprofil erzeugen.

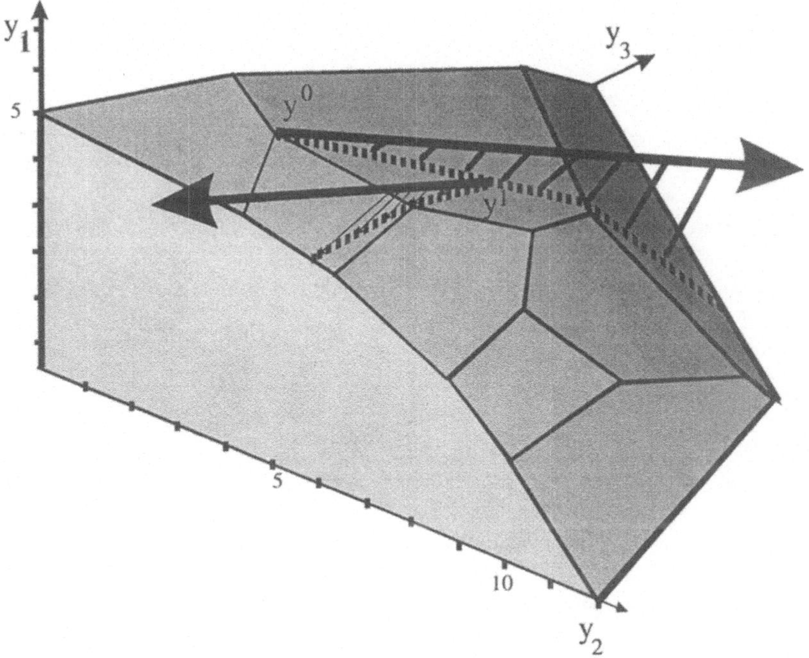

Abb. 8a: Methode VIG

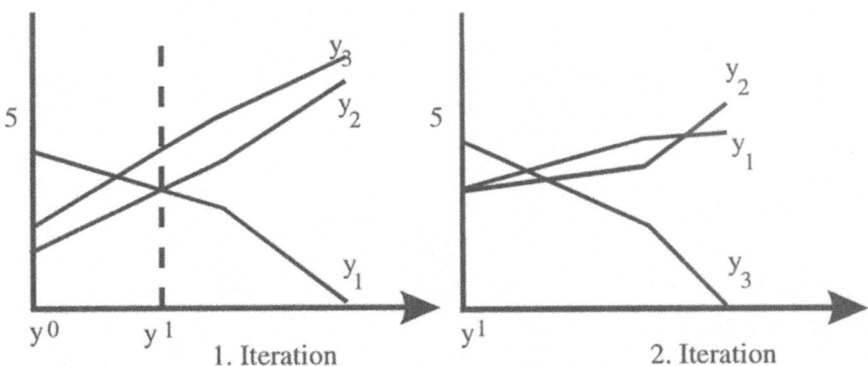

Abb. 8b: Ergebnisprofile

Die Methode VIG legt die Gestaltung des Suchprozesses vollständig in die Hand des Entscheidungsträgers. Indem sie auf konvergenzsichernde Strukturen verzichtet, eröffnet sie dem Entscheidungsträger die Möglichkeit der umfassenden Analyse effizienter Ergebnisse, was zu einem besseren Verständnis des Entscheidungsproblems führen kann.

Simulation im Entwicklungsprozeß

Günther Häfner

1 Einleitung

Zunehmender Wettbewerb zwingt die Industrie, innovative Produkte schneller als bisher zu entwickeln und zur Marktreife zu bringen. Die Kosten für ein neues Produkt werden in einer sehr frühen Phase des Produktentwicklungsprozesses festgelegt, in der im allgemeinen noch wenig Produktwissen vorhanden ist (Abb. 1). Erklärtes Ziel der Neugestaltung von Entwicklungsprozessen ist deshalb, so früh wie möglich viel ganzheitliches Produktwissen zu erzeugen und zur Grundlage von Auswahlentscheidungen zu machen. Dieses Produktwissen muß eine Beurteilung hinsichtlich Funktionalität, Ästhetik, Qualität, Herstellbarkeit, Wartbarkeit, Ökonomie und Ökologie ermöglichen. Die Ganzheitlichkeit der Betrachtung und Abwägung ist zur Vermeidung von Fehlauslegungen in der Frühphase wichtiger als lokale Feinoptimierung. Als Mittel zur Erzeugung und Verknüpfung von Wissen über ein zunächst noch nicht physisch vorhandenes Produkt, also dem virtuellen Produkt, eignet sich die Simulation hervorragend. Im folgenden wird nicht auf die Simulation von Geschäftsprozessen, Produktionsprozessen oder Arbeitsabläufen eingegangen, sondern es sollen beispielhaft Anwendungen im Gestaltungsprozeß von Produkten, hier speziell Fahrzeugen, vorgestellt werden.

Bei einfachen Produkten genügt erlerntes Wissen, praktische Erfahrung und der gesunde Menschenverstand für die zweckmäßige Gestaltung und die Vermeidung grober Auslegungsfehler. Der Entwickler kann sich die Eigenschaften der neuen Produktidee auf der Grundlage seines persönlichen Wissens durch ein Gedankenexperiment erarbeiten und mit einfachen Berechnungen quantifizieren. Ganz anders ist die Situation bei hochkomplexen Industriegütern wie z.B. einem modernen Automobil. Das Risiko einer Fehleinschätzung ist hier sehr groß. Da in der Regel mehr als ein Entwickler an der Entstehung eines Produktes beteiligt ist, kann das erarbeitete Resultat nicht vollständig konsistent sein. Die Dokumentation ist in der Regel unvollständig oder nicht aktuell. Entscheidungen auf der Basis solcher Entwicklungsstände waren in der Vergangenheit oft nicht nachvollziehbar und die Quelle von Fehlern nicht identifizierbar. Die Folgen waren eine hohe Zahl von

Iterationsschleifen über teure physische Prototypen und damit hoher Zeit- und Kostenaufwand.

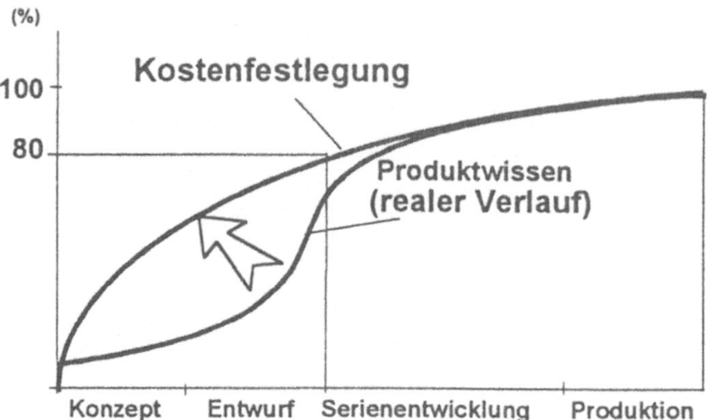

Abb. 1: Phasen der Produktentwicklung

Wenn also Denken als Probehandeln verstanden wird, dann spielt die Simulationstechnik die Rolle des rechnerunterstützten „Bedenkens" eines Produktes oder einer Baugruppe im Sinne von „Was wäre, wenn ...". Die Analyse ist daher die Domäne der Simulation im Entwicklungsprozeß.

2   Simulationsmodell

Zur Simulation des Verhaltens eines Produktes als Gesamtsystem oder einer Baugruppe ist Wissen über die Struktur des Systems, die Parameter und Eingangsgrößen und eine geeignete Simulationsumgebung notwendig (Abb. 2).

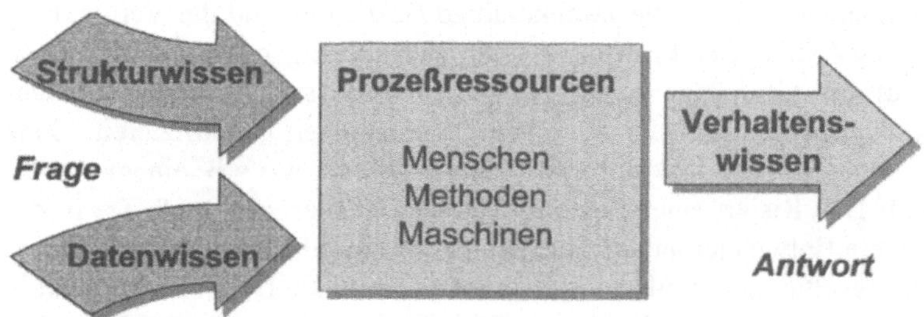

Abb. 2: Simulationsprozeß

Die Repräsentationsform des Strukturwissens ist das Simulationsmodell. Der Detaillierunggrad des Modells, d.h. die Modelltiefe, hängt dabei von der Komplexität der Fragestellung sowie von den Grenzen der verfügbaren Ressourcen ab. Diese Resssourcen können Zeit, Geld oder bereits vorhandenes Wissen bedeuten. Die meisten Simulationsmodelle enthalten daher sorgfältig begründete und vorgenommene Vereinfachungen der allgemeingültigen Beschreibung oder aus der Erfahrung abgeleitete heuristische Terme (Abb. 3). Über die Zulässigkeit von Vereinfachungen muß im Einzelfall entschieden werden. Hier ist viel Erfahrung zur Erreichung der erforderlichen Modellkohärenz notwendig.

Physikalisches Modell	Korrelationsmodell	Phänomenologisches Modell:
Allgemeingültige exakte physikalisch-mathematische Beschreibung. In der Regel aufwendig.	Nur aus Beobachtung und Erfahrungswissen abgeleitete mathematische (algebraische) Funktion mit sehr eingeschränktem Gültigkeitsbereich.	Häufig angewandte Mischform mit erweitertem Gültigkeitsbereich.

Abb. 3: Simulationsmodelle

Die Erstellung des Simulationsmodelles erfordert sehr gute Kenntnisse der hinter dem System stehenden Physik, Abstraktionsfähigkeit und die anwendungsorientierte Festlegung der Modelltiefe.

3   Datenbasis

Zum Prozeß der Simulation gehört auch die Beschaffung, Prüfung und Eingabe von Eingangsdaten, wobei die Qualität dieser Daten die Qualität des Simulationsergebnisses maßgeblich bestimmt. Zur Unterstützung dieses Prozeßschrittes werden alle ein Produkt beschreibende Daten in Datenbanken gesammelt und über Datenmanagementsysteme dem Entwickler zur Verfügung gestellt.

Der sogen. Digital Mock-Up (DMU) ist ein realitätsnahes Computermodell eines Produktes mit sämtlichen erforderlichen Funktionalitäten, die von der Entwicklung über die Herstellung bis zum Service reichen (Abb. 4). Er dient als Grundlage für die Produkt- und Prozeßentwicklung und unterstützt so die Kommunikation und die Entscheidungen vom ersten Entwurf über die Instandhaltung bis hin zum Produktrecycling. Der DMU enthält Beschreibungen der Geometrie, der Werkstoffdaten und Eigenschaften von Bauteilen, Baugruppen und Gesamtsystemen. Zukünftig werden mit Entwicklungs- und Produktionsdaten zusammen auch die verwendeten Tools und Methoden Bestandteil des DMU sein. Die Gesamtheit dieser Daten wird mittels Datenmanagementsystemen abgelegt, verwaltet, auf Konsistenz geprüft und allen Entstehungs-, Nutzungs- und Entsorgungsprozessen im Leben eines Produktes zur Verfügung gestellt.

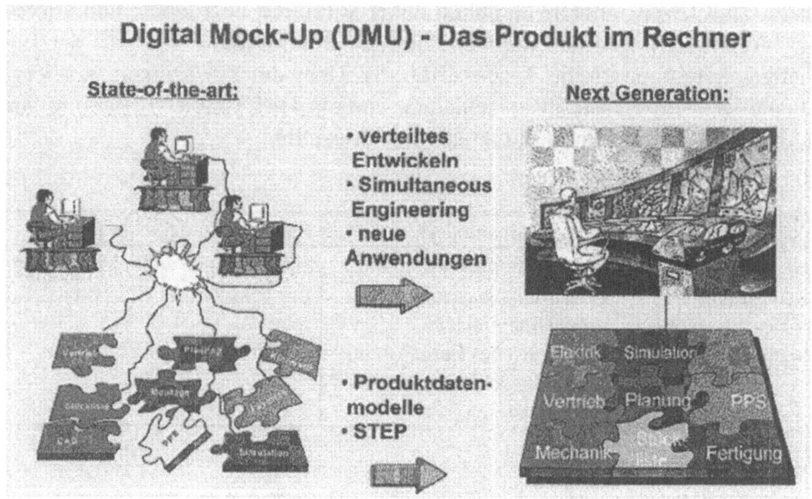

Abb. 4: IV-unterstützender Entwicklungsprozeß (Quelle DBAG F3P)

4   Entwicklungsumgebung

Die großen Fortschritte der Simulationstechnik sind vor allem auf die gewaltige Leistungssteigerung der Computer bei gleichzeitig sinkenden Preisen zurückzuführen. Der Umgang mit Simulationswerkzeugen wird heute durch grafische Benutzeroberflächen mit ergonomischer und selbsterklärender Gestaltung sehr erleichtert.

Produktiv eingesetzte Verfahren der Simulation sollen prozeßsicher sein, d. h. die Methode muß in der Anwendung bewährt und ihr Gültigkeitsbereich abgesichert sein. Sinnvolle aus Erfahrungswissen stammende Datenvorbelegungen, abgesicherte Wertebereiche und Schranken helfen dem Nichtexperten und erleichtern die Arbeit. Die Generierung von Wissen im Zuge einer Produktentwicklung muß möglichst ganzheitlich und mit ausgewogenem Detailreichtum erfolgen. Insbesondere in der Konzeptphase ist daher eine Verkettung von mehreren, für den Entwurf geeigneten Simulationsverfahren notwendig. Im Vordergrund sollen aus der Sicht des Anwenders die Prozeßschritte nahtlos aufeinander folgen, können und im Hintergrund muß das Datenmanagementsystem für eine vollständige und konsistente Datenwelt im Sinne des DMU sorgen. Als Beispiel für einen verketteten

Entwurfs- und Bewertungszyklus für ein Kraftfahrzeug sei der Prozeß der Fahrzeugkonzeption angeführt (Abb. 5). CAD-Systeme, die parametrische Beziehungen zwischen einzelnen Maßen zulassen, sind notwendigen Bestandteil eines solchen Prozesses.

Die entworfene, aus Vorgängern abgeleitete geometrische Alternative wird mit nachgeschalteten Verfahren dimensioniert und bewertet. So ist man in der Lage, sehr schnell nicht zielführende Alternativen auszusondern und die weitere Entwicklungsarbeit im Sinne einer Ressourcenschonung auf Erfolg versprechende Alternativen zu fokusieren.

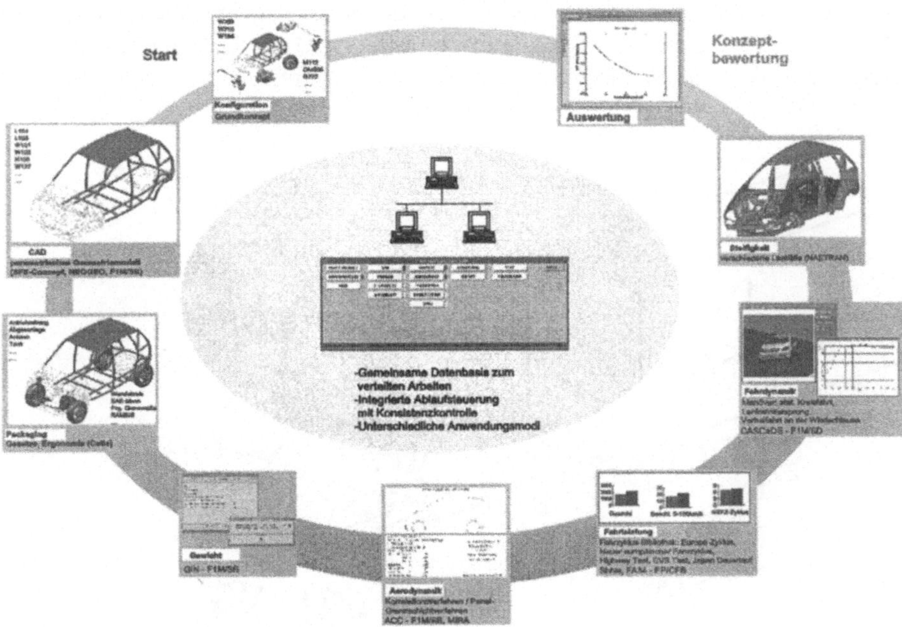

Abb.: 5: Prozeßkette zur Fahrzeugkonzeption

5 Anwendung

Im folgenden werden Nutzungsmöglichkeiten der Simulation anhand ausgewählter Beispiele aufgezeigt.

Fahrdynamik

Das Fahrverhalten eines Fahrzeuges und seine Handhabbarkeit wirken sich unmittelbar auf die aktive Fahrzeugsicherheit und den Fahrkomfort aus. Zur Simulation der Fahrzeugdynamik wird das Fahrzeug in die für die Fragestellung relevanten Komponenten (Aufbau, Achsen, Reifen, Bremsen, Lenkung, Antriebsstrang) zerlegt (Abb. 6). Die Modellbeschreibungen werden in einer Entwicklungsumgebung (hier CASCaDE) zusammengefügt und mit Daten versorgt. Das Ergebnis der Simulation ist der Verlauf aller Zustandsgrößen im Zeitbereich.

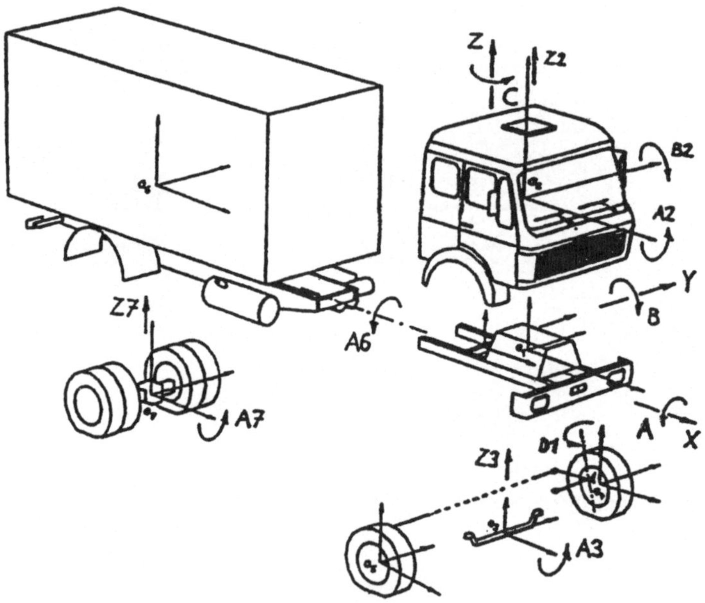

Abb. 6: Modellzerlegung eines LKW

Das Verhalten eines Fahrzeuges kann so bei verschiedenen Fahrmanövern wie Bremsen in der Kurve, doppeltem Fahrspurwechsel u.a. durch Vergleich der ermittelten Größen mit Zielvorgaben bewertet werden. Änderungen in der Auslegung sind leicht möglich. Die Auswirkung auf das Fahrverhalten ist sofort bewertbar (Abb. 7). Aus der Korrelation der Simulationsergebnisse mit den angenommenen Randbedingungen und Parametern wächst der Fundus an Erfahrungswissen für den Experten weiter an.

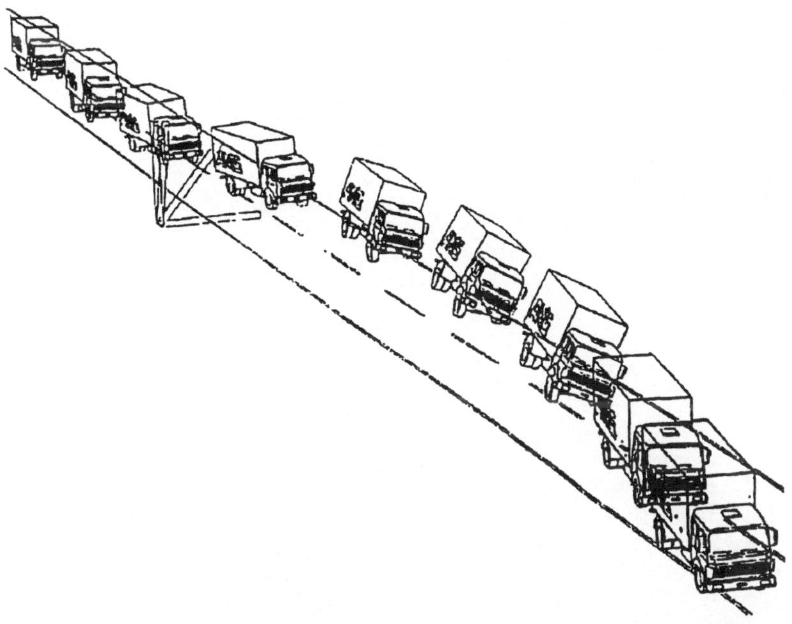

Abb. 7: Ausweichmanöver eines LKW

Crash-Simulation

Der Insassenschutz und damit die passive Sicherheit von Automobilen ist zentrale Aufgabe der Fahrzeugentwicklung. Die auf Erfahrung und Experiment allein gestützte Crash-Optimierung einer Karosserie ist außerordentlich aufwendig, weil in Einzelfertigung hergestellte Prototypen beim Crash-Experiment zerstört werden. Zur Verbesserung dieses Prozeßschrittes werden aus der CAD-Beschreibung des Karosserierohbaues vor allem in Bereichen mit zu erwartenden starken Verformungen sehr detaillierte Berechnungsnetze für Finite-Elemente-Methoden (FEM) erzeugt (Abb. 8). Die Modellbeschreibungen für Fügeverbindungen einzelner Blechteile wie Punktschweißen, Nieten, Schrauben und Kleben sind zu integrieren. Für eine realistische Crash-Simulation sind zusätzlich die Abbildungen aller relevanten Einbaugruppen wie Motor, Getriebe, Lenkung und Pedalerie mit in das Berechnungsnetz einzubeziehen.

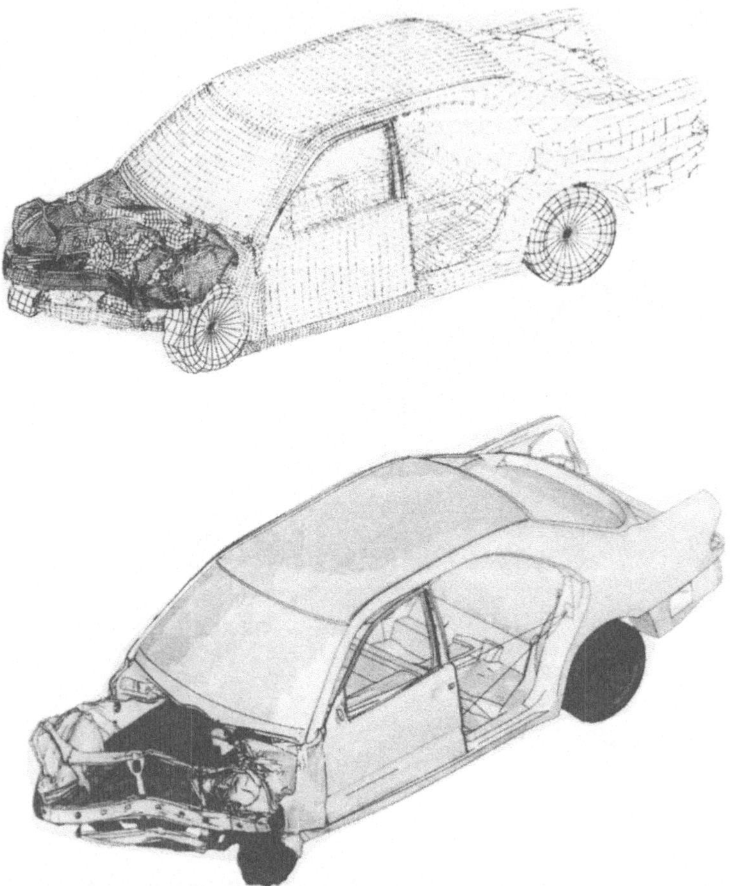

Abb. 8: FEM-Netz und Flächenansicht Crash

Die Crash-Simulation stellt größte Anforderung an die Netzgenerierung und die Computertechnik und wird in ihrer Aussagekraft ständig verbessert. Sie erspart jedoch eine ganze Reihe sehr teurer Hardwareaufbauten und verkürzt die Entwicklungszeit erheblich.

Kraftfahrzeug-Aerodynamik

Die Wirkung von Luftkräften auf das Fahrzeug kann heute in sehr frühen Phasen der Entwicklung mit Hilfe von kombinierten Verfahren rechnerisch abgeschätzt werden. An real ausgeführten Fahrzeugen durchgeführte Windkanalmessungen werden mit geometrischen Daten des Fahrzeugs korreliert und Beziehungen abgeleitet. Diese lassen Prognosen für die Eigenschaften neuer Geometrievarianten zu.

In Bereichen beschleunigter Luftströmung, also bis etwa zur halben Fahrzeuglänge sind auch Verfahren der Fluiddynamik direkt anwendbar. Fragen der Verschmutzung und der Sichtbehinderung durch Spritzwasser, der Motorraum- und Kühlerdurchströmung können mit hoher Prognosegüte bearbeitet werden (Abb. 9). Die Berechnung des Strömungsverhaltens in Ablösegebieten bedarf noch weiterer Verbesserungen. Durch die Einflüsse von Straße, Rädern und sehr große Nachlaufgebiete gestaltet sich die Aerodynamikberechnung an einem Fahrzeug häufig schwieriger als an einem Flugzeug.

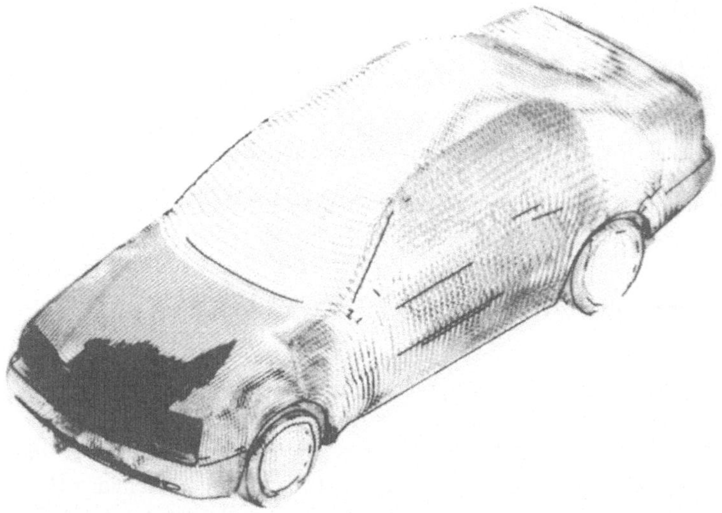

Abb. 9: Luftströmung an der Außenfläche

Klimatisierung und thermischer Komfort

Passagiere von Kraftfahrzeugen sollen sich wohl fühlen. Wichtiges Element dabei ist die thermische Behaglichkeit. Neben dem reinen Komfortempfinden spielt die Konditionssicherheit des Fahrers eine wesentliche Rolle. Der Einsatz von Simulationsverfahren erlaubt die Bewertung des thermischen Komforts in Passagierkabinen von Fahrzeugen und Flugzeugen. Neben der Wirkung von Belüftungsdüsen kann die Sonneneinstrahlung, die Auswirkung wärmedämmender Gläser, die Wirksamkeit verschiedener Heiz- und Kühlanlagen, das Verhalten im Sommer und

Winter in den Klimazonen der Erde rechnerisch mit sehr hoher Prognosegüte bestimmt werden (Abb. 10). Auch Fragen zur Enteisung und Beschlagfreihaltung von Glasscheiben lassen sich ohne Durchführung von Versuchen an realen Prototypen durch Simulation beantworten. Großes Erfahrungswissen ist bei der Auswahl der Verfahren, der Eingangsgrößen, der rationellen Planung und Durchführung der Rechnung und der Interpretation und Bewertung der Ergebnisse erforderlich. Wo immer möglich, wird dieses Erfahrungswissen integriert und zum festen Bestandteil der Methode selbst gemacht.

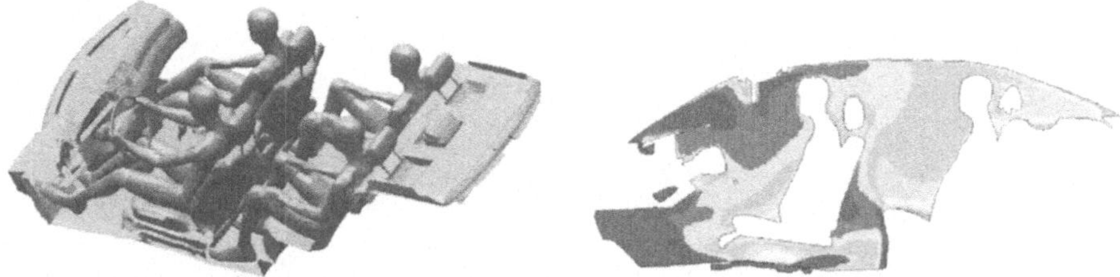

Abb. 10: CAD-Innenraummodell und Temperaturverteilung im Längsschnitt

Verbrennungsmotoren, Zylinderinnenströmung, Gemischbildung und Verbrennung

Die überwiegende Mehrzahl aller Fahrzeuge wird durch Verbrennungsmotoren angetrieben. Deshalb wird weltweit an der Verbesserung motorischer Prozesse gearbeitet, um Kraftstoffverbrauch und Schadstoffemission zu senken. Dazu ist das Verständnis der Vorgänge bei Gemischbildung, Verbrennung und Schadstoffbildung im Otto- und Dieselmotor zwingend erforderlich. Die Gasbewegung im Innern des Zylinders, die Durchmischung von Frischgas mit Restgas, die Temperatur- und Turbulenzverteilung lassen sich mit numerischen Methoden der Fluiddynamik berechnen (Abb. 11). In einem Netz von Volumenelementen werden die Erhaltungsgleichungen von Impuls, Energie und Masse gelöst. Die Beobachtung der Zustandsgrößen macht den thermodynamischen Prozeß nachvollziehbar und ermöglicht über Erkenntnisgewinn neue Wege für konstruktive oder verfahrenstechnische Maßnahmen im Vorfeld aufwendiger Experimente an realen Motoren.

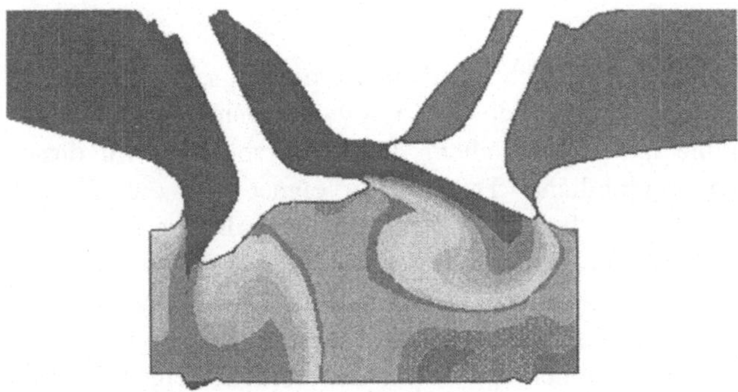

Abb. 11: Einströmung von Frischgas

Die physikalischen Vorgänge, etwa bei der Gemischbildung im Dieselmotor (Abb. 12a) oder bei der Zündung und Flammenausbreitung (Abb. 12b), sind heute prinzipiell weitgehend aufgeklärt. Durch die hochkomplexen Zusammenhänge und Wechselwirkungen ist die Ableitung von zielführenden Maßnahmen jedoch sehr schwierig und kann wirksam durch begleitende Simulation unterstützt werden. Aus ökonomischen Gründen müssen bei der Modellbildung für das Simulationsexperiment Vereinfachungen gemacht werden, für die sehr viel Erfahrungswissen notwendig ist.

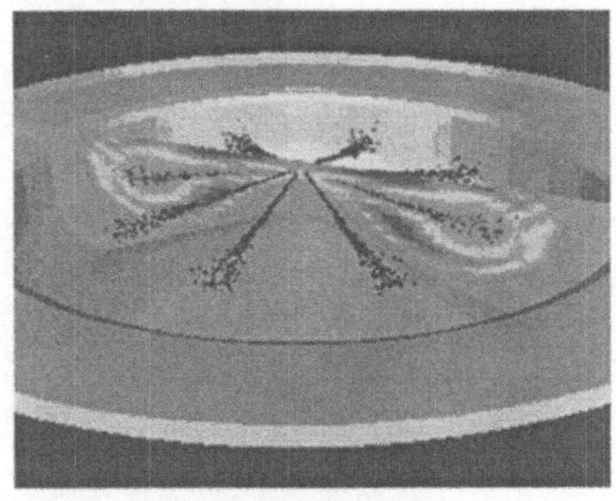
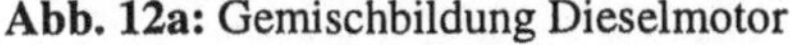

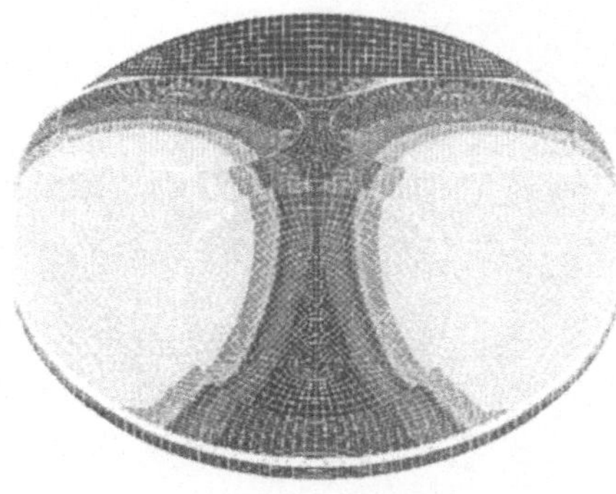

Abb. 12a: Gemischbildung Dieselmotor			**Abb. 12b:** Ottomotor mit Doppelzündung

Visualisierung

Die Menge der bei Simulation und Versuch anfallenden Daten ist sehr groß. Die in ihnen enthaltene Information erschließt sich dem Entwicklungsingenieur nur unvollständig über Diagramme und Zahlenreihen. Besonders spürbar wird dieser Mangel bei der Auswertung räumlicher Daten. Hier eignet sich die Virtual-Reality-Technik gut. Der Computer berechnet stereoskopische Bilder der Datenmenge mit hoher Wiederholfrequenz. Für den Betrachter entsteht dadurch ein sehr echter räumlicher Eindruck. Für eine perspektivisch richtige Darstellung wird die Position des Betrachters relativ zum Projektionsschirm ständig gemessen und dem Computer mitgeteilt. Auch Interaktionen des Betrachters mittels Zeigegerät sind möglich und erlauben ein intuitives Arbeiten. Ein Arbeitsplatz mit VR-Technologie erlaubt die interaktive Auswertung von 3D-Ergebnisdaten aus numerischen Simulationen und von 3D-Meßdaten aus den Bereichen Strömung, Festigkeit, Crash, Bewegungsanalyse, Packaging etc. (Abb. 13). Zusammenhänge werden mit dieser Art der Erfahrung sehr schnell erkannt. Zukünftig wird nicht nur interaktive Visualisierung, sondern auch interaktive Simulation möglich sein. Mit weiterer Steigerung der Leistungsfähigkeit von Computern wird dies sogar in Echtzeit geschehen können.

Abb. 13: VG-Arbeitsplatz DB-VirA, Innenströmung

6 Ausblick

Die Simulation wird zukünftig in alle Bereiche des Entwicklungsprozesses Einzug halten. Dabei dürfen Probleme beim Einsatz von Simulation nicht übersehen werden. Es gilt, eine Reihe von Einstiegshürden zu überwinden und noch vorhandene Defizite in der Anwendung auszugleichen. Simulation wird von denjenigen Entwicklern, die damit ihr noch keinen Kontakt hatten oder aus einem versuchsgeprägten Entwicklungsumfeld kommen, als sehr komplex, schwierig und nur nach hohem Lernaufwand handhabbar empfunden. Zudem besteht bei Nichtanwendern eine nur schwach ausgeprägte bis negative Meinung über den Nutzen der Simulation, weil keine positiven Erlebnisse mit Simulation in ihren Erfahrungsschatz Eingang fanden. Schlechte Erfahrungen mit dem Einsatz von Simulation haben häufig ihre Ursachen in fehlender Abstraktionsfähigkeit im Vorfeld des Einsatzes, in der Auswahl falscher Simulationswerkzeuge und in falschen Vorstellungen über die Aussagefähigkeit der Simulationsergebnisse.

Verbesserungspotential wird beim Einsatz von Simulation in folgenden Bereichen gesehen:

- Bedienbarkeit allgemein
- Schnittstellen bei der Verkettung von Prozessen (Daten und Methoden)
- Aufwand bei Modellierung und Validierung und beim Pre- und Postprocessing
- Definition des (Simulations-)Experimentes
- Softwareperformance, Rechengeschindigkeit
- Modularisierung, Flexibilität von Software und Methode
- Fehlen von Bausteinbibliotheken, Datenbanken
- Simulatorkern, Berechnungsalgorithmen nicht transparent.

Daraus resultieren folgende Handlungsempfehlungen:

- professionelles Projektmanagement zur Gewährleistung einer kompetenten und termingerechten Durchführung unter effizienter Nutzung der Simulation
- Zusammenstellung eines kompetenten Projektteams (ggf. Einbeziehung externer Unterstützung)
- Definition der wesentlichen Projektinhalte und -ziele in einem für alle Beteiligten verbindlichen Lastenheft
- Einsatz der geeigneten Simulationssoftware
- Gewährleistung einer hohen Qualität der Datenquellen
- Transparente Ergebnispräsentation unter gezielter Nutzung der Animation
- Durchgängige Anwendung der Simulation.

7 Zusammenfassung

Mit Hilfe der Simulation kann das Verständnis komplexer Vorgänge erheblich verbessert und beschleunigt werden. Hohe und ständig noch weiter steigende Computerleistung macht Simulation zu einem wirtschaftlichen Element der Entwicklung. Die Anwendungsfelder reichen von Auslegungs- und Bewertungsverfahren für die frühen Phasen der Konzeption über Detailsimulation während der Gestaltungsphase und der Versuchsbegleitung bis in den Bereich der präventiven Wartung des im Einsatz befindlichen Produktes. Defizite bei den Methoden und Probleme bei der Einführung und dem praktischen Einsatz sind erkannt und werden gegenwärtig auf breiter Front beseitigt. Der Wert und der praktische Nutzen der Simulation sind in den Entwicklungsbereichen der Industrie erkannt und anerkannt. Zeit- und Kostenvorteile bei der Markteinführung innovativer Produkte sind wettbewerbsentscheidend und können durch Simulation besser ausgeschöpft werden.

Ausblick

Informationstechnik im Jahre 2010

Herbert Kircher

1 Einführung

Der Informationstechnik wird für das nächste Jahrtausend immer wieder eine Schlüsselrolle zugesprochen. Von der jüngsten Vergangenheit bis in die Gegenwart lassen sich teilweise beachtliche Entwicklungen auf diesem Gebiet beobachten. So hat die Computerindustrie ihre Kunden in den letzten 20 Jahren geradezu mit Superlativen hinsichtlich Preis und Leistung verwöhnt. Die Erwartungshaltung der Kunden lautet inzwischen, salopp gesprochen: „Doppelte Leistung jedes Jahr zum halben Preis." Die Frage ist nun, ob dies auch in Zukunft so weitergehen kann. Man denke nur daran, daß Mikroprozessoren ihre Leistung früher alle zwei Jahre verdoppelt haben, heute geschieht dies alle 18 Monate. Speicherchips steigern ihre Dichte im allgemeinen rund alle drei Jahre um den Faktor 4, die kleinsten Dimensionen auf solchen Chips, die heute schon hergestellt werden, liegen bei etwa 0,2 – 0,3 μm (1 μm = 1 Mikrometer = 1 Millionstel Meter – Zum Vergleich: ein menschliches Haar hat einen Durchmesser von ca. 50 μm). Könnte es stattdessen auch sein, daß wir uns innerhalb der nächsten zehn Jahre mit Verbesserungen von nur noch 5 – 25 % zufrieden geben müssen? Flacht also die Leistungskurve der informationstechnischen Industrie ab, oder geht die rasante Entwicklung weiter? Dieser Frage soll im folgenden nachgegangen werden.

Zunächst sollen mit Blick auf die nächste Dekade einige wichtige Basistechnologien und sich daraus ergebende Anwendungen beschrieben werden.

Dabei ist es sicherlich angebracht, von neuen Paradigmen bei der Nutzung der Informationstechnologie zu sprechen. Informationstechnologie wird in der Zukunft kein Produktivitätsfaktor mehr sein, der Arbeitsplätze wegrationalisiert oder irgendein Fließband automatisch steuert. Das ist in der Gegenwart sicherlich noch der Fall und wird auch zukünftig noch eine geweisse Rolle spielen. Aus diesen neuen Paradigmen ergeben sich eine Reihe bedeutender Auswirkungen auf den Wettbewerb und die Gesellschaft, aber auch auf die Ressource Information selbst, da Information in Zukunft eine Ressource sein wird wie Kapital oder Arbeitskraft.

2 Entwicklung der Basistechnologien

Vom Megabit zum Gigabit

Eine der wichtigsten Basistechnologien ist nach wie vor die Mikroelektronik. Betrachten wir zunächst die Halbleitertechnik. Ausgehend von einem Megabit (MB) im Jahr 1987 wurde bzw. wird etwa alle drei Jahre eine Steigerung um den Faktor 4 erzielt. Der 16-MB-Chip ist heute in Massenproduktion und wird in Dutzenden Fabriken auf der Welt hergestellt. Im Gegensatz dazu wird der 4-MB-Chip nur noch von wenigen Herstellern produziert, die jedoch in den meisten Fällen bereits dabei sind, ihre Produktion umzustellen. Der 64-MB-Chip ist im Produktionsanlauf und wird bald auf dem Markt sein. Der 256-MB-Chip wird in nicht allzu ferner Zukunft Serienreife erlangen. Damit nicht genug: Ein Gigabit(GB-)Chip befindet sich bereits in der Entwicklungsphase und sogar für einen 4-GB-Chip wird schon an der Entwicklung von Grundlagen gearbeitet.

Zur Größenordnung sei gesagt, daß man auf einem 4-MB-Chip 250 eng beschriebene Schreibmaschinenseiten unterbringen kann. Auf einem 4-GB-Chip lassen sich Shakespeares gesammelte Werke 64 Mal, aber auch sechs Stunden Sprache oder eine Stunde Video unterbringen. Aus technischer Sicht gibt es keine grundsätzlichen Hindernisse, die die beschriebene Entwicklung aufhalten könnten. Vielmehr stellt sich unter betriebswirtschaftlichen Gesichtspunkten die Frage, wie lange diese Entwicklung noch finanzierbar bleibt. So kostet eine Fabrik zur Herstellung von 64-MB-Chips ungefähr eine bis anderthalb Milliarden Dollar. Die Entwicklungskosten liegen bei ca. einer Milliarde Dollar. Wird nun die beschriebene technische Entwicklung zugrundegelegt, so ist dieses Produkt nach spätestens drei Jahren veraltet. Trotzdem investieren weltweit mindestens 10–15 Firmen, die sich diesem wahnsinnigen Wettbewerb stellen – obwohl sie wissen, daß nur die ersten drei oder vier Anbieter Geld verdienen können. Wer nur ein Jahr zu spät ist, macht definitiv keinen Profit.

Mikroprozessoren verkleinern die Welt

Ein weiteres wichtiges Element auf dem Gebiet der Mikroelektronik sind die Mikroprozessoren. Gemessen über „Instruktionen pro Sekunde" als interner Maßeinheit für die Leistung eines solchen Prozessors muß hier in den nächsten zehn Jahren ebenfalls mit einem starken Wachstum gerechnet werden. Was ein PC heute kann, konnte vor zehn Jahren nur ein Großrechner. In die Zukunft projiziert bedeutet dies: Ein handgetragenes Device wird in zehn Jahren die Leistungsfähigkeit eines ausgewachsenen PCs von heute bringen. Es ist vorstellbar, daß im Jahr 2010 in eine Smartcard, die in der Größe einer heute bekannten Telefonkarte entspricht, ein Mikroprozessor mit der Leistung eines heutigen Großrechners und ein CD-

ROM-Laufwerk eingebaut werden kann. Solch ein „Großrechner in der Westentasche" könnte durchaus das Weltbild der Datenverarbeitung verändern. Ferner ist davon auszugehen, daß Computer heutiger Art keine Rolle mehr spielen werden. Stattdessen ist vorstellbar, daß z. B. in Flugzeugsitzen Bildschirm, Stromversorgung und evtl. Tastatur integriert sind und die auf der Karte befindlichen persönlichen Anwendungen dort genutzt werden können. Auch wäre es möglich, die gesamten persönlichen Gesundheitsdaten auf einer Chipkarte ständig mitzuführen. Damit würde das Suchen von Patientenakten oder Röntgenbildern der Vergangenheit angehören.

Mehr Speicherkapazität für immer mehr Information

Bei der Technologie der Speichermedien wurde um das Jahr 1995 ein Durchbruch erzielt. Bis dahin betrug das jährliche Wachstum (gemessen in „Speicherdichte pro Quadratzentimeter") rund 30%, seither mit einer großen Streubreite um die 60%. Es ist zu erwarten, daß dies auch zumindest bis zum Jahr 2010 so bleibt. Inzwischen ist es billiger, Daten auf elektronischen Medien zu speichern als auf Papier. In zehn Jahren wird es möglich sein, die Staatsbibliothek von Hamburg mit einem Bestand von 2,7 Mio. Büchern auf einem einzigen Speichermedium zu speichern. Interessant ist das Wachstum der Speicherkapazität jedoch vor allem für die Speicherung von Sprache und bewegten Bildern.

Wettbewerb schafft mehr Bandbreite

Keine großen Fortschritte gab es in den letzten Jahren indes bei der Bandbreite. Bisher hatten die nationalen Postämter aller Länder keinen Grund, Bandbreite zur Verfügung zu stellen. Stattdessen wurden eher die Leitungen „enger" gemacht, um mehr für die Kapazität verlangen zu können. Die vom Wettbewerb geschaffene Deregulierung wird dieses Weltbild verändern. Es kann also mit einer regelrechten Explosion der Bandbreite gerechnet werden. Zusammen mit der Digitalisierung, auf die wir noch zurückkommen werden, wird dies ein ganz entscheidender Durchbruch sein, wobei die Technologie (Local Area Network oder Long Distance Network) zunächst einmal zweitrangig ist.

Flachbildschirme für hochauflösende Bilder

Ein weiteres wichtiges Element wird die Bildschirmtechnologie sein. In den nächsten zehn Jahren werden die Röhrenbildschirme mit Sicherheit zum großen Teil verschwunden sein. Über kurz oder lang wird sich der Flachbildschirm durchsetzen – abhängig von der Preispolitik und davon, wie schnell sich die Fernsehindustrie beispielsweise im Bereich des hochauflösenden Fernsehens auf Standards einigen kann. Ein Anwendungsbereich der heute ausschließlich in Japan produ-

zierten Flachbildschirme wird auch im Bereich der Automobilindustrie liegen, z.B.
um Wetterberichte oder Verkehrsnachrichten anzuzeigen.

Physikalische Grenzen sind keine Hindernisse

Ein besonderes Merkmal der informationstechnischen Industrie ist es, daß sie sehr
schnell nach neuen Wegen sucht, sobald physikalische Grenzen beginnen, sich
abzuzeichnen. So könnten etwa um das Jahr 2010 herum mit Silizium als Werk-
stoff keine weiteren Steigerungen bzw. Verkleinerungen mehr möglich sein. Aus
diesem Grund wird seit längerer Zeit an einer „Nano Structure Technology" gearbeitet. Vereinfacht ausgedrückt werden dabei mit Hilfe eines Elektronenmikrosko-
pes bei einem Material einzelne Atome angehoben, während andere in ihrer Position verbleiben. Das angehobene wird als 1, das verbliebene als 0 definiert. Damit
erhält man einen Speichermechanismus, bei dem der Abstand von Bit zu Bit nur
noch Atomgröße beträgt. Dies ist natürlich um einiges enger als bei den herkömm-
lichen Speichern. Obwohl diese Technologie noch mehr als zehn Jahre von einer
industriellen Nutzung entfernt ist, zeigt sich, daß es durchaus Entwicklungspotentiale aufgrund von Alternativlösungen für vermeintlich bis zur Perfektion getriebe-
ne Technologien gibt.

Die fünf Megatrends

Insgesamt lassen sich die hier nur exemplarisch aufgeführten Entwicklungsmög-
lichkeiten in fünf Megatrends zusammenfassen:

- **Miniaturisierung**
  Die fortschreitende Miniaturisierung z.B. bei Chips führt auch zu gewaltigen
  Auswirkungen bei anderen Technologien. Als ein Beispiel von vielen seien hier
  Fotoapparate und Videokameras angeführt, die bei steigender Leistungsfähig-
  keit und Qualität mittlerweile in jede Jackentasche passen. Obwohl die weitere
  Miniaturisierung immer schwieriger und aufwendiger wird, ist mit ihr dennoch
  weiterhin eine Preisreduktion verbunden.
- **Digitalisierung**
  Bislang leben wir noch in einer analogen Welt. Das einzige digitale Massenpro-
  dukt ist der Computer. Allerdings beginnt sich die Digitalisierung anderer Anwendungen jetzt auf Grund der höheren Leistungsfähigkeit von Chips zu lohnen
  (digitales Fernsehen, digitaler Rundfunk). Eine Entwicklung, die zukünftig Un-
  terhaltungselektronik, Telekommunikation und Datenverarbeitung vereinen und
  dadurch gewaltige Auswirkung auf das Individuum haben wird. Dieser Vorgang
  findet nicht in erster Linie in den Unternehmen, sondern in den privaten Haus-
  halten statt. Alle elektronischen Geräte werden in einem einzigen Apparat integriert sein, der seinen Platz möglicherweise im Heizungskeller hat und sich nur
  noch durch einen Flachbildschirm in den bewohnten Räumen bemerkbar macht.

- **„Any to Any Connection"**
  Die Entwicklung wird mehr und mehr dahingehen, Daten global ohne Kapazitätsgrenzen und bei niedrigen Kosten zu übertragen. Dabei spielt wieder der bereits erwähnte Begriff der Bandbreite eine Rolle. Diese Infrastruktur ist für große Kapazitäten heute noch nicht vorhanden, jedoch werden bereits massive Investitionen auf diesem Gebiet getätigt.
- **„Computer Processing Power"**
  Die Leistungsfähigkeit von Computern wird jährlich steigen, ihr Preis im selben Zeitraum sinken, so daß Rechen- und Speicherleistung zukünftig in ausreichendem Maße und auch kostengünstig zur Verfügung stehen wird.
- **Benutzerfreundlichkeit / „Ease of Use"**
  Computer werden für den Endbenutzer immer einfacher zu bedienen sein. Bedienungsfehler werden durch ausgeklügelte, „intelligente" Benutzeroberflächen ausgeschlossen, die Kommunikation mit dem Rechner erfolgt nicht mehr über den Umweg einer Tastatur („Human Interface"), sondern unmittelbar per Sprachsteuerung, Touchscreen, vielleicht sogar durch Blickkontakt.

Insgesamt kann man davon ausgehen, daß im Bereich der vorgestellten Basistechnologien in den kommenden zehn Jahren Steigerungsfaktoren zwischen zehn und hundert realisierbar sein werden. Es stellt sich damit die Frage, welche Bedeutung das für die Menschen als Individuen und für die Gesellschaft insgesamt hat. Wie kann dieses enorme Potential sinnvoll genutzt werden?

3   Neue Paradigmen der Informationsnutzung

Die beschriebenen informationstechnischen Entwicklungen führen zu Anwendungen, die eine optimale Nutzung von Informationen zu jeder Zeit und an jedem Ort ermöglichen und den Umgang mit Geräten aller Art erheblich vereinfachen. Computer sollen sich dem Menschen anpassen und nicht umgekehrt. In Zukunft Jahren kann der Computer vielleicht sogar auf den aktuellen Gemütszustand seines Benutzers reagieren und z.B. bei schlechter Laune des Benutzers etwas langsamer mit ihm kommunizieren.

Ein besonders aktuelles und interessantes Beispiel dafür, wie sich der Umgang mit Informationen durch den Einsatz entsprechender Informationstechnik verändert, ist das Internet. Es wird geschätzt, daß bis in zehn Jahren rund eine Milliarde Menschen Transaktionen im Internet vornehmen werden. Ich möchte daher drei interessante Beispiele von Unternehmen anführen, die über das Internet Geschäfte abwickeln und damit beeindruckende Ergebnisse erzielen.

So hat der Jeanshersteller Levis seine Läden in den Vereinigten Staaten mit PCs ausgerüstet. Dort werden im Laden fünf für die Paßform einer Hose wesentliche Parameter am Kunden gemessen und über das Internet direkt zum Produktionswerk überspielt, woraufhin individuell für den Kunden eine Hose nach Maß gefer-

tigt wird. Für das Unternehmen bedeutet dies unter anderem eine höhere Kundenzufriedenheit und drastisch gesunkene Lagerkosten. Zweites Beispiel: Der amerikanische Wertpapierhändler Charles Schwab hat durch sein Internetangebot allein
im Jahr 1997 mehr Neukunden gewonnen als in den letzten 13 Jahren davor zusammen. Als drittes Beispiel sei die Lebensversicherungsgesellschaft Livia genannt. Diese Versicherung, deren Zielgruppe Studenten kurz vor oder nach dem
Abschluß sind, hat mit Hilfe von lediglich 19 Mitarbeitern, die das Internetangebot
des Unternehmens betreuen, 250.000 Neukunden gewonnen.

Allein durch die bessere Nutzung von Informationen haben sich diese Unternehmen einen Wettbewerbsvorteil verschafft. Auf lange Sicht wesentlich bedeut-
samer ist jedoch das Intranet, das im Gegensatz zum Internet wesentlich diszipli-
nierter abläuft. Das Intranet gehört Unternehmen (wie z.B. Banken), die schon seit
Jahren ihre Daten in eigenen Netzwerken um die Welt schicken. Die Verknüpfung
mehrerer Intranets bezeichnet man (in Abgrenzung zum Internet) als Extranet. Der
Umfang von über solche Intranets abgewickelten Geschäften wird sich mehr und
mehr zu Lasten des Internets erhöhen.

Auch in den Unternehmen selbst führt der Einsatz moderner Informationstechnik zu Veränderungen. In den letzten 20 Jahren waren sowohl die Organisation
als auch die Datenverarbeitung in Unternehmen in hohem Maße von hierarchischen Aspekten dominiert und sehr gut kontrolliert, was jedoch nicht gleichbedeutend mit Transparenz war. Durch die kleinen PCs, die jedem Mitarbeiter für
relativ wenig Geld Rechenkapazität zur Verfügung gestellt haben, wurden vor
allem in den USA sehr viele Unternehmen neu gegründet und entsprechend viele
Arbeitsplätze geschaffen. Um zu ermöglichen, daß teure Peripheriegeräte wie
qualitativ hochwertige Drucker von mehreren Mitarbeitern genutzt werden können,
sind diese PCs vernetzt worden. Dies Entwicklung war synchron zu der sich parallel dazu durchsetzenden dezentralen Organisationsform, mit der erreicht werden
sollte, Macht und Wissen im Unternehmen nicht nur oben zu verankern und zu
halten, sondern auch nach unten an die Mitarbeiter zu übertragen.

Etwas später wurde dann festgestellt, daß für die Instandhaltung der Infrastruktur durch die vielen einzelnen PCs schnell sehr hohe Kosten anfallen. Dies führte
zur Debatte über die Netstations. Mittlerweile verändern sich Unternehmensstruk-
turen in modernen Unternehmen beängstigend schnell, fast schneller, als sich die
Technologie verändert. In vielen Unternehmen existieren keine klassischen Hierarchien mehr. Interdisziplinäres und vernetztes Arbeiten ist entscheidend. Diese
Entwicklung verläuft analog zu dem, was in der Datenverarbeitung „Network
Computing" genannt wird.

4 Auswirkungen auf den Wettbewerb

Welche Auswirkungen hat die oben geschilderte Entwicklung auf den globalen
Wettbewerb? Zunächst einmal ist unbestritten, daß die Informationstechnologien

veränderungsfähige Technologien sind. Diese Veränderungstechnologie wird sich in fast allen Bereichen unseres Lebens ausbreiten. Zumindest bei den Basistechnologien ist Deutschland, ja sogar Europa völlig abgeschlagen. Im Bereich der Software sind die USA ganz klar führend. Bei der Hardware findet ein harter Wettbewerb statt zwischen verschiedenen Ländern des fernen Ostens (nicht nur Japan) und den USA. Dort wurden durch diese Basisstruktur sehr viele hochwertige Arbeitsplätze geschaffen. Für Deutschland und Europa ist dieses Rennen längst verloren.

Das nächste „Schlachtfeld" ist die optimale Nutzung dieser neuen Technologien und Anwendungen. Daraus ergibt sich auch die strategische Relevanz dieser Technologien und der vorgestellten Megatrends. Rechtzeitiges und unverzügliches Handeln ist entscheidend, um zu verhindern, daß – wie schon in der Vergangenheit – andere die enormen Möglichkeiten aufzeigen, die in diesen Technologien stecken. In den meisten Branchen wie z.B. auch in der Automobilbranche geben europäische Unternehmen weniger für Informationstechnologien aus als amerikanische, die vielleicht mehr Geld haben, vor allem aber die Informationstechnologie als strategischen Faktor für ihr Überleben und ihren Erfolg ansehen.

In den USA schließen sich bereits Gruppen über das Internet zusammen, die ihre dadurch gewonnene Macht nutzen, um gegenüber Lieferanten günstigere Konditionen auszuhandeln. So wird bei vielen Produkten ein Zwischenhändler überflüssig werden.

Die globale Vernetzung sorgt nicht nur für diese tollen Möglichkeiten der Kommunikation, sondern – konsequent zu Ende gedacht – auch für die Mobilität des Wissens. Die bisher lokale Ressource Arbeit wird der Globalisierung unterworfen, das Internet kennt keinen Tarifvertrag und auch keine Arbeitszeit. Es muß auch darüber nachgedacht werden, welche neuen Arbeitsstrukturen dadurch geschaffen werden und ob der Traum mancher Politiker stimmt, wonach es keinen Wettbewerb der Regionen gibt. Ich glaube, es gibt diesen Wettbewerb der Regionen, da es sehr viele Regionen gibt, die gerne den Wohlstand anderer Regionen erreichen wollen. Diese Technologien helfen ihnen dabei.

5 Auswirkungen auf Gesellschaft und Individuum

Wie gehen wir als Gesellschaft mit diesen Technologien um? Dies ist meiner Meinung nach eine noch problematischere Frage. Wie gehen wir denn heute schon mit all den neuen Schlagworten und Themen um, die rasant auf uns einprasseln, wie Multimedia, Internet, Intranet, Extranet, totale Vernetzung, PC in jedem Haushalt, digitales Geld, Homebanking, E-Commerz? Wer einmal vier Wochen im Urlaub war, ist schon nicht nicht mehr „up to date". Kann und will unsere Gesellschaft damit umgehen? Lassen wir uns abhängen? Welche Risiken gibt es?

Ich meine, daß uns diese Technologien bedeutend mehr Chancen bieten als sie Risiken bergen. Dennoch gibt es Risiken wie Datenmißbrauch oder Informationsüberflutung. An deren Minimierung wird bereits gearbeitet. Sogenannte „Intelligent Agents" werden entwickelt, die elektronische Post dem Wichtigkeitsgrad des Adressaten entsprechend sortieren können.

Das größte Problem sehe ich in der Gefahr, daß eine Zweiklassengesellschaft entstehen könnte: Menschen, die mit den neuen Techniken umgehen können, und solche, die dies nicht können. Letztere werden in zehn Jahren dastehen, als ob sie weder schreiben noch lesen können. Dabei ist es überhaupt nicht erforderlich zu wissen, wie ein Computer funktioniert. Entscheidend ist die Fähigkeit, mit dem Computer umgehen zu können und zu wissen, was man mit der Ressource Information machen kann, wenn Unmengen an Rechenleistung und Speicherkapazität zur Verfügung stehen und beliebig Daten ausgetauscht werden können. Dies zu wissen, heißt auch zu wissen, wie man optimal mit seinem Kollegen, mit seinem Zulieferer zusammenarbeiten kann, wie der Kunde besser bedient werden kann und seine Wünsche besser herausgefiltert werden können.

Auch über nationale Grenzen muß nachgedacht werden. So kann im Internet eine Ausschreibung aufgegeben werden, z.B. an alle Softwarehäuser weltweit bezüglich der Entwicklung einer bestimmten Software. Nach Eingang der Angebote kann der Auftrag vergeben werden und es kann entsprechend später geliefert werden, ohne daß man selbst mit Sicherheit weiß, wer letztendlich die neue Software entwickelt hat. Darüber hinaus erscheint dieser Vorgang in keiner Import-Export-Statistik und auch sonst nirgends. Er geht so wie das gesamte System an allen üblicherweise durch staatliche Autorität festgelegten Regulativen vorbei.

Auch für die Medien wird sich einiges ändern. Fernsehen ist heute eine reine „Push-Information", da die Programmdirektoren zumindest eine Vorauswahl an Sendungen festlegen. Langfristig wird es auch die Möglichkeit geben, daß Fernsehen zu einer „Pull-Information" wird und der Zuschauer individuell aus riesigen Datenbanken auswählen kann, was er sehen möchte. Im Bereich der Printmedien ist vorstellbar, daß der Leser nur noch einzelne Themen abonniert, die dann automatisch in die elektronische Mailbox geschickt werden.

6 Fazit

Ich halte es für entscheidend, daß wir fünf bis zehn Jahre nach vorne schauen, um die relevanten Megatrends zu erkennen und zu verstehen, um endlich einen Ansatz zu finden, von einem reinen Reaktionsmodus zu einem aktiveren Aktionsmodus zu kommen. Wir sind derzeit sicherlich noch in einem Reaktionsmodus. Wir lassen die Technologie über uns hereinbrechen und überlegen dann, was wir damit tun sollen, ob und wie wir uns wehren sollen. Wir gestalten nicht die Zukunft, sondern schauen eher in den Rückspiegel. Ich glaube, daß dieses „Compute Model of the Future", wie es die Amerikaner nennen, zu einem sehr mächtigen Instrument im internationalen Wettbewerb werden wird und daß es der eigentliche Schlüssel zur wirklichen Informationsgesellschaft ist. Computer werden in Zukunft natürlich nicht nur Schachgroßmeister schlagen können. Autos werden Workstations auf Rädern. Heute schon sind z.B. in Fahrzeugen der Oberklasse um die 50 Mikroprozessoren eingebaut. Der Elektronikanteil dieser Autos wird in den nächsten zehn Jahren bis auf ungefähr ein Drittel der Herstellungskosten steigen. Smartcards ermöglichen heute schon digitales Geld. So soll in Singapur das gesamte Münzgeld abgeschafft werden. Computersimulationen werden Wettervorhersagen oder Volkswirtschaftsmodelle um Faktoren besser als heute berechnen.

Das Entscheidende ist die Nutzung der Ressource Information. Auf diesem Gebiet ist es noch möglich, sich einen Vorteil zu erarbeiten, da es noch nicht vergeben ist. Hier besteht eine riesige Chance, den Weg in die Informationsgesellschaft nicht zu einem Schicksal werden zu lassen, das wir erleiden müssen, sondern zu einer Chance!

Autorenverzeichnis

Prof. Dr. Hans Dietmar Bürgel
Inhaber des Lehrstuhls für Allgemeine Betriebswirtschaftslehre und Betriebs-
wirtschaftslehre in Forschung und Entwicklung, Universität Stuttgart,
Breitscheidstraße 2c, 70174 Stuttgart

Prof. Dr.-Ing. Hans-Jörg Bullinger
Leiter des Fraunhofer-Instituts für Arbeitswirtschaft und Organisation,
Nobelstraße 12, 70569 Stuttgart

Prof. Dr. Alexander Gerybadze
Inhaber des Lehrstuhls für Betriebswirtschaftslehre,
insbesondere Internationales Management, Universität Hohenheim,
Institut 510K,
70593 Stuttgart

Prof. Dr. Walter Habenicht
Inhaber des Lehrstuhls für Betriebswirtschaftslehre,
insbesondere Industriebetriebslehre, Universität Hohenheim, Institut 510 A,
70593 Stuttgart

Dipl.-Ing. Günther Häfner
Leiter Kybernetik und Simulation (F1M/S), Daimler Benz AG, E222,
70546 Stuttgart

Prof. Dr. Heidi Heilmann
Inhaberin des Lehrstuhls für Allgemeine Betriebswirtschaftslehre
und Wirtschaftsinformatik, Universität Stuttgart,
Breitscheidstraße 2c, 70174 Stuttgart

Prof. Dr. Péter Horváth
Inhaber des Lehrstuhls für Allgemeine Betriebswirtschaftslehre
und Controlling, Universität Stuttgart,
Keplerstraße 17, 70174 Stuttgart

Prof. Dr. Christoph Hubig
Inhaber des Lehrstuhls für Wissenschaftstheorie und Technikphilosophie,
Institut für Philosophie, Pädagogik und Psychologie, Universität Stuttgart,
Seidenstraße 36, 70174 Stuttgart

Herbert Kircher
Geschäftsführer der IBM Deutschland Entwicklung GmbH,
Schönaicher Straße 220, 71032 Böblingen

Prof. Dr. Helmut Krcmar
Inhaber des Lehrstuhls für Betriebswirtschaftslehre,
insbesondere Wirtschaftsinformatik, Universität Hohenheim, Institut 510 H,
70593 Stuttgart

Dipl.-Kfm. (techn.) Juan Prieto
Wissenschaftlicher Mitarbeiter am Fraunhofer-Institut für Arbeitswirtschaft
und Organisation,
Nobelstraße 12, 70569 Stuttgart

Dr. Gerhard Schwabe
Wissenschaftlicher Mitarbeiter am Lehrstuhl für Betriebswirtschaftslehre,
insbesondere Wirtschaftsinformatik, Universität Hohenheim, Institut 510 H,
70593 Stuttgart

Prof. Dr. Ernst Troßmann
Inhaber des Lehrstuhls für Betriebswirtschaftslehre, insbesondere Controlling,
Universität Hohenheim, Institut 510 L,
70593 Stuttgart

Dipl.-Ing. Kai Wörner
Wissenschaftlicher Mitarbeiter am Fraunhofer-Institut für Arbeitswirtschaft
und Organisation,
Nobelstraße 12, 70569 Stuttgart

Prof. Dr. Erich Zahn
Inhaber des Lehrstuhls für Allgemeine Betriebswirtschaftslehre
und Betriebswirtschaftliche Planung, Universität Stuttgart,
Keplerstraße 17, 70174 Stuttgart

Dipl.-Kfm. (techn.) Andreas Zeller
Wissenschaftlicher Mitarbeiter am Lehrstuhl für Allgemeine Betriebswirt-
schaftslehre und Betriebswirtschaftslehre in Forschung und Entwicklung,
Universität Stuttgart,
Breitscheidstraße 2c, 70174 Stuttgart